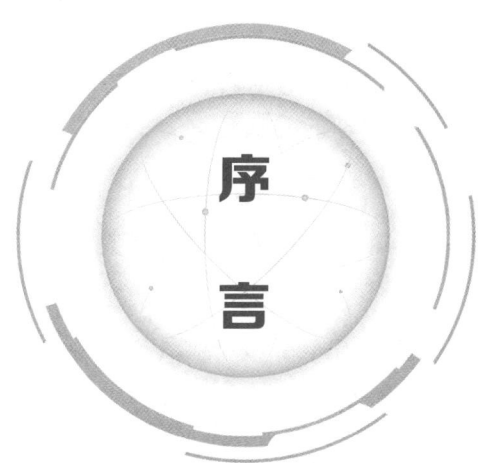

序言

创新创业教育是提高高职院校人才培养质量的重要手段，有着七十余年办学历史、享有"冶金矿业高技能人才摇篮"之称的昆明冶金高等专科学校多年来在课程、实训基地建设、大学生创新创业大赛等方面进行创新创业教育体系构建，取得了一系列特色和亮点，助推了学校"双高计划"建设。

云南省作为少数民族聚居省份，经济欠发达地区，高技能人才支撑是实现弯道超车必要条件。2020 年 12 月，《云南省国民经济和社会发展第十四个五年规划和二〇三五年远景目标的建议》（以下简称《建议》）中指出：丰富延伸八大重点产业内涵外延，打造先进制造、旅游文化、高原特色现代农业、现代物流、生命健康等万亿级产业和绿色能源、数字经济、生物医药、新材料、环保等千亿级产业。加快传统产业高端化、智能化、绿色化改造，深入推进智能制造、绿色制造、服务型制造。推动绿色制造强省建设，建设世界一流"中国铝谷"，打造绿色硅精深加工基地，培育壮大高端钛合金、铝合金、稀贵金属等一批战略性新材料。大力发展跨境物流、冷链物流、航空物流、智慧物流等物流新业态新模式。促进健康与医疗、养老、文化、旅游、互联网、体育、金融等深度融合。探索建设仿制药研发生产国际合作基地。巩固提升烟草产业。加快发展研发设计、法律服务、金融服务、科技服务、咨询中介、会展服务等服务业，推动生产性服务业向专业化和价值链高端延伸。加快发展健康、养老、育幼、家政、物业等生活性服务业，推动生活性服务业向高品质和多样化升级，发展高品质的康养产业、户外运动和休闲产业。《建议》的内容与学校诸多专业高度契合，对学校未来发展意义重大。2024 年 8 月，在高等教育出版社的大力支持下，昆明冶金高等专科学校对创新创业教育教材进行修订。综合学校多年的教育教学成果，充分挖掘和充实各类专业课程的创新创业教育资源，深入推进创新创业教育与专业教育紧密结合。利用现代信息技术，加快建设创新创业教育在线开放课程，推动优质课程资源共享，更好地促进优质教学资源在教学中的广泛应用，结合课程思政改革，进一步提高教材质量。

"双创"教材内容和教学方法的及时更新完善，对于高等职业教育人才培养有着至关重要的作用。高质量的创新创业教材能够提供最新的理论框架、实践案例和操作指南，帮助学生掌握创新创业的基本知识和技能，同时激发他们的创新潜力和创业精神。为了满足学习者个性化发展以及多样化的终身学习需求，促进信息技术与教育教学的深度结合，实现优质的教育资源的利用和共享，使教育教学得到充分的提升。本教材的编写和出版，为学生的自主学习创造了有利的环境。

2024 年 8 月

高等职业教育『双高』建设成果教材

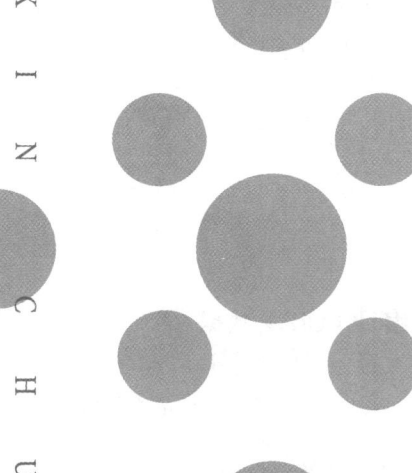

创新创业教育

主　编　滕　瑜　陈福亮　周霞霞　赵丽琦

副主编　钟志贤

　　　　邱邻霖

　　　　李悦熙薇

　　　　李宛鸿

　　　　王　旭

　　　　杨彬楠

中国教育出版传媒集团

高等教育出版社·北京

内容提要

本书是高等职业教育"双高"建设成果教材，是高等职业教育新形态一体化教材。

本书编写全面贯彻党的教育方针，深入贯彻落实党的二十大和二十届三中全会精神，落实立德树人根本任务，紧扣新质生产力发展要求，聚焦服务国家发展战略，助力培养具有社会责任感和专业技能的新时代人才。本书坚持职业教育类型特色，采用"知-预-行"的逻辑框架，内容涵盖从创新思维的培养到创业实践的全过程，包括拥抱双创时代、点燃创新火花、磨砺创新本领、锻造创业团队、寻找创业机会、构建商业模式、掌握创业资源、践行创业计划和运营新创企业。

本书内容紧跟学科发展的最新趋势，融入前沿理论、知识、技术和方法，形成了一套系统性强、针对性强的知识体系与能力素质框架。本书设计特别注重"思创融合""专创融合"和"课赛训融通"，旨在通过深化课程改革，全面提升学生的创新意识和创业能力。

此外，本书配备了丰富的数字化教学资源，以适应多样化的教学场景和学生的学习需求，确保教学内容的现代化、实用性和适应性。授课教师如需获得本书配套教辅资源，请登录"高等教育出版社产品信息检索系统"（http://xuanshu.hep.com.cn/）搜索下载，首次使用本系统的用户，请先进行注册并完成教师资格认证。

本书不仅可以作为高职院校创新创业教育课程教材，也可以作为各类创新创业竞赛的指导用书，同时可供有志于投身创新创业实践的社会人士参考使用。

图书在版编目（CIP）数据

创新创业教育 / 滕瑜等主编． -- 北京 ：高等教育出版社，2025. 1. -- ISBN 978-7-04-063704-5

Ⅰ．G717.38

中国国家版本馆 CIP 数据核字第 2024Z0U346 号

| 策划编辑 | 陈　磊 | 责任编辑 | 李岳璟 | 封面设计 | 赵　阳 | 版式设计 | 马　云 |
| 责任绘图 | 杨伟露 | 责任校对 | 吕红颖 | 责任印制 | 高　峰 | | |

出版发行	高等教育出版社	网　　址	http://www.hep.edu.cn
社　　址	北京市西城区德外大街 4 号		http://www.hep.com.cn
邮政编码	100120	网上订购	http://www.hepmall.com.cn
印　　刷	山东新华印务有限公司		http://www.hepmall.com
开　　本	850mm×1168mm　1/16		http://www.hepmall.cn
印　　张	17.25		
字　　数	360 千字	版　　次	2025 年 1 月第 1 版
购书热线	010-58581118	印　　次	2025 年 9 月第 2 次印刷
咨询电话	400-810-0598	定　　价	46.80 元

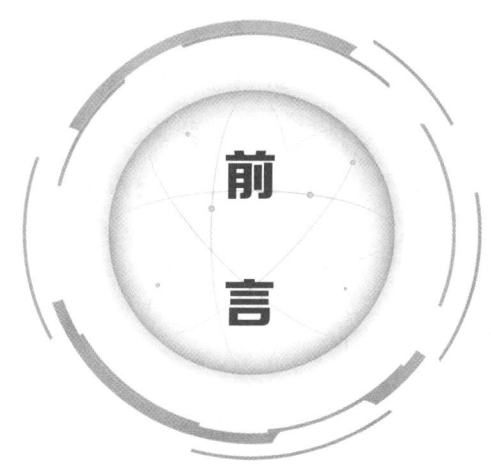

前言

党的二十大报告指出，教育、科技、人才是国家现代化建设的三大支柱。我们必须坚持科技为第一生产力、人才为第一资源、创新为第一动力，全面实施科教兴国战略、人才强国战略、创新驱动发展战略，以创新引领发展，塑造新动能新优势。作为教育工作者，我们要坚持教育优先发展、科技自立自强、人才引领驱动，加快建设教育强国、科技强国、人才强国，坚持为党育人、为国育才，全面提高人才培养质量，着力造就拔尖创新人才，聚天下英才而用之。

就业是民生之本，创业是富民之基，创新是发展之源。创新创业是培育和催生经济社会发展新动力的必然选择，是扩大就业、实现富民之道的根本举措，更是激发全社会创新潜能和创业活力的有效途径，是实现高水平科技自立自强，进入创新型国家前列，推动经济高质量发展的动力之源。当代青年大学生富有想象力和创造力，是创新创业的有生力量，为党和国家培养更多创新创业人才，高技术人才、能工巧匠、大国工匠是时代赋予高等职业教育的重要使命。

一、聚焦国家战略，培养创新人才

高水平的创新创业教材建设是开展高质量创新创业教育的基础工程，是培育新时代创新创业人才的重要依托。为深入贯彻落实党的二十大精神，全面贯彻党的教育方针，落实立德树人根本任务，全面提高人才自主培养质量，根据新修订的《中华人民共和国职业教育法》及《国务院办公厅关于深化高等学校创新创业教育改革的实施意见》（国办发［2015］36号）、《国务院办公厅关于进一步支持大学生创新创业的指导意见》（国办发〔2021〕35号）、《习近平新时代中国特色社会主义思想进课程教材指南》（国教材〔2021〕12号）等法规文件精神，本教材始终以"创新引领创业、创业带动就业"为出发点，主动适应经济发展新常态和新理念，积极服务国家战略，充分发挥"双创"育人功能。

二、坚持多元融通，深化教学改革

本教材立足职业教育类型特色，坚持"专·思·创"融合、"课·赛·训"融通、校企双元合作的开发理念和"理实一体、学做合一"的编写原则，注重引入新政策、新理念、新知识、新技术、新方法、新模式，通过深入分析学生的知识基础、认知能力、学习特点及专业特性等学情，运用跨学科思维，全面有效提升学生的学习兴趣和实践体验，同时为参加"双创"大赛的学生提供专业化备赛指导。

三、构建科学知识体系，创新体例结构设计

本书通过对创新创业知识，能力素质要点的系统梳理，重构了教材内容体系，符合高职学生开展创新创业学习及实践活动的基本需要——将复杂的创新思想和创业过程简单化、清晰化，突出了易学、易懂、易做和实用的特点。全书共分为三篇，首先，从意识层面——"识时'知'务"开篇，引导学生理解并掌握"双创"基础知识及形势与政策、培养创新思维意识、习得创新方法、提升创新能力和成果保护意识，主动与国家创新驱动发展战略同频共振；然后，自然进阶到创业准备阶段——"事'预'则立"，聚焦培养学生拥有创业者精神，掌握创业团队组建、创业机会识别与评价、商业模式构建等创业必备知识技能；最后，落实到创业行动——"踏浪而'行'"，指导学生完成创业资源的集成与整合、创业计划的制订与实施、新企业的创办与管理，最终使创新创业梦想落地生根。

本书采取"模块主题式"编写形式，就体例结构和栏目活动进行创新性设计。模块维度依"双创路径－学习目标－课前导读－主题任务－模块总结－学习评测－双创实践－课后反思"的逻辑顺序，形成了"导－学－检－训－思"一体化的系统教学路径。主题维度按照"双创领航－案例引入－课中解码－延伸阅读"的顺序编排：首先，从"思想化育"和"学理依循"入手，通过对典型案例的分析与深究，引导学生对创新创业主题形

成感性认识；然后，紧扣新业态、对标新趋势，针对主题任务选取通俗易懂且符合创新创业实际需要的知识技能点，强调实用性和适用性；最后，以"延伸阅读"收尾，意在达到"拓知广识"之效。

本书由滕瑜、陈福亮、周霞霞、赵丽琦担任主编，钟志贤、邱邻霖、李悦熙薇、李宛鸿、王旭、杨彬楠担任副主编。滕瑜、陈福亮负责知识结构构建和大纲制定，滕瑜负责全书统稿。具体编写分工如下：模块一由邱邻霖编写；模块二和模块八由滕瑜、陈福亮、何猛编写；模块三和模块九由赵丽琦、李宛鸿、赵坤灿编写；模块四由李悦熙薇编写；模块五和模块六由周霞霞、杨彬楠、邱鹏瑞编写；模块七由钟志贤、王旭编写。

本书在编写及出版过程中得到了众多行业企业专业人士及高等教育出版社编辑的大力支持，借鉴了国内外学者的文献资料和研究成果，在此一并表示衷心的感谢。同时，我们有幸得到我国著名创新创业教育专家、中央团校（中国青年政治学院）原副校长李家华教授的悉心指导，在此向李教授致以崇高敬意和诚挚感谢！

由于编者水平有限，书中难免存在不足之处，敬请广大专家和读者批评指正。

编　者

2024 年 8 月

目 录

第一篇　识时"知"务

模块一　勇立潮头——拥抱双创时代 ………… 2

　　主题一　创新与创业 ………… 4
　　主题二　创新创业与职业发展 ………… 17
　　主题三　大学生创新创业形势与政策 ………… 22

模块二　万象更新——点燃创新火花 ………… 31

　　主题一　激发创新意识 ………… 33
　　主题二　开拓创新思维 ………… 37
　　主题三　应用创新方法 ………… 45

模块三　百炼成钢——磨砺创新本领 ………… 59

　　主题一　强化创新能力 ………… 61
　　主题二　管理创新成果 ………… 71

第二篇　事"预"则立

模块四　众志成城——锻造创业团队 ………… 88

　　主题一　育成创业者 ………… 90
　　主题二　建设创业团队 ………… 98

模块五　慧眼识珠——寻找创业机会 ………………………………………… 111

主题一　分析创业市场 ……………………………………………………… 113
主题二　把握创业机会 ……………………………………………………… 123
主题三　管理创业风险 ……………………………………………………… 140

模块六　谋篇布局——构建商业模式 ………………………………………… 155

主题一　认识商业模式 ……………………………………………………… 157
主题二　设计商业模式 ……………………………………………………… 168

第三篇　踏浪而"行"

模块七　持筹握算——掌握创业资源 ………………………………………… 180

主题一　集成创业资源 ……………………………………………………… 182
主题二　完成创业融资 ……………………………………………………… 193

模块八　雷厉风行——践行创业计划 ………………………………………… 206

主题一　制订创业计划 ……………………………………………………… 208
主题二　展示创业计划 ……………………………………………………… 216
主题三　知晓"双创"赛事 ………………………………………………… 221

模块九　行稳致远——运营新创企业 ………………………………………… 230

主题一　创办企业 …………………………………………………………… 232
主题二　管理新创企业 ……………………………………………………… 249

参考文献 ……………………………………………………………………… 262

2016年4月26日，习近平总书记在知识分子、劳动模范、青年代表座谈会上指出，"广大青年要保持初生牛犊不怕虎的劲头，不懂就学，不会就练，没有条件就努力创造条件。'志之所趋，无远弗届，穷山距海，不能限也。'对想做爱做的事要敢试敢为，努力从无到有、从小到大，把理想变为现实。要敢于做先锋，而不做过客、当看客，让创新成为青春远航的动力，让创业成为青春搏击的能量，让青春年华在为国家、为人民的奉献中焕发出绚丽光彩。"

党的二十大报告指出，"必须坚持科技是第一生产力、人才是第一资源、创新是第一动力，深入实施科教兴国战略、人才强国战略、创新驱动发展战略，开辟发展新领域新赛道，不断塑造发展新动能新优势"，同时强调，"完善促进创业带动就业的保障制度，支持和规范发展新就业形态"。创新是国家、企业及个人发展的动力和源泉，创业是扩大就业的必由之路也是个人职业生涯发展的重大飞跃。青年大学生作为最富激情和活力、最具创造性的群体，理应走在创新创业前列，勇敢肩负起时代赋予的重任，在全民创新创业的浪潮中放飞青春梦想。

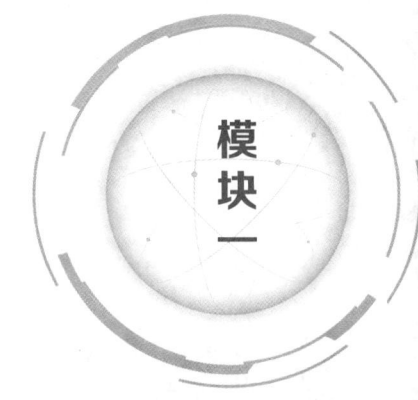

模块一

勇立潮头——拥抱双创时代

双创路径

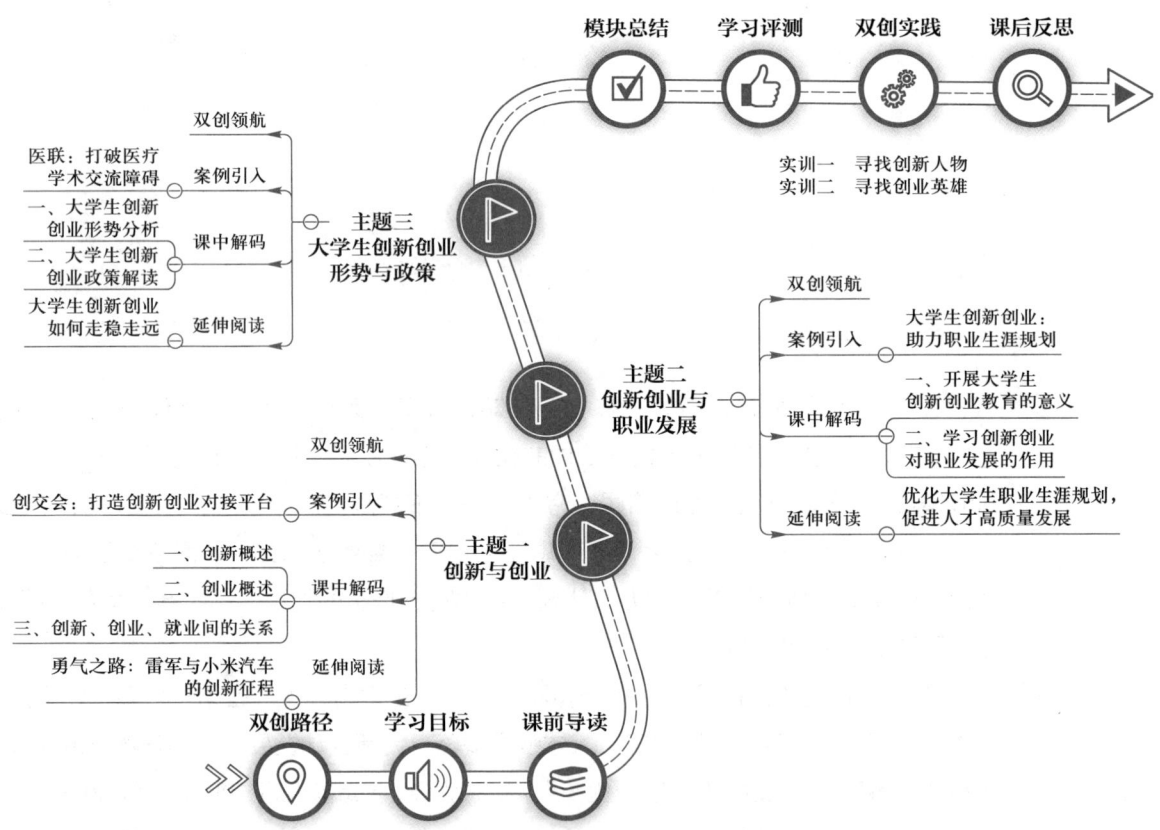

模块总结　学习评测　双创实践　课后反思

实训一　寻找创新人物
实训二　寻找创业英雄

医联：打破医疗学术交流障碍　案例引入
一、大学生创新创业形势分析　课中解码
二、大学生创新创业政策解读
大学生创新创业如何走稳走远　延伸阅读
双创领航

主题三　大学生创新创业形势与政策

双创领航
大学生创新创业：助力职业生涯规划　案例引入
一、开展大学生创新创业教育的意义　课中解码
二、学习创新创业对职业发展的作用
优化大学生职业生涯规划，促进人才高质量发展　延伸阅读

主题二　创新创业与职业发展

双创领航
创交会：打造创新创业对接平台　案例引入
一、创新概述　课中解码
二、创业概述
三、创新、创业、就业间的关系
勇气之路：雷军与小米汽车的创新征程　延伸阅读

主题一　创新与创业

双创路径　学习目标　课前导读

● 知识目标

（1）理解创新、创业的内涵。

（2）厘清创新、创业和就业间的关系。

（3）了解大学生创新创业的意义与价值。

（4）知晓当前大学生创新创业的形势及政策支持。

● 能力目标

（1）基于创新创业教育的学习，能够对自身职业生涯进行科学规划。

（2）能够对创新创业形势与政策进行多维度的解读与分析。

● 素质目标

（1）自觉对标新时代合格大学生创新创业者的素质要求。

（2）培育和践行社会主义核心价值观，树立积极向上的就业创业观。

（3）把个人命运融入国家发展大局，把个人奋斗融入民族复兴的时代洪流中。

· 课前导读 ·

创新是民族进步的灵魂，是国家兴旺发达的不竭动力，是社会进步的阶梯。党的十八大提出实施创新驱动发展战略，强调科技创新是提高社会生产力和综合国力的战略支撑，必须摆在国家发展全局的核心位置。这是党中央在新的发展阶段确立的立足全局、面向全球、聚焦关键、带动整体的国家重大发展战略。党的二十大报告再次强调，要完善科技创新体系，坚持创新在我国现代化建设全局中的核心地位。

创业的本质是创造，是一种生活方式，具体体现为创造新企业、创造新财富、创造新价值、创造新的就业机会、创造新的增长、创造新的社会进步，等等。就业是最大的民生，创业是就业之源。当前，在我国经济已进入高质量发展阶段的背景下，创业不仅是做好"六稳"工作、落实"六保"任务的重要抓手，也是当代大学生实现更加充分、更高质量就业的重要途径，更是个人实现人生价值和人格升华的重大选择。

本模块将重点围绕创新与创业、创新创业与职业发展的关系，以及大学生创新创业形势与政策等相关知识进行介绍。

主题一 创新与创业

▶ 思想化育

创新是社会进步的灵魂，创业是推动经济社会发展、改善民生的重要途径。

——习近平

▶ 学理依循

管理学大师彼得·德鲁克（Peter Drucker）说过："经济动力及工作机会主要是来自熊彼特（J.Schumpeter）所关注的创业家与其创新。创业不是魔法也不神秘。它和基因没有关系。创业是一种训练，就像任何一种训练一样，人们都可以通过学习掌握它。"

【案例引入】

创交会：打造创新创业对接平台

2022年中国创新创业成果交易会（以下简称创交会）于9月2日在广州开幕。创交会着力打造开放型、平台型、枢纽型、创新型品牌盛会，自首次举办以来，影响渐大、声誉日隆。以"科创中国"为实践载体，以开放协同凝心聚力，聚合创新要素，聚焦区域经济，聚力高质量发展，创交会持续搭建常态化交易平台，构筑国际化交流桥梁，推动科技成果转移转化，推动跨界融合、供需对接；营造良好创新生态，激发人才创新创造活力；拓展开放协同，助力加快建设科技创新产业合作基地。

创交会主要做两件事：一是对接科技，打通创新成果转化的"最后一千米"，帮助科技成果落地。2022年有2 700家单位线上参展，完成了近9 000项创新项目成果的对接，在展期的短短3天，成交额达到8.67亿元。二是对接资本，帮助创业项目和投资机构"双向奔赴"。创交会举办了路演比拼、创新大赛等活动，帮创业者找伯乐，帮资本找千里马。2022年，智能制造领域的一个项目在展会上拿下6.9亿元的投资。

从2015年开始，创交会已经连续举办8届，促成的交易规模超过600亿元。促进创新创业，除了打造像创交会这样的创业对接平台，还有一种常见的做法就是打造创业营。例如，上海张江高科技园区打造的"895创业营"项目迄今累计孵化300多个高科技企业，其中60%的企业获得社会融资，有25家企业准备在未来三年内冲刺科创板，项目总估值达430亿元。除了"895创业营"这样有政府背景的创业营，民间发起的知名创业营也有不少，像黑马成长营、中欧创业营、起点创业营等。与此同时，不少互联网巨头（如网易、百度、搜狐）自身就是一个大型创业营，员工在这里接受锻炼，习得知识然后走出去创业。

◎ 案例启示

创交会已发展成为一个以专业化、国际化、市场化为核心竞争力的科创行业风向标，每届均有上千家企业参展参会。该盛会扎根"双创"事业，不断延伸与拓展服务范围，全面展示国内外优秀双创产品及先进技术，助力企业从中国制造到中国智造，引导国外先进技术落地转化为国内生产力。

◎ 思考探究

你认为创新与创业有着怎样的关系？创新如何转化为生产力？

【课中解码】

人类社会的发展史实际上就是一部创新史，钻木取火和指南针的发明、蒸汽机的运用、云计算的诞生……这些发现、发明和创造促进人类社会一步步走上文明的更高平台。对于我们国家而言，创新是实现中华民族伟大复兴的重要支撑；对企业而言，在市场竞争激烈、产品生命周期短、技术突飞猛进的今天，创新是企业生存的根本，是发展的动力，是成功的保障；对于年轻一代而言，创新是青年自身成长成才的内在需求。创业是船，创新是帆。没有创新的创业是低层次的创业，很难具有持久的生命力。

一、创新概述

（一）创新的内涵

创新一词，最早可见于我国北魏史学家魏收所著的《魏书》："革弊创新者，先皇之志也。"这里的创新主要是指制度方面的改革。1999 年出版的《辞海》，对创新进行了全新的诠释："创"指"创始之也"，是首创、创始之义；"新"指初次出现，与"旧"相对。英语中 innovation（创新）这个词起源于拉丁语，其原意有三层：一是更新，二是创造新的东西，三是改变。一语以概之，创新就是指人类提供前所未有的事物的一种活动。

任何创新都必须是一种首创活动。因为首创的参照对象不同，所以创新的含义也有广义和狭义之分。广义的创新是指虽然相对于其他人我们不是第一个，但相对于我们自己来说，是第一，是首创。例如，班级组织一场与往年形式不同的新年联欢会、学校推行了新的工作方法、某个企业进行了管理方面的改进等。狭义的创新则是指相对于其他人或全人类来说，我们是第一，是首创。例如，中国古代的四大发明、爱因斯坦发现相对论、爱迪生发明电灯、屠呦呦发现青蒿素等。

凡事先易后难，我们可以从广义的创新开始做起。只要我们相比于以往，有新的想法或做法、观念或设计、方法或途径，这就是创新。但是，广义的创新并不是我们的最终目标，因为更有价值的创新不是相对于我们自己的，而是相对于所有人和全社会的，真正具有推动社会进步意义的还是狭义的创新。

创新理论鼻祖约瑟夫·熊彼特认为创新包括以下五种情况。

（1）引入一种新产品，也就是消费者还不熟悉的产品，或提供一种新的质量。

（2）采用一种新的生产方法，也就是在有关的制造部门中从未采用的方法。这种新的方法并不需要建立在新的科学发现的基础上，并且它可以是以新的商业方式来处理某种产品。

（3）开辟一个新的市场，也就是使产品进入以前不曾进入的市场，不管这个市场以前是否存在过。

（4）获得一种原料或半成品的新的供给来源，这种来源可以是已经存在的也可以是第一次创造出来的。

（5）实行一种新的企业组织形式，如建立一种垄断地位，或打破一种垄断。

事实上，创新概念包含的范围很广，它包括各种各样的以新的方式提高资源配置效率的活动。

知识窗

创新是什么？

国内著名学者何名申在《创新思维修炼》中提出，创新思维可以作广义和狭义两种不同的回答。狭义的创新思维是指建立新理论，发明新技术或塑造新的艺术形象的思维活动，它强调的是思维的成果是独创的，是前所未有的，而且是得到了社会的承认和具有巨大社会效益的。广义的创新思维是指思考自己所不熟悉的问题，它强调的是所思考的问题，对思维者来说是生疏的思考活动的进行，有固定的思维程序和模式可以套用。

（二）创新的类型

创新不仅包括技术创新，还包括非技术创新，如新的管理实践和新的制度机构。换句话说，创新是对新的生产工艺、新的产品、新的市场营销方式、新的组织管理方式、新的商业模式的引进和应用。一个完整的创新链，既包括获得新知识的创造，又包括新知识的商业化。

1. 产品创新

产品创新是指创造某种新产品或对已有产品的功能进行创新。产品创新可以分为全新产品创新和改进产品创新。全新产品创新是指产品用途及其原理有显著的变化。改进产品创新是指在技术原理没有重大变化的情况下，基于市场需要对现有产品所做的功能上的扩展和技术上的改进。产品创新源于市场需求，源于市场对企业的产品技术需求，以市场需求为出发点，创造出适合这一需求的适销产品，使市场需求得以满足。

2. 工艺创新

工艺创新是指企业采用了全新的或有重大改进的生产方法、工艺设备或辅助性活动。

案例链接：
大疆的产品创新
之路

案例链接：
匠心编柳
妙手生花

它改善或变革产品的生产技术及流程，包括创造新工艺和新设备。工艺创新侧重活动的过程，工艺创新的成果既可以渗透劳动者、劳动资料和劳动对象，还可以渗透各种生产力要素的结合方式。产品创新的生产者主要是为用户提供新产品，而工艺创新的生产者也是创新的使用者。

3. 知识创新

知识创新是指通过科学研究，包括基础研究和应用研究，获得新的基础科学和技术科学知识的过程。知识创新的目的是追求新发现、探索新规律、创立新学说、创造新方法、积累新知识。知识创新是技术创新的基础，是新技术和新发明的源泉，是促进科技进步和经济增长的革命性力量。知识创新为人类认识世界、改造世界提供了新理论和新方法，为人类文明进步和社会发展提供了不竭动力。

案例链接：
中国一重
以知识创
新赋能高
质量发展

4. 技术创新

技术创新是以创造新技术为目的的创新或以科学技术知识及其创造的资源为基础的创新。技术创新是企业竞争优势的重要来源，是企业可持续发展的重要保障。技术创新和产品创新有密切关系，又有所区别。产品创新可能包含技术创新的成分，还可能包含商业创新和设计创新的成分。技术创新可能并不带来产品的改变，而仅仅带来成本的降低、效率的提高，如改善生产工艺、优化作业过程从而减少资源消费、能源消耗、人工耗费或提高作业速度。

案例链接：
大国工匠
破解技术
难题

5. 市场创新

市场创新是指企业从微观的角度促进市场构成的变动和市场机制的创造及伴随新产品的开发对新市场的开辟、占领，从而满足新需求的行为。也就是说，通过改善或创造与顾客交流和沟通的方式，把握顾客的需求，从而促进产品销售。

案例链接：
乡村产业
搭上电商
"快车"

6. 管理创新

管理创新是指组织形成创造性思想并将其转换为有用的产品、服务或作业方法的过程。也就是说，富有创造力的组织能够不断地将创造性思想转变为某种有用的结果。管理创新的目的是改善或创造更好的组织环境和制度，使企业的各项活动更有效。

案例链接：
海尔究竟改
变了什么？

7. 制度创新

制度创新的核心内容是社会政治、经济和管理等制度的革新，是支配人们行为和相互关系的规则的变更，是组织与其外部环境相互关系的变更。其直接结果是激发人们的创造性和积极性，促使新的知识不断创造，社会资源配置优化，社会财富不断涌现，最终推动社会的进步。

案例链接：
社会主义
现代化理
论的创新
突破

8. 文化创新

文化源于社会实践，又引导、制约着社会实践的发展。文化发展的实质在于文化创新。文化创新是社会实践发展的必然要求，是文化自身发展的内在动力，文化创新可以推动社会实践的发展。推动社会实践的发展，促进人的全面发展，是文化创新的根本目的，也是检验文化创新的标准所在。

案例链接：
让历史文
化和现代
生活融为
一体

（三）创新的原则

创新的原则就是开展创新活动所依据的法则和判断创新构思所凭借的标准。

1. 遵守科学技术原理原则

创新必须遵循科学技术原理，不得有违科学发展规律。因为任何违背科学技术原理的创新都是不能获得成功的。为了使创新活动取得成功，在进行创新构思时，必须做到以下几点。

（1）对创新设想进行科学原理相容性检查。创新设想在转化为成果之前，应该先进行科学原理相容性检查。若关于某一创新问题的初步设想与人们已经发现并获实践检查证明的科学原理不相容，则不会获得最后的创新成果。因此，与科学原理是否相容，是检查创新设想有无生命力的根本条件。

（2）对创新设想进行技术方法可行性检查。任何事物都不能离开现有的条件的制约。在创新设想变为成果时，还必须进行技术方法可行性检查。若创新设想所需要的条件超过现有技术方法可行性范围，则目前该设想还只能是一种空想。

（3）对创新设想进行合理性检查。任何创新设想在功能上都有所创新或有所增强，但其功能体系是否合理，关系到该设想是否具有推广应用的价值。因此，必须对创新设想进行合理性检查。

2. 市场评价原则

创新设想要获得最后的成果，必须经受市场的严峻考验。美国大发明家爱迪生曾说："我不打算发明任何卖不出去的东西，因为不能卖出去的东西都没有达到成功的顶点。能销售出去就证明了它的实用性，而实用性就是成功。"

创新设想经受市场考验，实现商品化和市场化要按市场评价的原则来分析。创新设想评价通常从市场寿命观、市场定位观、市场特色观、市场容量观、市场价格观和市场风险观六个方面入手。考察创新对象的商品化和市场化的发展前景，最基本的要点是考察该创新对象的使用价值是否大于它的销售价格，也就是要看它的性能、价格是否优良。在现实中，估计一种新产品的生产成本和销售价格不难，但估计一项新发明的使用价值和潜在意义很难。这需要在市场评价时把握评价事物使用性能最基本的几个方面（如解决问题的迫切程度、功能结构的优化程度、使用操作的可靠程度、维修保养的方便程度、美化生活的美学程度等），然后在此基础上做出结论。

3. 相对较优原则

创新不可盲目地追求最优、最佳、最美、最先进等，因为创新产物不可能十全十美。在创新过程中，利用创造原理和方法，获得的许多创新设想，必然优劣共存，各有千秋。

这就需要按相对较优的原则，对创新设想进行判断选择。

（1）从创新技术先进性上进行判断选择。可从创新设想或成果的技术先进性上进行各自之间的分析比较，尤其是比较创新设想与解决同样问题的已有技术手段的领先性。

（2）从创新经济合理性上进行判断选择。经济的合理性也是评价判断一项创新成果的重要因素。因此，要对各种创新设想的可能经济情况进行比较，找出最合理的设想。

（3）从创新整体效果性上进行判断选择。技术和经济应该相互支持、相互促进，它们的协调统一构成事物的整体效果性。任何创新的设想和成果，其使用价值和创新水平主要通过它的整体效果体现出来。因此，对它们的整体效果要进行比较，选出最全面和最优秀的。

4. 机理简单原则

在现有科学水平和技术条件下，如不限制实现创新方式和手段的复杂性，所付出的代价可能远远超出合理程度，使得创新的设想或成果毫无使用价值。在科技竞争日趋激烈的今天，结构复杂、功能冗余、使用烦琐已成为技术不成熟的标志。因此，在创新的过程中，要始终贯彻机理简单原则。为使创新的设想或成果更符合机理简单的原则，可从以下几个方面进行检查。

（1）新事物所依据的原理是否重叠，超出应有范围。

（2）新事物所拥有的结构是否复杂，超出应有程度。

（3）新事物所具备的功能是否冗余，超出应有数量。

5. 构思独特原则

我国古代军事家孙子在其名著《孙子兵法·兵势篇》中指出："凡战者，以正合，以奇胜。故善出奇者，无穷如天地，不竭如江河。"所谓"出奇"，就是"思维超常"和"构思独特"。创新贵在独特，创新也需要独特。在创新活动中，关于创新对象的构思是否独特，可以从以下几个方面进行考察。

（1）创新构思的新颖性。

（2）创新构思的开创性。

（3）创新构思的特色性。

6. 不轻易否定、不简单比较原则

不轻易否定、不简单比较原则是指在分析评判各种产品创新方案时应注意避免轻易否定的倾向。例如，在飞机发明之前，科学界曾从"理论"上进行了否定的论证；再如，过去也曾有权威人士断言，无线电波不可能沿着地球曲面传播，无法成为通信手段。显然，这些结论都是错误的，这些不恰当的否定之所以出现是由于人们运用了错误的"理论"，而更多的不应该出现的错误否定，则是由于人们的主观武断，用常规思维分析证明存在无法达到的技术细节。

在避免轻易否定倾向的同时，还要注意不要随意在两个事物之间进行简单比较。不同的创新，包括非常相近的创新，原则上不能以简单的方式比较其优势。不同的创新带来了相关技术在市场上的优势互补，形成共存共荣的局面。创新的广泛性和普遍性都源于创新

具有的相融性。例如，市场上常见的钢笔、铅笔就互不排斥，即使都是铅笔，也有普通木质的铅笔和金属或塑料的自动铅笔之分，它们之间也不存在排斥的问题。

总之，我们应在尽量避免盲目地、过高地估计自己设想的同时，注意珍惜别人的创意和构想。简单的否定与批评是容易的，难得的却是闪烁着希望的创新构想。以上在创新活动中要注意并切实遵循的创新原理和创新原则，是根据千百年来人类创新活动成功的经验和失败的教训提炼出来的，是创新智慧和方法的结晶。按创新原理和创新原则去创新并非束缚思维，而是把创新活动纳入安全可靠、快速运行的大道上来。在创新活动中遵循创新原理和创新原则是提升创新能力的基本要素，是攀登创新云梯的基础，有了这个基础就把握了开启创新大门的"金钥匙"。

二、创业概述

（一）创业的内涵

从定义上讲，狭义的创业是指创业者的生产经营活动，主要是开创个体和家庭的企业的过程，如创建一家提供产品或者服务的企业的过程。广义的创业则是指创业者的各项创业实践活动，除了强调创业行为，还强调在创业行为中所体现的创新创业精神对于创业行为的重要性。

哈佛教授霍华德·斯蒂文森（Howard Stevenson）认为：创业是不拘泥于当前条件限制，将不同的资源加以组合利用，追求机会，创造价值的过程。

"创业"不是一个新鲜名词，而是一个古老而永恒的话题。历史的长河奔流不息。纵观古今中外，从我们的祖先击石取火到液化气进入百姓人家，从电灯的发明到荧光灯、节能灯的广泛使用，从蒸汽机的发明到宇宙飞船遨游太空，从第一台计算机的诞生到信息化浪潮席卷全球……每一次人类的进步、每一次社会的变革，无不闪耀着创业者的智慧和灵光，无不凝聚着开拓者的艰辛和汗水。自改革开放以来，中国已经历三次创业致富的高潮。国内最早定义大学生创业能力内涵的学者蒋乃平认为，创业能力的基础是方法，创业能力的核心能力是社会能力，这一观点也得到了其他研究此内容学者的广泛认同。

创业是人类社会发展的发动机，推动着人类社会滚滚向前，使之丰富多彩、繁荣昌盛。从范围上讲，狭义的创业是指创办一个新企业的过程，把"创业者"称为"企业家"，把"创业"视为"创办自己的企业"，这是人们对创业最常见的理解。广义的创业则是指创造新的事业的过程，与此相应的就是把"创业者"视为开创事业的人。综上所述，创业是指创业者通过发现和识别商业机会，组织各种资源并努力工作来创办新的企业，在组织中创办新的单位，提供新产品或新服务，以实现创业者的理想及为社会创造价值。

创业是一种生活方式的选择，大学生作为我国的年轻高级知识人群，有着较为丰富的知识储备和旺盛创造力。他们往往对新鲜事物充满好奇，愿意接受挑战，这使得他们成为创业领域的一股不可忽视的力量。在当前的经济环境下，大学生创业不仅能够为自己开辟一条职业道路，还能为社会带来创新和活力。因此，高校和政府机构纷纷出台政策，提供资金支持和创业指导，以激发大学生的创业热情，帮助他们将创意转化为现实。同时，随着互联网技术的普及和应用，大学生创业者可以利用网络平台快速获取市场信息，拓宽销售渠道，降低创业门槛。在这样的背景下，大学生创业的成功案例不断涌现，为更多有志于此的年轻人树立了榜样。

（二）创业的实质

"创业"是一门专门的学问，有自身的实质和客观规律。下面所述的"创业的实质"是每个创业者都必须面对和承担的。

1. 创业要创造出某种有价值的新事物

这种新事物必须是有价值的，不仅对创业者本身有价值，还对社会有价值。价值属性是创业的重要社会性属性，同时也是创业活动的意义和价值所在。

2. 创业要投入必要的时间和大量的精力

创业要付出极大的努力，不仅仅需要勇气，更需要坚忍不拔的毅力。要完成整个创业过程，要创造新的有价值的事物，就需要大量的时间，而要获得成功，没有艰辛的努力是不可能实现的，很多创业活动初期都是在非常艰苦的环境下开展的。

3. 创业要承担必然的风险

创业的风险可能有各种不同的形式，取决于创业的领域和创业团队的资源。通常，创业风险包括人力资源风险、市场风险、财务风险、技术风险、外部环境风险、合同风险、精神风险等。创业者应具备超人的胆识，甘冒风险，勇于承担多数人望而却步的风险事业。

4. 创业将给创业者带来回报

作为一个创业者，最重要的回报可能是其从中获得的独立自主，以及随之而来的个人的物质财富的满足。对于追求利润的创业者，金钱的回报无疑是重要的，对许多人来说，物质财富是衡量成功的一种尺度。创业带来的回报，既包括物质的回报，又包括精神的回报，是创业者进行创业的动机和动力。

知识补给：这届年轻人创业，稳字当头

（三）创业的要素

20世纪80年代以来，创业活动在推动科技进步、促进经济发展、增加就业机会等方面成效显著，由此引发了理论界和实业界大量的观察与思考。创业研究在过去多年里呈现爆发式增长态势，专门探讨创业的学术论文、学术会议、调查数据都在迅速增加。创业要素研究是当前创业研究的热点内容之一。创业是一个复杂的系统。素有"世界创造教育之父"之称的创业学杰出教授杰弗里·蒂蒙斯（Jeffry Timmons）认为创新创业是一个高度动态的过程，其中机会、团队、资源是这个过程中最重要的三个驱动要素，三个要素之间互相影响，共同推动创业的发展，继而他提出创业过程模型（图1-1-1）。创业之前，商业机会的发现和选择最为关键；而在创业初期，关注的重点应该放在创业团队的构建；事业顺利启动之后，各种人财物、信息等资源的需求将会大幅度地增加。所以成功的创新创业活动必须依靠创业者的领导能力、创造力与沟通能力来发现问题，掌握关键要素。

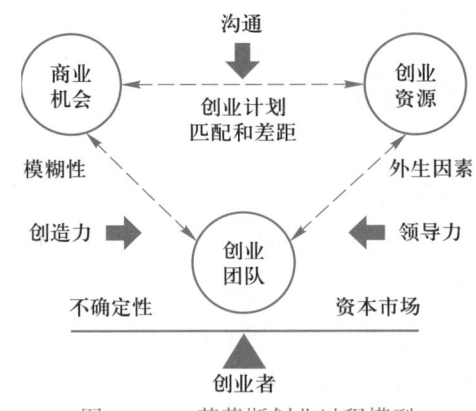

图 1-1-1　蒂蒙斯创业过程模型

1. 商业机会

商业机会是任何需要投入资源并能够产生足够回报的活动，是创业成功的首要元素。特别是在企业的创立之初，创业者对机会的选择和把握特别重要。真正的商业机会可能比团队智慧和技能、可获取的资源要重要得多。因此，创业者应该投入大量的时间和精力，通过分析政治、经济、社会和科技等外部环境，及时发现市场需求，寻求最佳商业机会。

创业机会是指创业者可以利用的商业机会。商业机会是创业的起点，是创业过程中的核心驱动力。创业过程就是识别、开发和利用创业机会的过程。创业机会来自一定的市场需求和变化，当某种创意能够将人们潜在的需求转化为现实的、可操作的需求，或使某种未能满足的需求得到满足时，这种有价值的创意往往就会成为创业机会。

2. 创业资源

创业资源是指与创业活动直接相关的特定资产，包括有形资产与无形资产，如创业人才、创业资本、创业技术和创业管理等。创业资源是新创企业创立和运营的必要条件，创业者往往通过创造性地整合资源而获得创业成功。

在创业过程中，往往需要各种生产要素和支持条件，只有将其进行有效组合，才能创造新的价值。因此，创业者在创业过程中必须时刻将资源要素放在最重要的位置，作为反复估量权衡的条件。成功的创业者会竭力通过精巧的设计创意、谨慎的经营战略等，最高效地利用各种资源。

3. 创业团队

创业团队是指在创业初期（包括企业成立前和成立早期），由一群才能互补、责任共担、愿为共同的创业目标而奋斗的人所组成的特殊群体。创业团队是创业过程的主导者，对于创业成功起着举足轻重的作用。

团队成员能力的总和决定了创业团队的整体能力和发展潜力。创业团队成员的才能互补是组建创业团队的必要条件，而团队成员间的互相信任是形成团队的基础。缺乏信任，将直接导致团队成员间协作障碍的出现。

除了上述三种要素，创始人是创业活动中最活跃的因素，是创业成功的核心和关键。与人相关的要素包括创业者、企业内部的员工关系、企业外部的公共关系等。创业者既可以由个人来担当，也可以由一个团队来担当。企业内部的员工关系则需要借助组织制度来实现，企业外部的公共关系则包括企业与股东、消费者、商业合作伙伴、政府职能部门之间的关系。

知识窗

蒂蒙斯创业过程模型

蒂蒙斯创业过程模型是一种商业模型。创业团队在推进业务的过程中，在模糊和不确定的动态的创业环境中必须要具有创造性地捕捉商业机会、整合创业资源和构建战略、解决问题的能力，要勤奋工作、勇于牺牲。

蒂蒙斯创业过程模型的含义包括以下三个方面。

（1）商业机会是创业过程的核心驱动力，创业团队是创业过程的主导者，创业资源是创业成功的必要保证。

创业过程始于商业机会，而不是资金、战略、网络、团队或商业计划。开始创业时，商业机会比资金、创业团队的才干和能力及拥有的资源更重要。在创业过程中，创业资源与商业机会间经历着一个"适应—差距—适应"的动态过程。

（2）创业过程是商业机会、创业团队和创业资源三个要素相互匹配和平衡的结果。

处于模型底部的创业者（创始人）要善于配置和平衡，借此推进创业过程，他们必须做的重要工作是：对商业机会的理性分析和把握，对创业风险的认识和规避，对创业资源的合理利用和配置，对创业团队适应性的分析和认识。

（3）创业过程是一个连续不断地寻求平衡的行为组合。

在创业三要素中绝对的平衡是不存在的，但企业要保持发展，必须追求一种动态的平衡。保持平衡的观念展望企业未来时，创业者必须思量的问题是：目前的创业团队是否能领导公司未来的成长、资源状况，下一阶段成功面临的陷阱等。这些问题在不同的阶段以不同的形式出现，牵涉企业的可持续发展。

总之，创业者在创业过程中就像一个杂技表演者，一边要在平衡线上跳上跳下，保持平衡，一边还要在动荡的处境中进行各式各样的表演。

风暴眼

要想在创新创业实践中有所成就，必须掌握所有相关知识和技能吗？

（四）创业的类型

创业的类型也有很多种，有的人为了生存而创业，有的人为了难得的机会而创业，了解创业类型是为了在创业决策中做比较，选择最适合自己的创业类型。

1. 按照创业动机分类

创业按照创业者的身份和创业动机一般可分为生存型创业、机会型创业和发展型创业。

（1）生存型创业。生存型创业是指创业者为了生存，没有其他选择而无奈进行的创业，显示出创业者的被动性。

（2）机会型创业。机会型创业是指根据市场上和技术领域的机会和潜力，利用市场资源，通过自主创新和整合供给与需求来实施的创业活动。

（3）发展型创业。发展型创业指的是个人先选择就业，待经过一定时期的磨砺后，为了寻求更好的发展而进行的创业。

2. 按照新企业建立方式分类

创业按新企业建立方式可以分为独立型创业、母体脱离型创业、企业内部型创业。

（1）独立型创业。这种创业是指创业者个人或创业团队白手起家进行创业。

（2）母体脱离型创业。母体脱离型创业又称脱胎创业，是指公司内部的管理者从公司中脱离出来，新成立一个独立企业的创业活动。

（3）企业内部型创业。企业内部型创业是指由一些有创业意向的企业员工发起，在企业的支持下承担企业内部某些业务内容或工作项目，进行创业并与企业分享成果的创业类型。

3. 按照企业对市场和个人的影响程度分类

芬兰市场学家克里斯琴·格罗路斯（Christian Gronroos）认为创业依照其对市场和个人的影响程度可以分为四种类型，即复制型创业、模仿型创业、安定型创业、冒险型创业。

（1）复制型创业。复制型创业即复制原有公司的经营模式进行创业，创新的成分很少。例如，某人原本在餐厅里担任厨师，后来离职自行创立一家与原服务餐厅类似的新餐厅。新创公司中属于复制型创业的比率虽然很高，但这种类型创业的创新贡献较小，缺乏创业精神的内涵，因此这种类型的创业基本上只能称为"如何开办新公司"。

（2）模仿型创业。模仿型创业虽然也无法对市场带来新价值的创造，创新的成分也很少，但其与复制型创业的不同之处在于：创业过程对于创业者而言具有较大的冒险成分。例如，某一纺织公司的经理辞掉工作，开设一家当下流行的网络咖啡店。这种形式的创业具有较高的不确定性，学习过程长，犯错概率大，其代价也较高。这种创业者如果具有较高的创业能力，且经过了系统的创业培训，掌握了正确的市场进入时机，就有很大机会可以获得成功。

（3）安定型创业。安定型创业虽然为市场创造了新的价值，但对创业者而言，其本身并没有面临太大的改变，因为创业者做的也是比较熟悉的工作。这种创业类型强调的是创业精神的实现，也就是创新的活动，而不是新组织的创造。企业内部创业属于这一类型。例如，研发单位的某小组在开发完成一款新产品后，继续在该企业部门开发另一款新产品。

案例链接：乡村直播创业：杨聪云的"新农活"故事

（4）冒险型创业。冒险型创业是一种难度很高的创业类型，有较高的失败率，但成功后所得的报酬也很惊人。这种类型的创业如果想要获得成功，必须在创业者能力、创业时机、创业精神发挥、创业策略研究与拟定、经营模式设计、创业过程管理等各个方面，都要有很好的搭配。

三、创新、创业、就业间的关系

（一）创新与创业的关系

1. 创新是创业的手段和基础

创新的本质是敢于突破旧的思维和常规；创业的本质是资源的整合和再创造，创业的过程就是不断创新的过程。创业是职业的转换，而创新是指创造一种新的理念或新的技术等，创业对创新成果的引用比比皆是。例如，用智慧的头脑进行战略创新，会给企业带来出乎意料的财富和市场；文化创新出来的商品，具备"爆款"的潜质；技术创新可提高商品竞争力；商业模式创新能更好地促进创新产品的稳定销售，从而赢得广袤市场；等等。总之，创业者只有通过创新，才能使所开拓的事业生存、发展并保持长青。

2. 创业是创新的载体

创新是一种理念，创新的成效只有通过创业实践来检验。创新只有转化为实际的产品、技术或服务，才能真正被人们利用。因此，单单只有创新是远远不够的，它只是为创业成功提供了可能性和必要准备。如果脱离了实践，创新便成了无源之水，无本之木。

（二）创新与就业的关系

我国知识经济的快速发展和产业结构的不断调整升级，带来了劳动力的转移和职业岗位的转换。这意味着就业者需要通过不断更新知识和提高劳动技能，来满足我国产业结构升级对劳动力质量的要求。在这一背景下，创新成为推动就业结构优化和就业质量提升的关键力量。一方面，创新能够催生新兴产业和新业态，为就业市场注入新的活力。例如，互联网、大数据、人工智能等新技术的发展，不仅创造了大量高技术含量的就业岗位，还带动了传统产业的转型升级，从而为更多人提供了就业机会。

另一方面，创新也对劳动者的综合素质提出了更高的要求。在知识经济时代，劳动者需要具备更强的学习能力和创新能力，才能适应快速变化的工作环境和社会环境。因此，教育体系和职业培训体系需要不断改革，以培养更多具备创新精神和实践能力的人才。

同时，随着产业结构调整升级，也将会产生一些新兴的行业部门，创造出新的职业岗位。这就要求就业者不仅要有从业（就业）能力，还必须具备新技术、新工艺的实施及新产品的开发和创新能力，来顺应时代发展的需要，从而实现高质量的就业。

案例链接：与其他人分享就业蛋糕，不如自己做一个蛋糕

（三）创业与就业的关系

1. 创业与就业本质有别

创业是指创业者投入一定的资本、智力、精力和时间等去创办属于自己的企业或事业的行为；就业则是一个相对于创业而言的对称概念，是指就业者到别人创办的企业或事业中寻找一份相对稳定的工作，通过劳动获得一份工资收入的行为。可以说，创业是就业的前提，就业依赖创业。

2. 创业属于就业范畴

创业的原始目的与就业一样，都是为了谋生，获得劳动收入，两者的高级阶段都是作为成就一番事业、实现自身价值的一种途径。有人选择"就业—择业—创业"的职业发展路径，这个过程使得就业成为创业的前期积累和储备。

综上所述，创业与就业既有本质的区别，又有相互的关联，绝不可割裂开来，更不能对立起来。不管是创业还是就业，都应该培养创新创业精神。即便先就业，也应"以创业的心态去就业"，怀着创业的梦想去就业。因为创业就是所有的事情都要从头干起，基层工作是创业的必经阶段，在工作中注意培养吃苦耐劳的品质，珍惜自己的岗位，注重在实践中积累各种经验。无论你是否创业，都会因为你在工作中的踏实能干、用心积累而获得能力的提升，从而创造一番事业。

【延伸阅读】

勇气之路：雷军与小米汽车的创新征程

主题二　创新创业与职业发展

【双创领航】

▶ 思想化育

要坚持在发展中保障和改善民生，把推动高质量发展放在首位，为人民提高受教育程度、增强发展能力创造更加普惠公平的条件，提升全社会人力资本和专业技能，提高就业创业能力，增强致富本领。

——习近平

▶ 学理依循

创业教育是培养人的创业意识、创业思维、创业技能等各种创业综合素质，并最终使被教育者具有一定创业能力的教育。创业教育被联合国教育、科学及文化组织称为教育的"第三本护照"，被赋予了与学术教育、职业教育同等重要的地位。

【案例引入】

大学生创新创业：助力职业生涯规划

行业深耕打地基，工作经验很重要

蒯治任是一位"80后"海归，是慧华科技有限公司创始人。他在回国之初就曾尝试创业，但由于团队缺乏经验、各方面的资源配置不足等，结果以失败告终。他对于先就业还是先创业这个选择题有着深刻的见解，也很有发言权。"先就业相当于做了非常详细的行业、市场及渠道的调研工作，可以帮助我了解国内创业环境。"蒯治任提到，创业前扎实的行业深耕工作，不仅能够为创业者指明方向，还能做到有的放矢。"如果连自己所在行业都不了解，那么创新创业只能是管中窥豹，失败的概率要远远大于成功的概率。"

所谓"好饭不怕晚"，与其仓促上阵，不如沉下心来，一步一个脚印地在相关行业里积累经验，等待厚积薄发的那一刻。

低头看路稳步走，好高骛远不可取

蒯治任提出在创新创业过程中要坚持5个关键词：转换视角，充分调研，脚踏实地，吃苦耐劳，百折不挠。他解释道："虽然自己在国外留学期间接受了先进的文化知识，开阔了视野，但不要因身份而产生优越感。同时，创业前充分做好市场环境和产品的调研也很重要。要认识到创业不是件轻松的事。对于海归来讲，回国后一切从零开始，需要脚踏实地、吃苦耐劳。在遭遇难以预料的困难时，要迎难而上、咬牙坚持。"蒯治任认为，低头看路、秉承"不忘初心，方得始终"的创业者一定会取得成功。

先就业对于没有实战经验的大学生来说，可能是一种不错的选择。丰富的行业知识和就业经验会大大减少创业阻力，降低创业风险。

◎ 案例启示

创新创业失败大多是急于求成、好高骛远所导致的，不论是国内大学生还是海归人员，头脑一热的激情创业都是不可取的。有创新创业想法的学生最好通过先就业来积累工作经验，从而获得丰富的行业知识、人脉资源及创业资金，从而减少创新创业阻力和风险。

◎ 思考探究

未来，你会选择先就业还是先创业呢？

【课中解码】

创新创业是人类文明进步的不熄引擎，是根植于每个人心中具有顽强生命力的"种子"。推动发展，不仅要解放社会生产力，更要解放社会创造力。中国是世界上的人口大国，14亿多勤劳智慧的中国人民中间蕴藏着无穷的创造力。

一、开展大学生创新创业教育的意义

创新与创业的成功都具有很大的不确定性，大学生群体社会实践经验与能力的欠缺，与创业的成功要素有所矛盾，导致不少大学生创业在初期就自行夭折，大学生创业已成为国家社会共同关注的话题。因此，高校开展创新创业教育势在必行，它能有效为大学生投身创新创业行动保驾护航，促进大学生成长成才、实现人生价值。总的来说，开展大学生创新创业教育具有以下几个方面的意义。

（一）能够培养大学生创新意识，锻炼创新能力，提升职业竞争力

创新创业教育课程将培养学生"学会做事"与"学会学习"高度统一，实现知识教育、技能教育与情感教育的统一，重在培养大学生的首创精神、进取精神、冒险精神，提高学生的企业家精神和管理技能，激发创业热情，提升学生的创新意识、创业素质与科研成果转化能力，使学生能够根据知识经济的新要求不断地发展自己的能力，适应并引领新经济的发展，提高学生的职业生存、发展能力，进而提升岗位胜任力。

大学生必须明白，接受创新创业教育不是为了在今后的生活中一定能够实现创业，而是让自己具备创新创业的意识和能力，在今后的工作中能够发现创新点，从而实现自己的价值。毕竟未来不仅是企业与企业之间的创新能力竞争，也是人才与人才之间创新能力的竞争。

（二）能为有创业需求的大学生提供必要支持，助力激发创业意愿

创新创业教育课程体系与大学生的创新创业行为呈正相关，大学生通过创新创业课程的学习能够激发其创新创业激情，进而影响其创新创业行为。有的人天生具有创新创业潜能，接受创新创业教育后其创新创业成功率会更高。

通过创新创业教育课程学习能够显著地提高学生的创新创业自我效能感，提升商业思维能力和风险承受能力，也能提升创办企业或为创业公司工作的兴趣，更能提升其对商业、产品或技术独立思考的能力。

（三）能顺应社会发展和社会需求，培养国家战略急需的创新创业人才

随着创新创业型经济的发展，科技创新创业活动地位的崛起，社会对人才的需求不仅在数量上有所增加，在质量上也提出更高的要求：社会不仅需要具备良好专业素质的职员，还需要具有创造性的创新创业型人才。

近年来，创新创业能力成为社会关注的一个重点话题，有研究证明创业已成为创造就业岗位、产生财富的基本路径，社会的进步、经济的发展与创业息息相关。高校在新的时代背景下面临着许多挑战和机遇，只有紧跟时代的步伐，满足社会的需求，才能在改革或转型中拥有主动权，才能长久地立于不败之地。高校必须抓住这个机遇，找准社会的需求，培养出符合社会需求的人才，并促进自身的发展。

🔗 知识窗　　　　　　　　大学生创新创业要做好的几件事

（1）要了解创新创业该具备的素质，自我对照、分析后，有针对性地提高相关素质。

（2）要了解优秀创业团队的特征，通过各种途径练习组建并管理团队，锻炼自己的领导力。

（3）要全面了解和评估创新创业环境，并熟悉利用相关的创新创业政策。

（4）要多渠道、多途径寻找机会，客观评估，学会整合资源。

二、学习创新创业对职业发展的作用

创新创业与就业（职业规划、选择与发展）有着直接的、必然的联系，具备创新创业能力已经成为当今高技能人才的共同要求和基本标准。新常态下，我国经济发展和社会需求正在发生的和即将发生的变化都与创新创业有关。依靠创新创业推动经济发展，满足社会需求已经成为全球经济发展的共同特征。美国麻省理工学院创新计划联合主任菲奥娜·穆雷（Fiona Murray）教授说"在当今全球创新经济下，麻省理工学院的学生在准备进入职业生涯时需要接受具有国际视野的创新创业教育"。今天，学习创新创业是适应社会需求变化的必要准备。

从国内的角度看，我们学习创新创业与职业发展的关系，主要体现在以下几个方面。

（一）学习创新创业是适应社会进步和时代变化的需求

当前社会科技快速发展，人才市场的竞争日趋激烈，从而导致现代企业对员工综合素质的要求也越来越高。这也要求企业向社会提供的产品和服务必须依靠创新设计、创新制作、创新供给、创新管理、创新模式来支撑。创新创业在社会各个层面、各个领域全面展开，今天的时代已经是创新的时代、创业的时代。"创客""极客""威客"纷纷登上时代发展的前台，他们已经成为时代的弄潮儿。如果没有创新创业意识和能力就走上工作岗位，很快将面对需要重新学习以适应社会发展的现实，甚至可能输在职业发展的起跑线上。

（二）学习创新创业是适应新型企业和组织对人才的要求

新的企业和新的业态需要人才的知识和能力能够满足要求。为了满足个性化、多样化的需求，产业组织形态将会变得小型化、智能化、专业化，新企业、新组织、新业态将不断出现。大中型传统企业内部也将出现自主经营体等鼓励内部创业的新组织、新模式。有更多的高校毕业生将需要在岗位上创业，在事业发展中创业。有创新创业精神的知识型劳动者的作用与价值将显著提升。大学生如果没有创新创业的意识和能力就很难适应企业发展、组织进步的要求，即便进入企业，也可能待不久，甚至面临重新择业的问题。另外，由于我国市场竞争特点已经从数量扩张和价格竞争转向质量型、差异化为主的竞争，拼消耗的发展阶段已经成为历史，提高资源配置效率成为经济发展的内生性要求，传统企业的生存与发展更加依靠新的技术、新的产品、新的模式，不能创新就意味着"死亡"。如果你具备创新创业意识和能力，即使在传统企业也能干出一番事业。

（三）学习创新创业为拓展和优化职业选择提供了有力保证

新的职业、商业模式和新的工作方式在不断出现，现实与虚拟世界的连接与交互给我们的职业发展提供了更大的舞台。今天，互联网、5G 网络、移动终端都连在了一起，形成新的"地域"、新的"空间"、新的"维度"。微博、微信、微系统、数字穿戴、元宇宙，现实生活方式正在被虚拟方式改变。大数据等技术正在开启和描绘新的时代篇章。面对这样一个变化迅速的世界，你如果没有创新创业意识和能力，就永远只能是一个跟随者。同时，新的需求、新的供给和新的产品产生新的利润，带来新投资，新的机遇就在眼前，但需要你有所准备。现阶段大规模对传统产业的投资已经相对饱和，资金投资正在转向创新型企业、创业型企业。产业政策、社会资金注定将会向高附加值产品和服务效益高的领域倾斜。往哪里投资，高薪酬、高福利就会出现在哪里，信息、人才、资源就会集中在哪里，这些企业所需要的正是创新创业型人才。如果你没有创新创业的意识和能力，就很难进入发展快速的行业及企业，从而错过自己的职业发展机遇。

我国经济发展正在从依赖"资源驱动"向依赖"创新驱动"转变。创新创业的意识和能力已经成为人才的核心要素，同时企业如果不能创新或者进行卓有成效的内部创业将面临生存和发展的问题。因此，今天更多的企业特别是知名企业在招聘大学毕业生时，更加关注应聘者的创新创业素质，会优先选择具有创新意识、创业精神和创业能力的大学毕业生。

 **风暴眼**

如何正确理解大学生创业与就业的关系？

【延伸阅读】

优化大学生职业生涯规划，促进人才高质量发展

主题三　大学生创新创业形势与政策

【双创领航】

▶ 思想化育

全社会都要重视和支持青年创新创业，提供更有利的条件，搭建更广阔的舞台，让广大青年在创新创业中焕发出更加夺目的青春光彩。

——习近平

▶ 学理依循

《教育部办公厅关于印发〈普通本科学校创业教育教学基本要求（试行）〉的通知》（教高厅〔2012〕4号）提出，"通过创业教育教学，使学生掌握创业的基础知识和基本理论，熟悉创业的基本流程和基本方法，了解创业的法律法规和相关政策，激发学生的创业意识，提高学生的社会责任感、创新精神和创业能力，促进学生创业就业和全面发展"。

【案例引入】

医联：打破医疗学术交流障碍

医联（全称医生联盟学术交流平台），是一款基于医生使用的实名认证、学术社交、自由执业的移动平台。在医联，医生可以进行病例分享、学术讨论、临床交流、手术出诊等。截至2022年，医联已经发展成为一家拥有140万名注册医生，每位医生可管理2 000位患者，覆盖传染感染疾病、循环系统疾病等多个病种学科领域，构建"预防—诊断—治疗—康复"疾病全流程管理体系的互联网医院。医联创立之初获得联创策源及 PreAngel 300万元天使投资；2014年12月，获得红杉资本数百万美元A轮融资[①]；2015年9月，获得由腾讯领投、云锋基金跟投的4 000万美元B轮融资；2018年6月，获得由中投中财领投、红杉资本、中电健康和华兴新经济基金等跟投的10亿元D轮融资。

医联之所以能够多次获得众多"天使"和大腕们的融资，很大程度上是因为它在医学信息分享领域的创新。有这样一个案例：某天晚上，一个湖南三甲医院的医生在医联平台上求助一个疑难病症的治疗方案，在接下来的一周时间内，全国10个城市、20家医院、8个医学教授、十几位专家参与这个病例讨论，最终给出了一个最优的治疗方案。

对医联创始人王仕锐而言，帮助医生解决难题、让更多的医生实现协同办公比医联平

---

① A轮融资是指一个企业的资金筹集的行为与过程，一般情况顺序为天使融资—A轮（1轮）融资—B轮（2轮）融资—C轮（3轮）融资等。

台上的数据更重要。因为目前的医学权威掌握在传统的纸质学术媒体手中，不利于医学信息的及时传递和分享，这也更加坚定了王仕锐用互联网手段打破学术信息交流障碍的决心。

创业至今，王仕锐时刻保持着危机感，带领团队不断保持创新的活力和动力，正是这一点，成了医联与外界抗衡的竞争壁垒。

创业中的困难、挑战、风险从未使王仕锐望而却步，只要是他真心喜欢做的事情，他都会想办法做成。事实证明，勇者无畏的创新创业精神让医联领先同行。

◎ 案例启示

医联的成功在于：一是在行业基本面上，医疗本身就是具备发展前景的行业，具备长期投资价值。二是在加强监管的背景下，合规本身就重要，医疗更是需要被强监管的行业，毕竟关乎民生大计。这就确保具有互联网医院牌照的企业发展空间更大。

◎ 思考探究

面对风险挑战，如何化危为机？

【课中解码】

当今世界，新一轮科技革命和产业变革浪潮席卷而来。信息、能源、材料、医药、环保等领域技术不断取得激动人心的突破，催生了新的制造模式和商业模式，也推动着全人类走向智能生产、绿色生活的新世界。我国只有进行价值创新和建设创新，才能扎实推进经济转型升级和提质增效，抢占国际竞争的战略制高点。因此，这个时代呼唤创新、创业教育。作为新时代的大学生要有高度的政治觉悟，积极响应国家的号召，在掌握扎实的知识的前提下，敢于迎接时代提出的挑战，开展创新创业事业。

一、大学生创新创业形势分析

创新是引领发展的第一动力，是建设现代化经济体系的战略支撑。党的二十大的胜利召开吹响了加快进入创新型国家前列的强劲号角，同时也进一步明确了高校对创新创业型人才培养的必要性。习近平总书记在党的二十大报告中指出："当代中国青年生逢其时，施展才干的舞台无比广阔，实现梦想的前景无比光明。"新一代的青年大学生具有较大的发挥空间和发展潜力，因此，将大学生培养成为推动国家创新创业发展的主力军，是摆在高校教育工作面前的首要任务。

（一）高校大学生创新创业现状分析

自 20 世纪 90 年代末开始，我国部分高校开始对开展创新创业教育进行探索尝试，这些高校开拓创新，勇敢探索尝试，为我国高校创新创业教育的发展打下了坚实的基础。

2001年，教育部将北京大学、清华大学、复旦大学等九所高校列为国家创新创业教育试点，并从政策等方面给予积极扶持，标志着我国高校的创新创业教育已经从自发探索阶段转为多元探索阶段。后来，教育部又实施了创新创业工程质量项目，在全国范围内精心筛选设立了30个以提高创新创业能力为主要目标的人才培养创新实验基地。2010年，教育部制定印发《关于大力推进高等学校创新创业教育和大学生自主创业工作的意见》，对做好创新创业教育和抓好大学生创业实践进行了全面部署，标志着我国高校创新创业教育进入了全面发展的新阶段。

目前，高校创新创业教育实践形成了三种主要模式：学科导向型模式、实践导向型模式和综合型模式。例如，开展创新创业相关课程，如就业指导、KAB（Kow About Business）创业基础教育、大学生职业生涯规划等课程，为学生提供创新创业相关理论知识；有些院校设立大学生创新创业指导中心，为学生提供相关服务；有的院校将创新创业学分纳入毕业条件，毕业前学生需要通过开展创新创业活动、参加创新创业知识技能培训、听取有关讲座来修满创新创业学分，为学生走入社会、自主创业打下坚实基础。

（二）当前大学生创新创业能力培养中存在的主要问题

虽然我国高校在大学生创新创业能力培养方面积累了一些成功经验，并取得了初步成效，但也存在一些不可回避和亟待解决的问题和不足，主要表现在以下几个方面：一是创新创业的环境有待进一步优化。虽然国内高校不断加大对创新创业教育的宣传力度，但由于观念、机制等因素的制约，对大学生创新创业的引导力度还不够，在社会范围内还未形成支持创新创业、尊重创新创业的浓厚氛围。二是大学生的创新创业热情有待进一步加强。由于受思想认识、传统就业择业观念的束缚，很多大学生对开展创新创业缺乏激情和热情，不能深刻认识到创新创业的重要性，只是把开展创新创业活动作为应对学校规定的修满学分的一种手段。此外，部分学生虽然有创新创业的想法，但对自身的能力缺乏自信，同时得不到应有的指导和帮助，开展创新创业的积极性明显不足。三是高校创新创业教育体系不完善。很多高校的创业教育并没有纳入学校人才培养体系的必需环节，而是属于辅助教育或提高教育。很多高校的创新创业教育课程内容和模式较为单一，主要以讲座形式开展，缺乏系统性、完整性，不能结合学校实际和学科特色进行有效开展。四是高校创新创业的师资队伍建设薄弱。教师团队的指导能力对大学生创新创业教育起着至关重要的作用。目前很多高校教师缺少过硬的专业知识及丰富的实践工作经验，其创业知识也是零散的理论及在教学过程中只是照本宣科，缺乏实际感悟，不利于培养学生的创新意识，限制了创新创业教育的开展。五是对大学生的实践训练有待进一步强化。从目前高校创新创业教育开展看，重基础理论传授、轻实践能力训练的现象普遍存在。虽然学校也组织技能大赛、创业比赛等活动，但很多学校和学生是为了比赛而比赛，真正付诸实践的不多。同时，在大学生创新创业实践基地建设上有待进一步完善，创业实践基地形式单一、设施落后。创新创业教育是一种实践性、技术性很强的教育，学生创新创业能力的培养只有在实践中才能得到有效的发展，但是部分高校的创业教育实践基地建设远远不能适应培养创业人才的需要，无法满足大学生开展创新创业实践活动的需求。

（三）高校大学生创新创业能力培养的路径方向

1. 加强教学环境建设，营造高校创新创业教育氛围

大学生的创新创业实践需要良好的校园环境氛围予以支持，因此，完善教学环境和营造良好的创业氛围尤为重要。一是要建立创新创业体制机制，注重培育学生的创业兴趣，开展多种形式的创业实践活动。例如，通过交流研讨、学科竞赛等活动营造出鼓励创业的良好校园教育氛围，从而引导和激发大学生创新创业的动力与热情，以实现成功创业。二是要充分利用好网络，对大学生互联网技术加以培训和指导。互联网技术的发展给大学生创新创业带来了巨大的机遇与挑战，在就业难的情况下，部分大学生选择利用互联网自主创业。因此，在"互联网+"时代快速发展的背景下，高校应当多开展有关互联网创业的专题讲座，通过互联网与实际结合，从多角度、多方面对大学生进行创业思维的培养。

2. 搭建创新创业支撑平台，强化大学生创新创业意识

无论是政府还是各高校都应当对大学生创新创业给予支持，而作为当代大学生，更应当培养自己的创新精神，强化创新创业意识。与此同时，高校应搭建大学生创新创业支撑平台，将理论知识与实践有机结合，给学生创造良好的实践条件，如建设大学生创业园、大学生创业网站等，以强化大学生的创新创业意识，拓宽大学生的眼界。

3. 加强创新创业课程建设，提高大学生的创新创业能力

高校应当开设创新创业教育相关课程，完善创新创业人才培养的课程体制。在课程建设上，既要注重创新创业通识教育、基础教育，又要关注创新创业的基本职能训练和能力的培养。要根据不同学生的兴趣爱好开设不同特色类型的专门教育课程。创新创业教育可开设创新创业实践理论指导、大学生自主创业研究、网络创业等课程。通过适当的设计，创新创业课程可以培养学生良好的心理素质，包括独立性、冒险性、坚韧性、适应性及处事能力等，同时提升学生的创新创业能力，提高大学生自主创新创业的热情。

4. 有针对性开展创新创业教育，促进专业创新创业

高校里有多个专业，每个专业的学生学习的方向都不同，尤其是综合性大学，学科门类多，涉及范围广，不能单纯地对所有学生开设同样的创新创业课程，宣教同样的知识内容。要根据各学科特色及未来发展，有针对性地进行创业教育及培训，只有这样才能激发学生的热情与兴趣，掀起全员创新创业的热潮。

二、大学生创新创业政策解读

习近平总书记多次作出重要指示，要求加快教育体制改革，注重培养学生创新精神，造就规模宏大、富有创新精神、敢于承担风险的创新创业人才队伍。

（一）大学生创新创业国家优惠政策

国家出台了很多关于创新创业的优惠政策，涉及融资、税收、创业培训、创业指导等方面，了解这些政策，对大学生开展创新创业实践大有裨益。高校毕业生创业在税收方面有何优惠政策，有哪些资金扶持补贴，又有哪些服务政策？教育部高校学生司、教育部学生服务与素质发展中心发布的《普通高校学生自主创业政策公告》给出了明确答案。

1. 税收优惠政策

（1）持人社部门核发《就业创业证》（图1-3-1）的高校毕业生在毕业年度内创办个体工商户的，可按规定在3年内以每户每年12 000元为限额（最高可上浮20%，具体由各省、自治区、直辖市人民政府根据本地区实际情况确定）依次扣减其当年实际应缴纳的增值税、城市维护建设税、教育费附加、地方教育附加和个人所得税。

（2）对高校毕业生创办小微企业的，可按规定享受小微企业普惠性税费政策；创办个体工商户的，对其年应纳税所得额不超过100万元的部分，在现行优惠政策基础上减半征收个人所得税。

图1-3-1　《就业创业证》

2. 担保贷款和贴息政策

（1）创业担保贷款和贴息支持。可在创业地申请创业担保贷款，最高贷款额度为20万元，对符合条件的个人合伙创业的，可根据合伙创业人数适当提高贷款额度，最高不超过总额的10%。对10万元及以下贷款、获得设区的市级以上荣誉的高校毕业生创业者免除反担保要求；对高校毕业生设立的符合条件的小微企业，最高贷款额度提高至300万元，财政按规定给予贴息。

（2）创业担保贷款申请程序。申请创业担保贷款贴息支持的个人和小微企业应向当地人力资源社会保障部门申请资格审核，通过资格审核的个人和小微企业，向当地创业担保贷款担保基金运营管理机构和经办银行提交担保和贷款申请，符合相关担保和贷款条件的，与经办银行签订创业担保贷款合同。

3. 资金扶持政策

（1）免收有关行政事业性收费。毕业2年以内的普通高校毕业生从事个体经营的，3年内免收管理类、登记类和证照类等有关行政事业性收费。

（2）求职创业补贴。对在毕业学年有就业创业意愿并积极求职创业的低保家庭、贫困残疾人家庭、原建档立卡贫困家庭和特困人员中的高校毕业生，残疾及获得国家助学贷款的高校毕业生，给予一次性求职创业补贴。

（3）一次性创业补贴。对首次创办小微企业或从事个体经营，且所创办企业或个体工商户自工商登记注册之日起正常运营1年以上的离校2年内高校毕业生，试点给予一次性创业补贴。

（4）享受培训补贴。对大学生在毕业年度内参加创业培训的，按规定给予培训补贴。

4. 工商登记政策

简化注册登记手续。创办企业，只需填写"一张表格"，向"一个窗口"提交"一套材料"，登记部门直接核发加载统一社会信用代码的营业执照，"多证合一"。

5. 户籍政策

取消落户限制。高校毕业生可在创业地办理落户手续（直辖市按当地有关规定执行）。

6. 创业服务政策

（1）免费创业服务。可免费获得公共就业和人才服务机构提供的创业指导服务。

（2）技术创新服务。各地区、各高校和科研院所的实验室以及科研仪器、设施等科技创新资源可以面向大学生开放共享，提供低价、优质的专业服务。

（3）创业场地服务。鼓励各类孵化器面向大学生创新创业团队开放一定比例的免费孵化空间。政府投资开发的孵化器等创业载体应安排30%左右的场地，免费提供给高校毕业生。有条件的地方可对高校毕业生到孵化器创业给予租金补贴。

（4）创业保障政策。加大对创业失败大学生的扶持力度，按规定提供就业服务、就业援助和社会救助。毕业后创业的大学生可按规定缴纳"五险一金"。

7. 学籍管理政策

（1）折算学分。各高校要设置合理的创新创业学分，建立创新创业学分积累与转换制度，探索将学生开展自主创业等情况折算成学分。

（2）弹性学制。学校可以根据情况建立并实行灵活的学习制度，可放宽学生修业年限，保留学籍休学创新创业。

此外，全国各所高校积极响应国家号召，努力办好和参与各类创新创业大赛，如针对中国国际"互联网+"大学生创新创业大赛，各省市自治区皆出台了奖励措施，鼓励产学研相结合，深度融合企业需求，进行专创融合。

（二）创新创业大学生在校享有支持的有关规定

按照《普通高等学校学生管理规定》（中华人民共和国教育部令第41号）等文件规定，自主创新创业的大学生在校期间主要享有以下权利。

（1）学生参加创新创业、社会实践等活动以及发表论文、获得专利授权等与专业学习、学业要求相关的经历、成果，可以折算为学分，计入学业成绩。具体办法由学校规定。学校应当鼓励、支持和指导学生参加社会实践、创新创业活动，可以建立创新创业档案、设置创新创业学分。

（2）学校可以根据情况建立并实行灵活的学习制度。允许在校大学生休学创业，对休学创业的学生可以单独规定最长学习年限，并简化休学批准程序。学生休学期间，学校应为其保留学籍。

（3）休学创业的学生，因自身情况需要转专业的，学校应当优先考虑。

（4）各地各高校建设一批大学生创业示范基地，继续推动大学科技园、创业园、创业孵化基地和实习实践基地建设，高校应开辟专门场地用于学生创新创业实践活动，教育部工程研究中心、各类实验室、教学仪器设备等原则上都要向学生开放。

（5）各高校要优化经费支出结构，多渠道统筹安排资金，支持创新创业教育教学，资助学生创新创业项目。

（6）国家鼓励利用财政性资金设立的科研机构、普通高校、职业院校，通过合作实施、转让、许可和投资等方式，向高校毕业生创设的小微企业优先转移科技成果。

🔗 知识窗　　　　　大学生如何申请创业担保贷款

创业担保贷款（以前称小额担保贷款、失业人员小额担保贷款、下岗失业人员小额担保贷款），是指以具备规定条件的创业者个人或小微企业为借款人，由有关承办单位（公共就业服务机构、教育部门、市场监管或工商联、工会、共青团、妇联等群团组织）负责推荐，由担保机构（创业担保贷款担保基金运营管理机构）提供担保，由经办银行（经办此项贷款的银行业金融机构）发放，由财政部门给予部分贴息，用于支持个人创业或小微企业扩大就业的贷款业务。例如，云南省创业担保贷款可细分为"贷免扶补"创业小额贷款、个人创业担保贷款和小微企业创业担保贷款。大学生申请创业担保贷款的大致流程如下。

（1）符合创业担保贷款条件的创业人员，到户籍所在地、工商注册所在地或创业经营场所所在地的有关承办单位提出申请。同时应提供：身份证明材料（如身份证、普通高校毕业生证明等）；就业状况材料（如《就业创业证》等）；婚姻家庭情况材料（如《结（离）婚证》、居住地址等）；经营情况（工商营业执照或场地租赁协议、《税务登记证明》，经营地址等）；担保情况（如反担保人、反担保证明等）；承办单位要求的其他材料。

（2）填报《创业担保贷款申请审批表》一式三份。

（3）等待相关部门的调查、审查、审批。

（4）办理借贷手续，签订担保合同、借款合同，发放贷款。

🔍 风暴眼

大学生创新创业最需要哪些政策支持？

【延伸阅读】

大学生创新创业如何走稳走远

模块总结

　　在当今不断变革的时代大背景下，国家、地方、高校、社会各方对大学生创新创业均有支撑与扶持，为新时代大学生创新创业提供了天时、地利、人和全方位的有利条件与氛围，大学生应在校园内努力学习、勇于实践，为创新创业打下坚实的基础，将来为个人成长、国家发展、社会进步做出应有的贡献。

学习评测

模块一

双创实践

实训一　寻找创新人物

　　借助自己的人际圈子或网络，找到一名自己佩服的榜样，分析其成就和经历，总结其个人创新特征有哪些比较突出的方面，并用事实或数据加以佐证。与小组同学互相分享，看看他们的意见与反馈是怎样的。与此同时，深入思考其他同学分享的案例并积极回应组内其他同学的分享，表达自己的看法，仔细思考给自己带来的启发有哪些。

　　结合自身实际，思考要成为创新型人才，自己还需要做哪些努力。然后，有针对性地制订一份属于自己的创新能力提升计划。

实训二　寻找创业英雄

　　同学们选择最想了解的1~2位创业者或1~2家企业，可以是自己心目中的典范或者仰慕的榜样，也可以是所知甚少但是想了解的创业新锐。以小组为单位，撰写一篇访问的专题报告（约1 000字）。专题报告的内容包括：访谈时间、地点、被访问者姓名、年龄、性别、创业动机、创业经历和创业成功的关键因素、创业中遇到的困难及解决对策、个人特有的个性和品质、获得的外部帮助等，重点是创业者的经验、体会和教训。

各组同学在采访时要和被访者合影，并将采访感受与心得制成PPT（课件），以在课堂中与同学们分享。

课后反思

学号：　　　　　姓名：　　　　　日期：　　　年　　月　　日

（1）结合所学专业，你发现了身边的哪些创新创业机会？

_____

_____

_____

（2）学习完本模块内容，将你的思考和感悟记录下来，并与同学们分享。

_____

_____

_____

模块二

万象更新——点燃创新火花

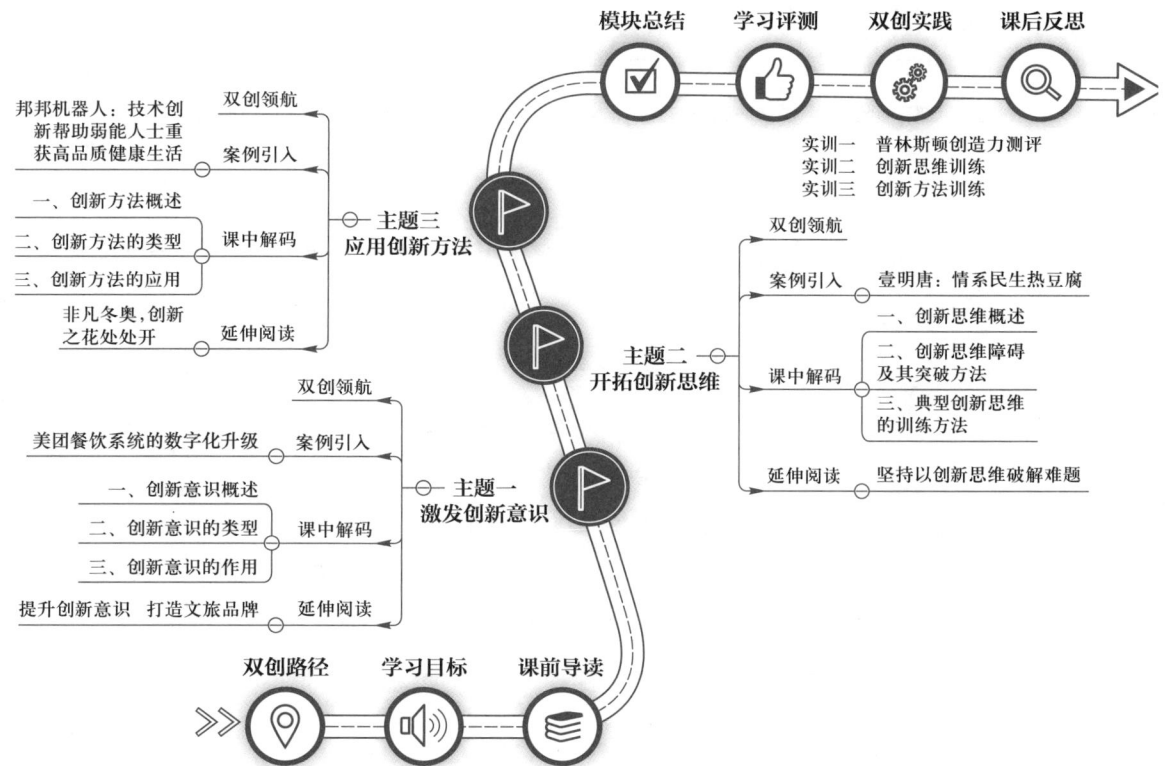

双创路径

- 邦邦机器人：技术创新帮助弱能人士重获高品质健康生活 —— 双创领航
- —— 案例引入
- 一、创新方法概述 —— 课中解码
- 二、创新方法的类型
- 三、创新方法的应用
- 非凡冬奥，创新之花处处开 —— 延伸阅读

主题三 应用创新方法

- 模块总结
- 学习评测
- 双创实践
- 课后反思

  - 实训一 普林斯顿创造力测评
  - 实训二 创新思维训练
  - 实训三 创新方法训练

- 双创领航
- 案例引入 壹明唐：情系民生热豆腐
- 课中解码
  - 一、创新思维概述
  - 二、创新思维障碍及其突破方法
  - 三、典型创新思维的训练方法
- 延伸阅读 坚持以创新思维破解难题

主题二 开拓创新思维

- 双创领航
- 美团餐饮系统的数字化升级 —— 案例引入
- 一、创新意识概述 —— 课中解码
- 二、创新意识的类型
- 三、创新意识的作用
- 提升创新意识 打造文旅品牌 —— 延伸阅读

主题一 激发创新意识

- 双创路径
- 学习目标
- 课前导读

● 知识目标

（1）了解创新意识和创新思维的内涵。

（2）掌握创新思维障碍的突破方法及典型思维训练的方法。

（3）掌握常见的创新方法。

● 能力目标

（1）能够应用创新思维和创新方法提高创新能力。

（2）能够将创新方法应用于创业项目开发。

（3）能够使用常见的创新方法进行创新设计。

● 素质目标

（1）培养创新意识和创新思维。

（2）树立创新是一种生活习惯和思维方式的观念。

（3）理解创新对于大国复兴之路的重大意义。

·课前导读·

　　创新是一个国家和民族进步的源泉，创新驱动发展已上升为国家战略，在加快推进社会主义现代化建设进程中具有重要的作用。企业唯有寻找创新项目、新生产方法、新市场、新模式、新服务等，才能为顾客创造价值，才能实现可持续发展，生生不息。个人唯有创新，才能摆脱平庸，超越自我。创新是人类特有的认识能力和实践能力，创新的思维和能力，影响着个人的成长和发展前途。

　　本模块将重点介绍创新意识、创新思维及创新方法相关知识。

主题一 激发创新意识

【双创领航】

▶ 思想化育

苟日新，日日新，又日新。

——《礼记·大学》

▶ 学理依循

邓小平同志提出，"中国必须发展自己的高科技"。中国必须在世界高科技领域占有一席之地。1978年，邓小平在全国科学大会开幕式上提出了"科学技术是生产力""知识分子是工人阶级的一部分"等著名论断，首次把反映人与自然关系的科学技术同作为经济社会发展基础的生产力紧密联系在一起。1986年，邓小平批准实施"高技术研究发展计划"（"863计划"），选择了信息技术、生物技术、自动化技术、航天技术、激光技术、新能源、新材料7个领域作为重点，并组织优秀科技队伍，跟踪世界高技术的发展。1988年，国务院批准实施以高新技术商品化、产业化、国际化为宗旨的"火炬计划"。"十四五"末国家高新区数量将达到220家左右。

【案例引入】

美团餐饮系统的数字化升级

在数字化时代背景下，美团餐饮系统是美团公司推出的一款面向餐饮商户的一站式IT解决方案。美团餐饮系统通过一体化的智能SaaS系统（Software as a Service，是一种通过互联网提供软件应用的服务平台），为餐饮行业提供了全面的数字化解决方案。该系统不仅支持扫码点餐和智能付款体系，还涵盖了供应链管理、生产管理、前厅管理等多个方面，帮助餐饮商户实现了从传统经营到数字化管理的转型。美团餐饮系统通过提供高效的运营管理工具，帮助商家提升了运营效率和顾客满意度，同时也为顾客带来了更加便捷的用餐体验。

供应链和生产管理

美团餐饮系统通过智能化采购模型，为门店节省人工成本，提供一体化解决方案。同时，总部也能时刻了解直营店、加盟店的经营情况，实现精细化管理。

前厅管理

系统支持无接触点餐、预点餐等功能，确保顾客放心、安心用餐。通过全渠道会员和会员营销等产品功能，帮助"老字号"更好地经营。

外卖管理

美团餐饮系统与平台打通，让餐饮商户更了解顾客，有助于做商业决策，并给顾客带来更好的消费体验。

硬件支持

美团餐饮系统还推出了一体化的硬件产品，如智能收银一体机、智能打印机、扫码盒子和点菜宝等，这些硬件产品在外观和功能上都进行了全新升级，以适应餐饮业的特殊工作环境。

数据支持

美团餐饮系统依托于美团的大数据和 AI 技术，为商户提供经营决策支持。例如，系统通过综合分析天气数据和过往经营数据，帮助商户预估备货量，减少食材浪费。

效率提升

美团餐饮系统可帮助商户实现门店人员效率提升 20%，食材成本降低 5%，从而实现降本增效。

◎ 案例启示

美团餐饮系统的案例表明，传统行业必须拥抱数字化转型，不断提高效率，满足消费者对便捷服务的需求。可见，技术创新、数据驱动的决策、硬件与软件的结合以及持续的优化与升级是数字化转型成功的关键因素。

◎ 思考探究

如何在保持用户体验的同时，持续推动技术创新，以应对快速变化的市场需求？

【课中解码】

创新无处不在，与人类发展和社会进步紧密相连。我国各类高校正在广泛开展创新教育，培养新一代青年人的创新意识，使学生了解创新意识的内涵和类型，有助于提升其创新能力。

一、创新意识概述

（一）创新意识的定义

创新意识是人们对创新与创新的价值性、重要性的一种认识水平、认识程度及由此形成的对待创新的态度，并以这种态度来规范和调整自己的活动方向的一种稳定的精神态势。它是人类意识活动中的一种积极的、富有成果性的表现形式，是人们进行创造活动的出发点和内在动力，是创造性思维和创造力的前提。

（二）创新意识的内涵

一个具有创新意识的国家才有成为创新型国家的希望，一个具有创新意识的个体才有可能具备创新的能力。创新意识是引起创造性思维的前提条件，包括创造动机、创造兴趣、创造情感和创造意识。创造性思维是创新意识的必然结果。创新意识是人才培养的起点，应注重从小培养创新意识，为个人成长以及创造性人才的培养打好基础。

二、创新意识的类型

1. 综合创新意识

综合创新意识是指运用综合法则的创新功能去寻求新的创造的意识，即综合已有不同科学原理创造新原理，综合已有的事实材料发展新规律，综合不同的学科创造新学科。

2. 逆向创新意识

逆向创新意识是指将思考问题的思路反转过来，从对立面思考并寻求解决问题的新途径和新方法的意识。

3. 还原创新意识

还原创新意识是指回到根本、回到事物的起点、回到驱使人们创新的基本出发点的方法的意识。

4. 移植创新意识

移植创新意识是指吸收、借用其他学科领域的技术成果开发新产品的意识。

5. 分离创新意识

分离创新意识是指把某个创造对象分解或离散成多个要素，然后抓住关键要素进行设计创新的意识。

6. 价值优化创新意识

价值优化创新意识是指在设计创造过程中追求高价值的产品，进行价值优化或提高价值的创新活动的意识。

三、创新意识的作用

创新意识对于国家、社会和个人具有重要的作用，具体体现在以下几个方面。

1. 创新意识是决定一个国家、民族创新能力最直接的精神力量

当今，创新能力实际就是国家、民族发展能力的代名词，是一个国家和民族解决自身生存、发展问题能力大小的最客观和最重要的标志。

2. 创新意识促成社会多种因素的变化，推动社会的全面进步

创新意识根源于社会生产方式，它的形成和发展必然进一步推动社会生产方式的进步，从而带动经济的飞速发展，促进上层建筑的进步。创新意识进一步推动人的思想解放，有利于人们形成开拓意识、领先意识等先进观念；创新意识会促进社会政治向更加民主、宽容的方向发展，这是创新发展需要的基本社会条件。这些条件反过来又促进创新意识的扩展，更有利于创新活动的进行。

3. 创新意识能促成人才素质结构的变化，提升人的本质力量

创新实质上确定了一种新的人才标准，它代表人才素质变化的性质和方向，输出一种重要的信息：社会需要充满生机和活力、有开拓精神、有现代科学文化素质的人。它在客观上引导人们朝这个目标提高自己的素质，使人的本质力量在更高的层次上得以确证。它

知识补给：
我国的创新
之路

激发人的主体性、能动性、创造性的进一步发挥，从而使人自身的内涵获得极大丰富和扩展。

【延伸阅读】

提升创新意识　打造文旅品牌

主题二　开拓创新思维

【双创领航】

▶ 思想化育

科学也需要创造，需要幻想，有幻想才能打破传统的束缚，才能发展科学。

——郭沫若

▶ 学理依循

自 2015 年中国第四次创业大潮开始，至今已有近十个年头，这期间出台了一系列政策法规，为创新创业保驾护航。以人工智能、物联网、大数据、云计算、新材料、基因技术等为主要内容的新一轮技术革命正在快速发展，新技术基础上的新产业、新业态、新服务、新模式不断兴起，使得依托于"互联网＋"的创新创业无处不在，普通大众都可以参与其中，并找到获得成功的机会。

【案例引入】

壹明唐：情系民生热豆腐

在第四届中国国际"互联网＋"大学生创新创业大赛（现更名为中国国际"互联网＋"大学生创新创业大赛）总决赛上，来自常州轻工职业技术学院（现常州工业职业技术学院）的参赛项目"情系民生热豆腐——壹明唐现做现卖豆制品连锁运营"荣获就业型创业组金奖。

闫朝恒是常州轻工职业技术学院 2015 届优秀毕业生，于 2016 年创立以现磨豆腐连锁经营为业务主线的"壹明唐"豆腐连锁品牌，解决了连锁豆制品企业不现磨，现磨豆腐不连锁的市场问题，通过构建生态供应链系统、标准化门店运营体系及有效品牌推广系统，形成核心的资源及优势。

壹明唐通过控制售卖时间，严格掌控选材、工艺这两大重要环节保证豆腐足够安全、足够新鲜。首先，壹明唐非常注重选材，在与农科院和江苏省产业院的合作研究下，闫朝恒用九大核心指标来匹配最合适壹明唐的大豆，使用的都是处理过的软水。最值得注意的是，壹明唐高价收购了独特的辅料配方，并与农科院合作升级开发出质量标准高于国家标准的豆腐。其次，壹明唐也注重豆腐的工艺制作，其拥有 28 道工序控制整个生产流程。

2020 年，壹明唐入围中国豆制品行业品牌企业 50 强。截至 2022 年，壹明唐加盟店及直营店总数达近千家，年营收入近亿元，带动就业万余人。此后，虽然壹明唐在高速成长后遇到发展瓶颈，但是壹明唐重新定位，并塑造"供应链＋门店运营＋营销推广"三核驱动优势，确立了依托壹明唐资源，打造"1+N"非遗餐饮品牌孵化的商业模式。该商业模式确立后，已成功孵化"横山桥百叶""豆市河"等新品牌，目前还储备了近10个新的餐饮品牌。

◎案例启示

壹明唐的成功反映了服务创新的重要性，针对小作坊、无品牌、无标准、无安全的豆制品市场现状，消费者难以吃到新鲜的豆腐，壹明唐洞察需求，找到痛点，通过调研，找到融合风味的南锅豆制品。通过转型升级、供应链扩建，尤其是服务创新，该项目具有了较大的发展潜力。

◎思考探究

创新可以体现在多个方面，如商业模式、技术创新、服务创新、设计创新等，那么我们该如何培养创新思维呢？

【课中解码】

创新是用充满想象力的方法来解决问题，创新思维是人类思维的最高表现。

一、创新思维概述

（一）创新思维的阶段

创新思维一般可分为四个阶段：提出问题、收集资料、创新突破、验证总结。从生理机制角度看，创新思维对应的过程有以下四个阶段。

（1）准备阶段。该阶段是指人的心理活动指向和集中于某种事物的能力的阶段，它是由问题或者目标引起的。

（2）酝酿过程。该过程是指通过查看资料、头脑风暴训练等，提取长时记忆的内容到工作记忆的过程，即堆积素材的过程。

（3）顿悟阶段。该阶段是指顿然领悟，经过充分的酝酿后，大脑神经网络中的递质和受体、神经元的突触之间的一种由某种信息激发出的由量变到质变，即在神经网络回路中新增一条通路，在相应神经递质中新增一项功能的阶段。

（4）验证阶段。该阶段是指在基本方案的基础上反复论证和修改，验证解决方案的合理性和严密性的阶段。

（二）影响创新思维的因素

影响创新思维发挥的关键因素，也是我们培养创新思维的依据和方向。

（1）观察力。观察力是指能够从别人熟视无睹的事物里学到知识的能力，为创造性思维提供丰富的感性材料。面对市场日益饱和，创业日益困难的境地，只有锻炼出敏锐的观察力，才能踏入走向成功的捷径。

（2）记忆力。记忆力为思维或问题解决提供信息资源和原始资料。贫乏的记忆会降低创新思维的速度。反之，记忆唤起的经验越丰富、越准确，想象的内容就可能越丰富，从而丰富创新思维。

（3）联想力。联想力依托大脑突触建立联系，由一种事物的时间、空间、性质、状态等特征，回忆或者再现另一种事物。联想力是创造性思维的重要诱因，促进思维灵活、触类旁通、举一反三。

39

知识窗 联想的类型

接近联想

接近联想是指当一个人同时或者先后经历两件事情（某种刺激或者感觉），所经历的这两件事会在人的思想里互相联系，互相结合。

相似联想

相似联想是指某一事物或现象想到与它相似的其他事物或现象，进而产生某种新设想。一般是外形、性质、意义上的相近。

对比联想

对比联想是指对于性质或特点相反的事物的联想。两种事物在性质、大小、外观等方面存在相反的特点，人们在认知到一种事物时会从反面想到另一种事物。

因果联想

因果联想是由一种事物的经验联想到另一种与它有因果联系的事物。两种事物之间存在一定的因果关系，由一种原因联想到另一种结果，或由事物的结果联想到它的原因等。

（4）想象力。想象力是指对头脑中已有的表象进行加工、改造而产生新形象，以现实为基础，但是又超越现实。想象以表象为基础，建立新形象。想象分为再造想象（以某种符号、图形为基础创造）与创造想象（根据一定的目的在头脑中独立地创造）。

（5）态度。态度作为一种心理现象，是指人们的内在体验，包括人们的行为倾向。在创新创业这件事上，态度是指相信问题是可以被解决的心态。

创新思维是以新颖独创的方法解决问题的思维过程。这种思维能突破常规思维的界限，以超常规甚至反常规的方法、视角去思考问题，提出与众不同的解决方案，从而产生新颖的、独到的、有社会意义的思维成果。

党的十八大以来，习近平总书记多次强调创新思维的重要性，他讲道："惟创新者进，惟创新者强，惟创新者胜。"在谈到实施创新驱动发展战略时，他特别强调，要以创新的思维和坚定的信心探索创新驱动发展新路。党的十九大报告中提出，从2020年到2035年，在全面建成小康社会的基础上，再奋斗15年，基本实现社会主义现代化。到那时，我国经济实力、科技实力、综合国力将大幅跃升，跻身创新型国家前列。党的二十大报告再次强调，到2035年，我国"实现高水平科技自立自强，进入创新型国家前列"的既定目标。

二、创新思维障碍及其突破方法

在进行创新过程中，我们往往会把习惯视为理所当然，形成许多偏见，影响了人们的创新思维理念，这就是创新思维常见的障碍。同学们在进行创新思维培养的过程中，应当扫清创新思维障碍，拓展思维的视角。

（一）创新思维障碍的类型

1. 思维定势

思维定势也称"惯性思维"，是由先前的活动而造成的一种对活动的特殊的心理准备状态或活动的倾向性。在环境不变的条件下，思维定势使人能够应用已掌握的方法迅速解决问题。但是，在情境发生变化时，思维定势则会妨碍人采用新的方法。消极的思维定势是束缚创造性思维的枷锁。

思维定势可以分为经验型思维定势、权威型思维定势、书本型思维定势、从众型思维定势、惯性型思维定势等。

（1）经验型思维定势。经验型思维定势是指随着人的知识、经验的积累，形成一定的思考问题、解决问题的习惯方式，是潜意识的反映。过分依赖经验，会形成固定的思维模式，会降低人们的创造力。例如，中国古代经典成语故事《守株待兔》就是一个典型的经验型思维定势反面教材。经验型思维定势是创新活动的主要枷锁，我们要有初生牛犊不怕虎的精神，敢于突破，发挥联想、想象力，打破新思想、新方法、新形象、新技术产生的障碍。

（2）权威型思维定势。权威型思维定势是指在对事物的认知和是非的判定上，缺乏自我独立思考的意识，而盲目地依附于权威。权威虽然使我们节省了许多探索的时间和精力，但如果我们墨守成规，不能根据具体情况落实新方法，也会影响工作任务的落实。权威型思维定势也是思维惰性的表现，我们应避免权威泛化，因地制宜，不要盲目崇拜、夸大和迷信权威。

（3）书本型思维定势。书本型思维定势是指人们迷信书本上的理论，不敢质疑，不能纠正前人的失误，不敢做新的探索。诺贝物理学奖获得者史蒂芬·温伯格（Steren Weinberg）曾讲过，不要安于书本上给你的答案，要去尝试下一步，尝试发现有什么与书本上不同的东西。应接受书本知识的理论指导，同时要防止书本可能包含的缺陷、错误或落后于现实的局限性。

（4）从众型思维定势。从众型思维定势是指人们因为懒于独立思考或不敢标新立异而盲目从众，一切随大流，抑制了创新的敏感和勇气。人们的心理倾向于相信大多数人，当与大多数人判断不同时，多数不敢坚持自己的主见。例如，交通灯红灯亮时，如果很多人还往前冲，自己也可能随着人群往前进。从众型思维定势会扼杀创新，因为创新以求异为基本特征，新思想、新事物必然与众不同。

（5）惯性型思维定势。惯性型思维定势就是思维沿着前一思考路径以线性的方式继续

案例链接："溴"元素的发现

案例链接：化学实验

案例链接：蜜蜂的发声器官

案例链接：向东去！

延伸，并暂时关闭了其他的思考方向，即俗话所说的"习惯成自然"。惯性型思维定势几乎人人都有，是一种常见现象。惯性型思维常常使人们陷入僵局，甚至使人们深陷其中无法自拔。我们应打破惯性思维枷锁，跳出思维束缚，敢于创新。

2. 思维偏见

思维偏见是指思维受主观条件的影响带有个人主观色彩的经验、地位、感情、文化的印记，对事物的判断有了先入为主的偏见。大多数人存在偏见的思维枷锁，当人们观察事物时，不一定能够看清事物的真相，这种心理的干扰会蒙蔽人的双眼，使人看到、感知到的事物偏离事实。思维偏见以一种固有的形式约束思想的创新性发展，其表现形式有以下七种。

（1）经验偏见。经验偏见是指人们生活在自己的经验中，只用自己的经验来思考，不愿接受或难以接受经验外的事实。过去的经验既是我们的财富，其实某种程度上又是我们的包袱。尤其是当今社会，科技进步飞速，以前很多不可能的事情变得可能，所以我们不能依照过去的经验来判断未来。

（2）利益偏见。利益偏见是指对公正所产生的一种无意识的微妙偏离。例如，许多互联网企业的员工不屑于使用其他同类互联网公司的产品。

（3）文化偏见。文化偏见是指人们受到所处的地域、国家、民族长期积淀的文化的影响，看待问题的角度不可避免地打上文化、宗教、习俗的烙印。例如，东西方文化差异、宗教文化差异、民族文化差异、地域文化差异、文化层次的差异等都可能使人产生偏见。

（4）位置偏见。位置偏见是指因所处的位置观察事物所得出的结果与真实情况产生无意识的微妙的偏离。正如苏轼在《题西林壁》所言，"不识庐山真面目，只缘身在此山中"。每个人都生活在一定的社会坐标体系中，社会角色、工作岗位和所处年龄段等因素都会对自己的认知产生影响。

（5）刻板印象。刻板印象是指人们对某一人或事物产生的一种先入为主、比较固定、概括而笼统的看法，经常以偏概全、固执己见，干扰正常思维。

（6）情感偏见。情感偏见是指基于情感（包括亲情、恋情、乡情、民族情、同学情、同事情等）而产生的一种固执思维模式。例如，"情人眼里出西施"就是一种典型的恋人关系的情感偏见。

（7）点状思维。点状思维是一种片面的思维方式，指只看到事物的表面，而没有追究探求其起源和真实本质。这种思维认识往往使人陷入误区，不利于问题的有效解决。

（二）创新思维障碍的突破方法

创新是每个人都有的禀赋，但是思维定势、思维偏见及社会环境等因素会阻碍创新思维的产生。要想充分发挥自身的创新潜能，就必须突破这些思维障碍。

1. 突破思维定势

认识到思维定势的双面性，突破思维定势对创新思维的影响，有意识地改变思考问题时的习惯，警惕和排除这些习惯对新设想可能产生的束缚作用，要敢于怀疑，敢于打破条条框框，敢于开发新思路，努力寻求创新。

2. 拓宽思维视角

视角是思考问题的角度、层面或立场。思考问题时，只有从多个视角出发，才能得到全面的结论。大学生如果要训练自己的思维能力，就应该尽量拓宽思维视角，学会从多个角度观察问题，通过采用改变思路和转换问题的方式提高发现新事物或解决问题的能力。

3. 突破知识障碍

创新必须建立在一定的知识积累的基础上，否则就只是空想。一定的知识储备是促进创业成功的有利条件，也为创新设计、创新模式、革新生产技术等创业过程提供了强有力的支撑。突破知识障碍的有效途径就是不断地进行知识探索。在探索的过程中，对知识进行验证，获得丰富的实践经验，提升自身的创新思维能力，这样才能为以后的创新之路打下坚实的基础。

三、典型创新思维的训练方法

头脑风暴法和发散思维法是最为典型的创新思维训练方法。

（一）头脑风暴法

头脑风暴是指无限制的自由联想和讨论，其目的在于产生新观念或激发创新设想。头脑风暴法是由美国创造学家亚历克斯·奥斯本（Alex Osborn）于 1939 年首次提出、1953 年正式发表的一种激发创造性思维的方法。头脑风暴法鼓励"自由"提出尽可能多的方案，不局限思考的空间，鼓励天马行空，想出越多主意越好，只关注提出构想而不加以评价。

头脑风暴法的实施依托会议形式，主要步骤如下。

（1）选准议题。头脑风暴法是一次思想交流的会议，选准议题是整个活动的关键。

（2）确定参加会议的人数。一般参加会议的人数在 5 ~ 10 人为宜，也可以根据实际情况确定参加人数。

（3）确定参加人员的范围。根据议题全角度、全方位地确定参会人员范围，使其更具有代表性和层次性。

（4）确定参加人员的标准。这些人员大多是在一个领域具有独特思考的、具有实践经验的、代表一些群体思想的、敢于说出自己观点的。

（5）选好场所。为了使与会者不受外界的影响和干扰，最好找一个比较安静的场所举行会议。适当地准备一些水果和甜点，在中途休息的时候让人有一种特别放松的感觉。

（6）选好时间。头脑风暴最好选择最能发挥人的思维的时间。在放松中最容易激发人的思维。

（7）成立专家小组。对每个人的意见进行评定和跟踪。对参加会议人员的意见进行质

疑和询问，并集中大家的见解，形成系统化决策意见。

（8）创造自由发言的氛围。在会议上不能评论别人的发言，不允许私下互相交流。引导式地让大家进入一种自由的讨论状态。

（9）选好主持人。善于调动会议气氛，善于控制时间。主持人不但具有思维敏捷性，而且熟悉头脑风暴法的程序及如何处理会议中出现的各种问题，还能激发大家对议题的兴趣，懂得多些询问的方法，让大家有种争分夺秒的感觉。

（10）形成二次风暴意见。在第一次形成风暴意见之后，梳理成系统化意见，再次征求意见人的意见，丰富和深化风暴后的建议，使其更具有可操作性。最后形成执行方案。

在头脑风暴法的实施过程中须遵循两个原理：一是只专心提出构想而不加以评价；二是不局限思考的空间，鼓励天马行空，不被束缚地去表达，不着边际、异想天开的设想或许都是好创意的原型。

（二）发散思维法

发散思维又称辐射思维、放射思维、扩散思维或求异思维，是指大脑在思维时呈现的一种扩散状态的思维模式，它表现为思维视野广阔，思维呈现出多维发散状。

发散思维法是指从一个目标或思维起点出发，沿着不同方向，顺应各个角度，提出各种设想、寻找各种途径、解决具体问题的思维方法。常用的发散思维法包括以下七种。

（1）纵横思维法。将思考的对象或问题从纵横两个方向进行思维加工就是纵横思维法。换言之，就是遇事要从横竖的两个方向多想想，有哪些因素和可能性，找找长处和不足之处，从而使自己思路开阔，少出差错，得到客观的结论。

（2）逆向思维法。有时从正面去思考一个问题，你可能很难得到，甚至得不到想要的答案，而从相反的方向或对立的角度去思考这个问题，你可能会豁然开朗，这就是逆向思维法的威力和魅力所在。

（3）转换思维法。转换思维法也叫间接思维法。有时我们在思考一个对象或面对一个难题时，费尽心思也不得其解，这时你或许能比较容易地找到一个替代物，它与原研究对象在各方面相近或等同，这样你就可以把解决原问题转化为解决新问题，当解决好新问题后，原问题也就迎刃而解了。这里采用的就是转换思维法。

（4）零整思维法。零整思维法实际上包括化整为零和化零为整两种思维方法。化整为零，即有时因为处理的对象太庞大或太复杂，一时解决不了，需要将它化为若干小部分，以便逐个击破，最后达到解决整个对象的目的；与此相反，化零为整，即有时处理的对象太多、太凌乱，一时不知从何下手，需要将它们整合，以便集中力量，达到统一解决的目的。

（5）克弱思维法。克弱思维法就是在解决问题的过程中，先将思考对象的缺点逐一列举出来，然后针对发现的缺点，有的放矢地进行改进，从而获得问题的改善或解决。

（6）质疑思维法。质疑思维法就是对遇到的新知识，即使是权威理论也不是一味地接受，或是在接受后也不是一味地盲从，而是要开动脑筋，多加思考，一旦发现问题，要敢于质疑，发表自己的见解和观点。学问——既学又问，这是学习成功的重要环节，也是将来有所成就的重要素质。

（7）交合思维法。交合思维法是从思考对象的特点、特性等方面出发，通过对人类思维活动所产生的时空上的大量信息进行加工、整合，进而得出新的观点的综合思维方法。它能够改变人们的思维习惯，使其拓宽视野、扩展思维层次、开发智力资源、更新思维方式，培养多系统、多方法、多功能、高效率的思维素质。

风暴眼

你曾经有过哪些天马行空的创意？

【延伸阅读】

坚持以创新思维破解难题

主题三 应用创新方法

【双创领航】

▶ 思想化育

工欲善其事，必先利其器。

——《论语·卫灵公》

▶ 学理依循

"没有问题，就没有创新"，坚持问题导向是马克思主义的鲜明特点。习近平总书记强调："每个时代总有属于它自己的问题，只要科学地认识、准确地把握、正确地解决这些问题，就能够把我们的社会不断推向前进。"真正的问题导向，必然是与效果导向相一致的。以问题导向对标对表，不怕揭短亮丑，只有以效果导向奋勇争先，才能在不断克服困难、解决问题中交出经得起历史和实践检验、让群众满意的高分答卷。

【案例引入】

邦邦机器人：技术创新帮助弱能人士重获高品质健康生活

2016年，上海邦邦机器人有限公司（以下简称邦邦机器人公司）于上海市松江区正式成立，公司专注于研发养老助残的智能辅助产品，以帮助弱能人群回归正常生活为初心，是一家集智能辅助产品自主研发、生产、销售于一体的高新技术产业现代化公司。

公司研发生产的邦邦智能辅助移位机器人（以下简称邦邦机器人）是一款辅助下肢不便人士（老年人、截瘫人士、偏瘫人士等）站立、移动、锻炼的智能设备。

6年间，邦邦机器人秉承"帮助弱能人群回归正常生活"的初心，通过智能科技赋能辅具产品，致力于用科技构建全球养老助残新生态，引领智能辅具发展新浪潮。邦邦机器人还曾参加2019年第八届中国国际"互联网+"大学生创新创业大赛（现更名为中国国际大学生创新大赛），并荣获优秀奖。

公司自成立以来，一直坚持"拼搏、创新、关爱、包容、真诚"的企业精神，不断构建未来康养生态的智能解决方案，希望能在全球助老助残领域打造受人尊敬的民族品牌。

技术一直是邦邦机器人公司的核心优势，团队骨干多数毕业于哈尔滨工业大学，从最初扎根地下实验室开始，这群充满朝气的年轻人就以绝对专注的态度去创造邦邦机器人。公司在移动式底盘开发、驱动器开发、集成电路开发和人工智能技术开发等领域获相关专利20多项，还拿到2018红点至尊奖。

邦邦机器人上共装有18组34个点高精度智能传感器。这些智能传感器能实时收集用户复健训练数据并上传到云端。利用这些大数据可以对用户的复健训练情况进行分析，生成训练报告，给予用户量身定制的复健方案。

公司坚信，没有失能的人群，只有暂时失能的科技。未来，公司将在智能辅具行业砥砺深耕，为全球智能康复辅具高质量发展注入更强的科创动力，勇当全国科技和产业创新开路先锋。以全球战略性眼光和视角，与战略合作伙伴们强强联手，接轨国际市场，致力于用科技构建全球养老助残新生态，为弱能群体回归正常生活添砖加瓦、不懈奋斗。

◎ 案例启示

邦邦机器人公司在技术上的投入成本很高，通过技术创新，研发出的产品获得市场强烈的反响，不论是功能设计还是品质都得到了用户的认可。

◎ 思考探究

我们在进行创新设计时可以采用哪些方法？

【课中解码】

创新是一个宏观的社会实践活动，又是一个微观的心理反应过程，掌握正确的创新原理和创新方法，有助于打破固有的思维框架，克服消极的心理障碍，树立积极的因素，使创业者全身心投入丰富的创新活动，不断提高创新能力，促进创新成果产出。

一、创新方法概述

创新方法是对创新活动的实质进行思考和挖掘，并对创新思维的内在规律总结归纳，形成一系列有助于方案产生或问题解决的策略。创新方法通过收集和研究大量成功的创造和创新实践案例后，经归纳、分析、总结，找出规律和方法以供人们学习、借鉴和仿效。创新方法可以启发人们的创造性思维，提高人们的创造力和创造成果的实现率，甚至可以直接产生创新成果。

二、创新方法的类型

创新方法的类型非常多，这里主要介绍以下五种经典的创新方法。

（一）列举法

列举法即根据一定规则，列举研究对象的各种性质，通过对这些性质逐项分析，寻求改变来诱发创新设想的方法。列举法的要点是将研究对象的希望点、缺点、特性等罗列出来，因此列举法主要可分为希望点列举法、缺点列举法、特性列举法。

1. 希望点列举法

希望点是指有创造性、科学且可行的希望。希望点列举法是由美国内布拉斯加大学的罗伯特·克劳福德（Robert Crawford）教授发明的。该方法是通过提出对产品的希望特性和具有的属性作为创造的出发点寻找创造的目标的一种创造技法。希望点列举法是发明创造者从个人愿望和广泛收集他人愿望出发，通过列举希望和需求来形成创造课题的创造技法。

希望点列举法的实施主要有以下三个步骤。

（1）激发和收集人们的希望。

（2）仔细研究人们的希望，以形成"希望点"。

（3）以"希望点"为依据，创造新产品以满足人们的希望。

下面，我们以伞为例，看看原始的伞是如何一步一步发展成为现今种类繁多、功能多样的伞的（表2-3-1）。

表 2-3-1　希望点列举法在伞上的运用

希望点	产生效果
希望能够在户外固定使用	户外太阳伞
希望可以遮阳防晒防紫外线	防晒防紫外线伞
希望尺寸小便携带	折叠伞
希望美观漂亮	具有多种设计图案的伞
希望能够看到伞外的风景	透明伞
希望可以起到广告宣传的作用	广告伞
希望可以当拐杖使用	直杆伞
希望可以不用手撑开伞	电动伞或自动伞
希望方便小朋友使用	儿童伞
希望可以不用手持伞	伞帽

2. 缺点列举法

缺点列举法是日本的鬼冢喜八郎在改进运动鞋设计过程中总结的一种决策方法，即通过发掘食物的缺陷，一一列出具体的缺点，针对性地设想改革方案，从而确定创新目标，获得发明成果。缺点列举法实质上是一种否定思维，侧重于事物的缺陷和不足，然后加以改进和创新。

以下，我们看看如何应用缺点列举法对伞的设计进行改进（表2-3-2）。

表 2-3-2　缺点列举法在伞上的运用

缺点	改进方案
纯色的伞颜色单调，放在一起不易区分	改变伞的颜色和图案
直杆伞太长，不易收纳和携带	改为折叠伞（二折、三折、五折等），体积和重量越来越小
伞布遮住了视线，较危险	伞布改成透明塑料

缺点	改进方案
收伞时，雨水会滴落到别人或者自己脚上	做成反向伞
拿东西时撑伞不方便	做成自动伞
打伞做其他事不方便	伞柄做成 "C" 形
狂风暴雨天气，雨伞容易坏	做成双层伞面、加厚加粗伞骨，在伞面设计通风口等

　　希望点列举法和缺点列举法虽然是两种看似相反的方法，但应用其对产品创新时，往往有着异曲同工的效果。

🔍 风暴眼

你希望未来的房屋、衣服、自行车等是什么样的？

　　3. 特性列举法

　　特性列举法也称属性列举法，也是由罗伯特·克劳福德创立的。它是一种通过创新对象的特征，包括名词性（材质、整体、部分、要素、制作方法等）、形容词性（颜色、形状、感觉等）和动词性（有关机能和作用的特性、功能等）等一一举例出来，然后分析、探讨能否以更好的特性替代，最后提出革新的方案的创新技法。

　　下面，我们以水壶为例，列出所有特性（表 2-3-3）。

表 2-3-3　特性列举法在水壶上的应用

特性	考虑改进的方向
整体	水壶
部分	壶嘴、壶盖、蒸汽孔、壶身、壶口、壶底
材质	铝、铜、银、不锈钢、陶等
制作方法	冲压法、焊接法等
性质	轻、重、大、小
颜色	白、灰、银、花样图案等
形状	圆、方、椭圆等
功能	烧水、保温、装水、倒水、加热等

　　根据表 2-3-3 列举的特性，可做针对性分析：壶嘴长度是否合适？金属材质壶柄是否烫手？倒水是否方便？是否可以一次成型？蒸汽孔可否改变位置以免烫伤？怎样改进方便

清洁？外观还可以如何改进以增加美感？壶底形状与吸热传热的关系？能否外加保温材料提高保温性？

知识窗　　　　　　　　　　　　　**实施各类列举法的流程**

实施希望点列举法的流程

召开希望点列举会议，每次可有 5~10 人参加。

会前由会议主持人选择一件需要革新的事情或者事物作为主题，随后发动与会者围绕这一主题列举各种改革的希望点。为了激发与会者产生更多的改革希望，可将每个人提出的希望用小卡片写出，公布在小黑板上，并在与会者之间传阅，这样可以在与会者中产生连锁反应。会议一般举行 1~2 小时，产生 50~100 个希望点，即可结束。会后对提出的各种希望进行整理，从中选出目前可能实现的若干项进行研究，制定出具体的革新方案。

实施缺点列举法的流程

召开一次缺点列举会，会议由 5~10 人参加。

会前先由主管部门针对某项事务，选举一个需要改革的主体，在会上发动与会者围绕这一主题尽量列举各种缺点，越多越好，另请人将提出的缺点逐一编号，记在一张张小卡片上，然后从中挑选出主要的缺点，并围绕这些缺点制定出切实可行的革新方案。一次会议的时间大约在 1~2 小时，会议讨论的主题宜小不宜大，即使是大的主题，也要分成若干小主题，分次解决，避免原有的缺点被遗漏。

实施特性列举法的流程

选择一个目标比较明确的分析对象，对象宜小不宜大。如果是一个比较大的分析对象，最好把它分成若干个小对象。从名词特性、形容词特性和动词特性三个方面对对象的特性进行列举。分析各个特性，通过提问激发出新的创造性设想和方案。对提出新的方案进行讨论、核检、评价，挑选出行之有效的设想并结合实际需要对对象进行改进。

（二）设问法

教育家陶行知曾说："发明千千万，起点是一问。"创新活动的经验表明，巧妙的设问，可以启迪思维，拓展思路，引导创新。

设问法是通过有序地提出一系列问题，全面、系统地启发人们进行思考，进而产生新的设想和创意的创新方法。典型的设问法有曼陀罗思维法、奥斯本检核表法、和田十二法等。

1. 曼陀罗思维法

曼陀罗思维法（图 2-3-1）最早是由日本的今泉浩晃推行开来的。每一件事情或主题，通过 "what" "why" "who" "where" "when" "how"（5W1H）这六个路径就可以得到一个完整的景观。将五个 W 摆在九宫格的十字当中，中心点为 "who"，右边是 "when"，左边是 "where"，下边是 "why"，上边是 "what"；横轴上是 "where—who—

when"，是"空间—人—时间"的安排，纵轴是"what—who—why"，是设问安排，问做什么、问主体、问为什么这么做。

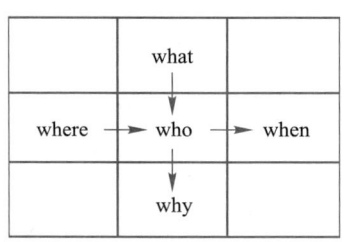

图 2-3-1　曼陀罗思维法

根据曼陀罗思维法衍生出的 5W2H，即在 5W1H 基础上增添一个"H"，即"how much"——"什么程度"，共计七个方面提出问题，发现、寻找、设计、获得解决方案和创新方案，具体应用如表 2-3-4 所示。

表 2-3-4　5W2H 应用举例

项目	内容	设问
why	原因，为什么	为什么要这么做？为什么创新？创新的重点是什么？为什么要这样设计制作（颜色、形状、声音、规格等）？为什么出现这样的结果
what	对象，做什么	研究什么问题？做什么工作？条件是什么？目的是什么？重点是什么？功能是什么？规范是什么？关系是什么？需要协助什么？要预防什么
where	地点，何处	在哪里做？从哪里入手创新、改造、改变？到哪里结束
when	时间，何时	什么时间开始？什么时间完成？什么时机最适宜？多长时间合理？什么时间是关键点
who	人员，何人	由谁来承担？谁负责？谁完成？谁协助？谁监督？和谁有关系
how	方法，怎么做	怎样做？流程是什么？方法是什么？如何节约成本？如何实施？如何提高效率？如何避免失败？如何过程监控
how much	程度，多少	做到什么程度？投入多少？规模多大？范围多大？数量多少？质量水平如何？费用如何？产出如何？能维持多长时间

如果创新设想或产品经过以上的审核已无懈可击，便可认为这一做法或产品可取。如果 7 个问题中有 1 个答复不能令人满意，则表示这方面存在缺点，有待改进。如果哪方面的答复有独创的优点，则可以凸显优点、扩大优势。

2. 奥斯本检核表法

奥斯本检核表法是以美国"创新技法和创新过程之父"亚历克斯·奥斯本命名，引导主体在创造过程中对照 9 个方面的问题（有无其他用途、能否借用、能否改变、能否扩大、能否缩小、能否代用、能否重新调整、能否颠倒、能否组合）进行思考，以便启迪思路、开拓思维想象的空间，促进人们产生新设想、新方案的方法。

奥斯本检核表法是针对某种特定要求制定检核表，主要用于新产品的研制开发，该法具体内容如表 2-3-5 所示。

表 2-3-5　奥斯本检核表法

编号	检核项目	含义	设问
1	有无其他用途	现有的事物有无其他用途；保持不变能否扩大用途；稍加改变有无其他用途	有无新的用途？是否有新的使用方法？可否改变现有的使用方法
2	能否借用	能否引入其他创造性设想；能否模仿别的东西；能否从其他领域、产品、方案中引入新的元素、材料、造型、原理、工艺、思路	有无类似的事情？利用类比能否产生新观念？过去有无类似的问题？可否模仿？能否超过
3	能否改变	现有事物能否做些改变，如功能、颜色、形状、外形、声音、维度、运动、味道、式样、花色、音响、品种、意义、制造方法等；改变后效果如何	可否改变功能？可否改变颜色？可否改变形状？可否改变外形？可否改变维度？可否改变运动？可否改变味道？可否改变音响？是否还有其他改变的可能性
4	能否扩大	现有事物可否扩大适用范围；能否增加使用功能；能否添加零部件，延长它的使用寿命；能否增加长度、厚度、强度、频率、速度、数量、价值	可否增加些什么？可否附加些什么？可否增加使用时间？可否增加频率？可否增加尺寸？可否增加强度？可否提高性能？可否增加新成分？可否增加维度？可否加倍？可否扩大若干倍？可否放大？可否夸大
5	能否缩小	现有事物能否体积变小、长度变短、重量变轻、厚度变薄及拆分或省略某些部分（简单化）；能否浓缩化、省力化、方便化、短路化	可否减少些什么？可否密集？可否压缩？可否不缩？可否聚合？可否微型化？可否缩短？可否变窄？可否去掉？可否分割？可否减轻？可否变成流线型
6	能否代用	现有事物能否用其他材料、元件、结构、力、设备、方法、符号、声音等代替	能用什么代替？还有什么别的排列？还有什么别的成分？还有什么别的材料？还有什么别的过程？还有什么别的能源？还有什么别的颜色？还有什么别的音响？还有什么别的照明？还有什么别的原理、机制
7	能否重新调整	现有事物能否变换排列顺序、位置、时间、速度、计划、型号；内部元件可否交换	有无可互换的成分？可否变换模式？可否变换布置顺序？可否变换操作工序？可否变换因果关系？可否变换速度、频率、维度？可否变换工作规范？可否变换工作原理、机制
8	能否颠倒	现有的事物能否从里外、上下、左右、前后、横竖、主次、正负、因果等相反的角度颠倒过来使用	可否颠倒正负？可否颠倒正反？可否头尾颠倒？可否上下颠倒？可否颠倒位置？可否颠倒使用
9	能否组合	能否进行原理组合、材料组合、部件组合、形状组合、功能组合、目的组合	可否重新组合？可否尝试混合？可否尝试合成？可否尝试配合？可否尝试协调？可否尝试配套？可否把物体组合？可否把目的组合？可否把特性组合？可否把观念组合？可否把原理、机制组合

3. 和田十二法

和田十二法又叫"和田创新法则"（和田创新十二法），是我国学者许立言、张福奎在奥斯本检核表法的基础上，借用其基本原理，加以创造而提出的一种思维技法。它既是奥斯本检核表法的一种继承，又是一种大胆的创新，在创新发明等实践活动中，总结提炼出12种方法，即12个动词，这些技法通俗易懂，简便易行，便于推广，该法具体内容如表2-3-6所示。

表 2-3-6 和田十二法

编号	项目	含义	举例
1	加一加	把一件物品加大、加高、加长、加宽、加多、组合，变成什么样	电话 + 录音机 = 有录音功能的电话 铅笔 + 橡皮 = 带橡皮头的铅笔
2	减一减	把物品减轻、减少、减短、减窄、减薄、减低、省略、分割，可以变成什么？把原来的操作减慢、减时、减次、减序，会有什么效果	镜框眼镜→隐形眼镜 普通风扇→无叶风扇
3	扩一扩	把物品放大、放宽、提高功效，扩大应用领域，会有什么变化	多功能学习机、智能家居
4	变一变	物品在形状、颜色、气味、音响、次序等方面能否改变	儿童撕不烂布绘本
5	改一改	物品的缺点、不便、不足、不美观、不安全之处如何改进	键盘手机→触屏手机
6	缩一缩	把原有物品压缩、缩小、微型化，能变成什么东西	台式计算机→笔记本式计算机→平板计算机
7	联一联	原因和结果有何联系，能否把某些东西联系起来形成新事物？表面上不相关的事物联系在一起，能否获得出奇制胜的效果	电视与音响、传声器、录音带等组合成卡拉 OK（一种音响设备）
8	学一学	其他事物的形状、结构、方法、颜色、性能、规格、功能等是否值得学习和模仿	鲁班被茅草割伤了手，模仿茅草边缘的小齿形状，发明锯子
9	代一代	能否用别的材料或方法代替	新型复合材料代替传统金属材料
10	搬一搬	把事物、设想、技术转移到其他地方，有没有创新	电视机搬到汽车上成为车载电视
11	反一反	把事物的形态、性质、功能、正反、里外颠倒一下，会产生什么样的效果	吹尘器→吸尘器
12	定一定	改进某种事物而确定标准、顺序、型号、界限，从而提高工作效率，产生创新	规定电器的节能标准

按表2-3-6中12个动词的顺序进行核对和思考，人们能从中得到启发，诱发创造性设想。

（三）联想法

联想法即联想类比创新方法，是指大量以联想为基础，通过一种事物与另一种事物对比，进而创新的方法。联想法可以分为类比法、移植法、综摄法。

1. 类比法

类比法是根据两个或两类对象在某些方面的相同或相似而推出它们在其他方面也可能相同或相似的一种思维形式和逻辑方法。根据类比的对象、方式等，类比法大致可以分为直接类比、拟人类比、对称类比、因果类比、仿生类比、综合类比等。例如，仿生类比是根据生物结构、功能或原理而产生新成果。人类仿照鸟类展翅飞翔，造出了具有机翼的飞机，发现鸟类可以直接腾空起飞不需要跑道，又发明了直升机；发现蜻蜓的翅膀能承受超过其自身多倍的重量，就采用仿生类比，试制出超轻的高强度材料，用于航空航海及房屋建筑。

2. 移植法

移植法是将某个学科、领域中的原理、技术、方法等，应用或渗透到其他学科、领域中，为解决某一问题提供启迪、帮助的创新思维方法。移植法一般是把已成熟的成果转移、应用到新的领域，用来解决新的问题，因此，它是现有成果在新情境下的延伸、拓展和再创造，是在科学研究中使用最频繁的创新方法。移植法的实现方法主要有以下几种。

（1）原理移植。即把某一学科中的科学原理应用于解决其他学科中的问题。例如，电子语音合成技术最初用在贺年卡上，后来把它用到倒车提示器上，又有人把它用到玩具上，出现会哭、会笑、会说话、会唱歌、会奏乐的玩具。

（2）技术移植。即把某一领域中的技术运用于解决其他领域中的问题。例如，将桃枝嫁接在杏树根基上，生长出的新桃树就会像杏树那样长寿。

（3）方法移植。即把某一学科、领域中的方法应用于解决其他学科、领域中的问题。例如，香港中旅集团有限公司总经理马志民赴欧洲考察，参观了融入荷兰全国景点的"小人国"，回来后就把荷兰的"小人国"的微缩处理方法移植到深圳，融华夏的自然风光、人文景观于一炉，集千种风物、万般锦绣于一园，建成了具有中国特色和现代意味的崭新名胜"锦绣中华"，开业以来游人如织，生意十分红火。

（4）结构移植。即将某种事物的结构形式或结构特征，部分地或整体地运用于另外的某种产品的设计与制造。例如，工程师们借鉴乌贼喷水快速推进的结构方式，设计出喷水式推进器。

（5）功能移植。即通过设法使某一事物的某种功能也为另一事物所具有而解决某个问题。例如，超导技术具有能提高强磁场、大电流、无热耗的独特功能，可以移植到许多领域：移植到计算机领域可以研制成无功耗的超导计算机，移植到交通领域可研制磁悬浮列车，移植到航海领域可制成超导轮船，移植到医疗领域可制成核磁共振扫描仪等。

（6）材料移植。就是将材料转用到新的载体上，以产生新的成果。例如，用纸造房屋，经济耐用；用塑料和玻璃纤维取代钢来制造坦克的外壳，不但减轻了坦克的重量，而且具有避开雷达的隐形功能。

3. 综摄法

综摄法又称类比思考法、类比创新法、提喻法、比拟法、分合法、举隅法、集思法、群辨法、强行结合法、科学创造法，是由美国麻省理工学院教授威廉·戈登（William Gordon）提出的创新方法。综摄法是指以外部事物或已有的发明成果为媒介，并将它们分成若干要素，对其中的元素进行讨论研究，综合利用激发出来的灵感来发明新事物或解决问题的方法。

许多发明创造、文学作品源于受日常生活的事物启发而产生的灵感。从自然界的高山流水、飞禽走兽，到各种社会现象，甚至各种神话、传说、幻想、电视等，比比皆是，范围极其广泛，都是使用了综摄法利用外物来启发思考、激发灵感。

（四）逆向法

在发明创新活动中，有时从事物的反面去思考问题，往往能打开思路，获得或提出新的设计或发明创新，这就是利用了逆向法。逆向法是指从事物反面去思考问题的思维方法，即根据一种观念（概念、原理、思想）、方法及研究对象的特点从它的相反或否定的方面进行思考。例如，在人类几千年的文化发展中，"曹冲称象""孔明借箭"等都是逆向思维的典型案例。

逆向法有三大类型，分别是反转型逆向思维法、转换型逆向思维法、缺点型逆向思维法。

1. 反转型逆向思维法

反转型逆向思维法是指从已知事物的相反方向进行思考，产生发明构思的方法。"事物的相反方向"常常从事物的功能、结构、因果关系三个方面进行反向思维。例如，市场上出售的无烟煎鱼锅就是把原有煎鱼锅的热源由锅的下面安装到锅的上面。这是利用逆向思维，对结构进行反转型思考的产物。

2. 转换型逆向思维法

转换型逆向思维法是指在研究问题时，因为解决这一问题的手段受阻而转换成另一种手段，或转换思考角度思考，以使问题顺利解决的思维方法。如历史上司马光砸缸救落水儿童的故事，就是一个用转换型逆向思维法的例子。司马光不能通过爬进缸中救人的手段解决问题，因此他转换为另一手段，破缸救人，从而顺利地解决了问题。

3. 缺点型逆向思维法

缺点型逆向思维法是一种利用事物的缺点，将缺点变为可利用的东西，化被动为主动，化不利为有利的思维发明方法。这种方法并不以克服事物的缺点为目的，相反，它通过化弊为利，找到解决方法。世上事物都是一分为二的。例如，台风常给人带来灾害，但是如果能把台风带来的雨水蓄积入水库，就可用来发电。在人们利用煤炉取暖做饭的时代，煤焦油曾经是令人头痛的废物，在科技发达的今天却成了重要的化工原料。目前垃圾问题是许多城市甚至是村镇的沉重负担，然而，随着垃圾分类制度的推行，垃圾处理工厂会成为很有发展前途的行业。

（五）组合法

组合法就是将两个或多个要素、手段、原理或产品，或几个各自独立的发明等结合成一个整体，往往会产生新的发明（如新材料、新工艺、新产品、新设备）的一种创造技法。正如一位哲学家所说："组织得好的石头能成为建筑，组织得好的词汇能成为漂亮文章，组织得好的想象和激情能成为优美的诗篇。"组合法具有创新性、继承性、广泛性和时代性等特征。

常用的组合法有主体附加法、异类组合法、同物自组法、重组组合法及信息交合法。

1. 主体附加法

主体附加法是指以某事物为主体，再添加另一附属事物，使原有事物性能更好、功能更强，实现组合创新的方法。例如，在铅笔上安装上橡皮头，在电风扇中添加香水盒，在摩托车后面的储物箱上装上电子闪烁装置等日常生活中常见的实用产品。主体附加法是一种创造性较弱的组合法，人们只要稍加动脑和动手就能实现，但只要附加物选择得当，同样可以产生巨大的效益。因为要围绕一个主体进行附加，所以这种方法适用于产品不断完善改进的阶段。

2. 异类组合法

异类组合法就是将两种或两种以上的不同种类的事物进行组合的方法。一般来说，组合的对象来自不同的方面，不存在主次关系。例如，带有折叠凳子的拐杖，行走时可以作为拐杖使用，想休息时又可以作为凳子使用。异类组合法的实际运用中，可以通过原理、功能、方法、材料、现象等几种形式进行组合。

3. 同物自组法

同物自组法就是将若干相同或相似的东西进行组合的方法。在保持原有事物的原理、功能、价值、意义等前提下，通过数量的增加，弥补功能的不足，从而获得新的功能，产生新的意义。例如，把三支风格相同颜色不同的牙刷包装在一起销售，作为"全家乐"（家庭使用版）牙刷。

4. 重组组合法

重组组合法是指有目的地改变事物内部结构要素的次序，并按照新的方式进行重新组合，以促使事物的性能发生变化。一般来说，重组组合法在同一事物上实施，且不增添新的事物。在进行重组组合时，首先要分析研究对象的现有结构特点；其次要列举现有结构的缺点，考虑能否通过重组克服这些缺点；最后确定选择什么样的重组方式。

5. 信息交合法

信息交合法是指把物体的总体信息分解为若干要素，然后把这种物体与人类各种实践活动相关的用途进行要素分解，把两种信息要素用坐标法连成信息标 X 轴和 Y 轴，两轴垂直相交，构成信息反应场。每个轴上的各点信息可以依次与另一轴上的信息交合，从而产生新的信息。不同信息的交合可产生新信息，不同联系的交合可产生新联系。只要掌握一定信息，就可以通过交合与联系获得新的信息，实现新的创造。

三、创新方法的应用

创新的主体是全民，当代的大学生身处一个高速发展的时代，无论是毕业后走向工作岗位，还是走向创业的道路，都应掌握一定的创新方法，并应用在知识、技术、产品、市场、制度、管理等方面，为建设学习型社会、创新型国家做贡献。

当今世界，科技创新已经成为提高综合国力的关键支撑，成为社会生产方式和生活方式变革进步的强大引领，中华人民共和国成立后特别是改革开放以来，党和政府高度重视科技事业。

例如，近年来，"碳达峰""碳中和"成为热点话题，中国提出 2060 年之前实现"碳中和"的目标，为实现这个目标，需要各行业细化目标和路径，根据"碳中和"目标时间表规划未来的技术路线图，特别是工业、电力、交通、建筑等高能耗行业需要率先规划和行动，推进新能源行业的发展，足见科技支撑的重要性。另外，国家鼓励大学生利用所学专业知识，进行专创融合，创新创业，为我国科技发展进步贡献力量。

再如，丝绸之路经济带的战略建设涵盖东南亚经济和东北亚经济整合，并最终融合在一起通向欧洲，形成欧亚大陆经济整合的大趋势。21 世纪海上丝绸之路经济带的战略建设从海上联通欧亚非三个大陆，和丝绸之路经济带共同形成了一个海上、陆地的闭环。初步看来，"一带一路"合作伙伴至少涉及包括东南亚、中亚、中东欧等地区的 65 个国家（包括中国在内），是世界上跨度最长的经济大走廊，也是世界上最具发展潜力的经济合作带。随着"一带一路"倡议的不断推进，供创业者创新的机会日益增多，如小语种应用、产品生产、基础建设、绿色食品、旅游、中草药等产业都蕴含着巨大的创业机会。

无论是认识创新还是实践应用创新，无论是大的突破还是小的改进，都需要大学生拥有自立的勇气，创新的精神，在全社会大力弘扬以改革创新为核心的时代精神。

【延伸阅读】

非凡冬奥，创新之花处处开

模块总结

在经济全球化、科学技术更新周期不断加快的当代社会，经济社会的发展取决于人才的质量，通过创新意识的激发、创新思维和创新方法的训练，培养更多创新型人才并不断提高其创新意识和创新能力，进一步获取创新设计的能力，有助于国家经济持续健康发展。

学习评测

模块二

双创实践

实训一 普林斯顿创造力测评

知识补给：普林斯顿创造力测评试验试题

美国普林斯顿创造才能研究公司总经理、心理学家尤金·劳德塞（Eugene Laudersey）根据几年来对善于思考、富有创造力的男女科学家、工程师和企业经理的个性和品质的研究，设计了下面这套简单的试题，试验者只需要花费 10 分钟就可以知道自己是否具有创造才能。当然，如果你需要慎重考虑一下，适当延长试验时间也不会影响测试效果。

扫描右侧二维码，完成测试。

实训二 创新思维训练

运用想象力，在圆（或数字）的基础上作画。

具体要求：准备一张白纸，在其上画 12 个圆形（或写出数字 1 ~ 9），在其基础上进行联想添画。

实训三 创新方法训练

新型冠状病毒感染期间，口罩成为人们生活的必需品，请对口罩进行创新设计，至少找到 6 个创新点，方法不限。

课后反思

学号：　　　　姓名：　　　　日期：　　年　月　日

（1）在日常生活中，你有哪些创意灵感或创新设计？评估一下其有无可能成为创业项目，并与同学们一起讨论。

_____

_____

_____

_____

（2）学习完本模块内容，将你的思考和感悟记录下来，并与同学们分享。

_____

_____

_____

_____

模块三

百炼成钢——磨砺创新本领

双创路径

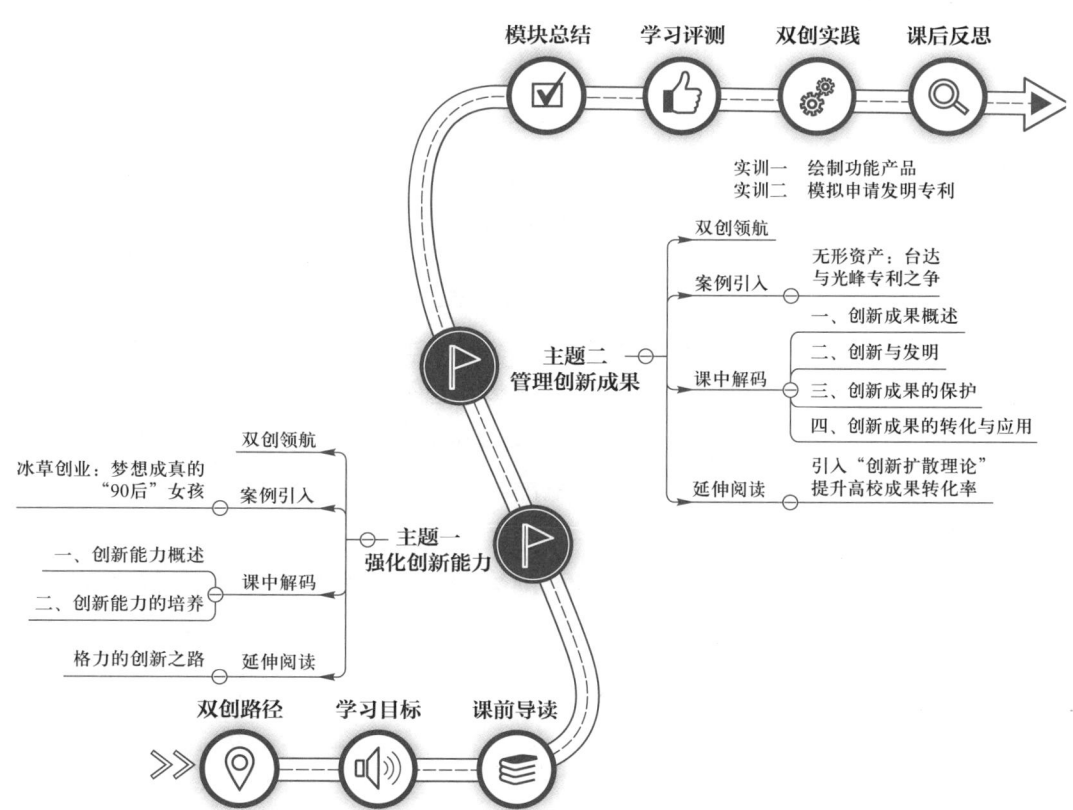

● 知识目标

（1）理解创新能力的内涵、特征及重要性。

（2）掌握创新能力的培养方法。

（3）了解创新与发明的关系。

（4）掌握创新成果的保护、转化与应用。

● 能力目标

（1）能够运用正确的培养方法提升创新能力。

（2）能够运用合理合法途径对创新成果进行保护。

● 素质目标

（1）培养敢闯敢试、勇于创新的现代文明人格。

（2）提升创新本领，保持锐意进取的精神风貌。

（3）树立法治思维，提升用法治方式保护创新成果的意识。

· 课前导读 ·

　　创新能力是民族进步的灵魂。创新能力是对已有知识的改组和转化运用，以及对新理念、新技术、新产品的研究与发明。创新能力的培养并非一蹴而就，需要经历不同阶段，通过学习、思维训练、实践等方能达成。

　　创新成果则是运用创新思维和方法所获得的有应用价值的成果，具有一定的社会和经济价值。强化创新成果的保护意识、丰富创新成果的保护手段就是保护创新的火种。

　　本模块将重点介绍创新能力培养和创新成果保护的相关知识。

主题一　强化创新能力

【双创领航】

▶ 思想化育

形势逼人，挑战逼人，使命逼人。我们必须走出适合国情的创新路子，特别是要把原始创新能力提升摆在更加突出的位置。

——习近平

▶ 学理依循

两千多年前，老子就在《道德经》中提出"天下万物生于有，有生于无"的创造思想。"有无相生"可以说是《道德经》中的一个十分重要的哲学思想，"有无相生"就是"有"和"无"同出于"道"而可以相互转化。从肯定"有"的积极价值出发，它往往表现为尊重传统、遵守规则、不离不弃的思维定势；从肯定"无"的消极价值出发，它往往表现为否定现状，具有反传统、反权威、反世俗的意义，能更好地开拓创新。

【案例引入】

冰草创业：梦想成真的"90后"女孩

背景介绍：第四届"互联网＋"大学生创新创业大赛金奖项目——"'90后'女孩有点'田'"。

由扬州工业职业技术学院学生丁蓉蓉创办的天英生态农业科技发展有限公司已成为全国最大的冰草研发、种植企业，其在全国首先自主培育出冰草种子，打破了国外的长期垄断。2018年上半年营业收入达到1 570万元，利润高达62%。冰草原产于非洲，流行于日本，近几年才进入中国，吃起来嫩脆爽口，入口即化，是一种营养丰富的蔬菜。因为价格高、种植规模小，在国内的餐桌上并不常见。丁蓉蓉是如何发现冰草，并实现创业成功的呢？

创意激发

2013年暑假，丁蓉蓉去日本旅游，偶然吃到冰草，一下子便被其口感和营养价值深深吸引，她决定让冰草在中国的土地上生根发芽……丁蓉蓉种冰草的创意正是得益于同理心原理。好的创意来源于生活，只有洞察用户需求，才能发现好的商业机会。

引种培育

丁蓉蓉经过556天，采用8个大棚对照组，对4个变量进行控制，经过三个周期反复试验，终于找到适合冰草生长的温度、湿度、土壤酸碱度，以及光照强度等环境数据。2016年5月，丁蓉蓉实现了冰草的引种"驯化"，培育出了新品种——"大叶冰草"，打破了国外对冰草种子的长期垄断，冰草种子的价格从每斤 5 万元降到了每斤 3 000 元，而且丁蓉蓉培育的冰草口感更好、品质更佳、冰珠更丰富，备受市场青睐。让好的创意落地生根，需要反复试验，不断迭代，一次行动等于千次会议，在不断创造中发现问题、解决问题，成长才会越来越稳健。

技术攻关

小小的冰草如果要实现规模化种植就必须依靠核心技术支撑。丁蓉蓉的冰草实现了四大核心技术突破，以至成为国内冰草果蔬的领跑者。

（1）自主育种技术。天英生态农业科技发展有限公司是国内首个自主育种且唯一培育出大叶冰草种子的企业。

（2）高产栽培技术。找到冰草最佳生产环境数据组合，实现了亩（1 亩 ≈ 666.67 平方米）产量的翻倍。

（3）周年种植技术。突破了种植时间的限制，实现周年种植，全年供应。

（4）广域种植技术。突破了种植空间的限制，通过对土壤的改良实现区域化种植。

带动就业

除种植销售冰草外，天英生态农业科技发展有限公司还免费向农户提供种子，提供技术，进行统一收购，统一销售。未来公司还将通过该模式，在全国建立 100 个基地，种植 5 000 亩冰草，带动约 20 000 人就业。

◎ 案例启示

丁蓉蓉毕业于扬州工业职业技术学院，在旅途中的偶然发现促使她开启不同寻常的创业人生。只要我们对生活始终保持好奇心，洞察需求，敢于尝试，不怕失败，就有机会活出多彩的人生。

◎ 思考探究

创业成功的丁蓉蓉具备哪些创新能力？她是如何将核心技术转化成商业机会的？

【课中解码】

创新能力是民族进步的灵魂、经济竞争的核心，当今社会的竞争，与其说是人才的竞争，不如说是人的创新能力的竞争。我国将大学生创新能力的培养作为教育改革的重要目标后，在国内教育界引发了一次对创新能力内涵、创新能力培养的影响因素及方法的大讨论。

一、创新能力概述

（一）创新能力的内涵

创新能力是指在各种实践活动领域中综合运用各类知识与经验，不断提供具有经济价值、社会价值、生态价值、学术价值的新思想、新理论、新方法和新发明的能力，即发现和解决新问题、提出新设想、创造新事物的能力。两千年前，我国著名教育学家孔子提出的"因材施教"就体现了朴素的创新能力的思想。

纵观近十年的研究成果，虽然国内学者对创新能力的理解各不相同，但他们对创新能力内涵的阐述基本上可以划分为以下三种观点。

第一种观点认为创新能力是个体运用一切已知信息，包括已有的知识和经验等，产生某种独特、新颖、有社会或个人价值的产品的能力。它包括创新意识、创新思维和创新技能三部分，核心是创新思维。

第二种观点从内部组成着手，认为创新能力表现为两个相互关联的部分，一部分是对已有知识的获取、改组和运用；另一部分是对新思想、新技术、新产品的研究与发明。

第三种观点从创新能力应具备的知识结构着手，认为创新能力应具备的知识结构包括基础知识、专业知识、工具性知识或方法论知识及综合性知识。

上述三种观点，尽管表述方法有所不同，但基本上能将创新能力的内涵解释清楚。

（二）创新能力的特征

1. 综合性

创新能力作为一种综合能力，既是智力特征和个性素质的总和，又是智力因素和非智力因素结合下的多方面综合能力的体现。

2. 独创性

具有创新能力，能够凭借想象力和创造性思维构造出前所未有的东西，打破以往的模式和框架，体现出创新能力的独创性特征。

3. 结构优化性

创新能力的结构优化性是指创新主体在能力构成上，呈现明显的结构优化特征，这种结构是一种深层次的有机结合或深度融合，往往能发挥出意想不到的创新功能。

案例链接：
独具特色
的奥运火
炬"祥云"

🔗 **知识窗**   **创新能力的构成要素**

创新能力不是一种单一的能力，它具有多元性、多向性、新颖性和开放性，我们应从多方面积累和提高创新能力。

学习能力

学习能力是指获取、掌握知识、方法和经验的能力，包括阅读、写作、理解、表达、记忆、搜集资料、使用工具、对话和讨论等能力。学习能力还包括态度和习惯，如活到老、学到老的终身学习的态度和信念。个人具有学习能力，组织也具有学习能力，人们把学习型组织理解为"通过大量的个人学习特别是团队学习形成的一种能够认识环境、适应环境、进而能够能动地作用于环境的有效组织。也可以说是通过培养弥漫于整个组织的学习气氛，充分发挥员工的创造性思维能力而建立起来的一种有机的、高度柔性的、扁平的、符合人性的、能持续发展的组织"。在如今竞争的时代，一个人或一个组织的竞争力往往取决于个人或组织的学习能力，因此无论对于个人还是对于组织而言，其竞争优势就是有比竞争对手更强的学习能力。所以彼得·德鲁克说："真正持久的优势就是怎样去学习，就是怎样使得自己的企业能够学习得比对手更快。"

分析能力

分析能力是指把事物的整体分解为若干部分进行研究的技能和本领。事物是由不同要素、不同层次、不同规定性组成的统一整体。认识事物的有效方式之一就是把它的每个要素、层次、规定性在思维中暂时分割开来进行考察和研究，弄清楚每个局部的性质、局部之间的相互关系及局部与整体的联系，从而做到由表及里、由浅入深、由易到难地认识事物和问题。分析能力的高低、强弱与三个因素有关：一是个人的知识、经验和禀赋；二是分析工具和方法的水平；三是共同讨论与合作研究的品质。随着科学技术的发展，高性能计算机和各种科学仪器及新的分析方法的出现和应用，有效地提高了人们的分析能力。当然，分析能力也有局限性和片面性，容易使人只见树木、不见森林，忽视从整体上把握事物。因此如果把分析能力与综合能力结合起来运用，将会取长补短，相辅相成。

综合能力

综合能力是指强调把研究对象的各部分结合成一个有机整体进行考察和认识的技能和本领。综合是把事物的各要素、层次和规定性用一定线索把它们联系起来，从中发现它们之间的本质关系和发展的规律。具体来讲，综合能力包括三项内容：一是思维统摄与整合，就是把大量分散的概念、知识点及观察和掌握的事实材料综合在一起，进行思考加工整理，由感性到理性、由现象到本质、由偶然到必然、由特殊到一般，对事物进行整体把握；二是积极吸收新知识，综合能力需要多方面的知识和方法，不断吸收新知识，不断更新知识都是必要的，特别是要学会跨学科交叉，把不同学科的知识、不同领域的研究经验融会贯通，才能更好地综合；三是与分析能力紧密配合，仅有综合能力，也有局限性和片面性，即缺少深入的、细致的分析，细节决定成败，在认识事物时也是如此，只有与分析能力相互配合，才能正确认识事物，实现有价值的创新。

想象能力

想象能力是指以一定知识和经验为基础，通过直觉、形象思维或组合思维，不受已有结论、观点、框架和理论的限制，提出新设想、新创见的能力。想象能力往往是发现问题和解决问题的突破口，在创新活动中扮演突击队和急先锋的角色，缺乏想象能力很难从事创新工作。

批判能力

批判能力表现在两个方面，在学习、吸收已有知识和经验时，批判能力保证人们不盲从，而是批判性地、选择性地吸收和接受，去粗取精、去伪存真；在研究和创新方面，则质疑和批判是创新的起点，没有质疑和批判就只能跟在权威和定论后面亦步亦趋，不可能做出突破性贡献。科学技术史表明，重大创新成果通常都是在对权威理论进行质疑和批判的前提下做出的。

- 创造能力

创造能力是创新能力的核心，它是指首次提出新的概念、方法、理论、工具、解决方案、实施方案等的能力，是创新人才的禀赋。

（三）创新能力的重要性

如果这个世界没有创新能力，就不会有今日人类的文明，人类可能同原始人类一样过着钻木取火的生活，如果鲁班、爱因斯坦、爱迪生、袁隆平等人没有创新能力，他们何以取得巨大的成就与收获。如果一个人具备创新能力，可以说是贤才；如果一个民族有了创新人才，那么它便是一个先进的民族。

1. 培养创新能力的作用

（1）促成创新思维的养成。在实践中形成新的思想、理论、方法或发明，都离不开创新思维的指导，创新能力能促进创新思维的养成，并利用创新思维看待事物，进而产生创造性成果。

（2）推动创新实践的进行。创新成果的形成或转化最终需要通过实践来进行，创新的过程是创新性思维指导下进行创造性实践的过程。创新能力不仅促使创新思维的养成，还推动创新实践的进行，或产生新思路，或产生新发明，或在原有基础上改变工艺形成新事物，最终获得创新带来的利益。

（3）探索解决问题的途径。创新源于社会发展的需求。创新能力往往可以通过人对现实生活的观察、想象、分析、实践等多种能力的综合运用，探索新的发现或解决途径，创造出新的事物或方法，进而使遇到的现实问题得到解决，满足多方位的社会生活需求。

2. 大学生培养创新能力的意义

随着现代科学技术的发展，文明的真正财富将越来越表现为人的创造性。

（1）知识激增，需要新一代学会学习。

（2）科技革命，需要新一代革新创造。

（3）振兴中华，需要新一代开拓前进。

培养大学生的创新能力，是未来社会生产的特点所决定的。培养大学生的创新能力，对于我国具有更重大的意义。我国要到 2050 年左右赶上或超过世界发达国家，成为具有高度物质文明和精神文明的社会主义现代化强国，这个宏伟的计划需要这一事业的继承者，必须具有创新精神和智力潜能，并需要教育者去系统地开发。

 **风暴眼**

什么才是一个国家的核心竞争力？

（四）创新能力的形成

创新能力的形成一般经历四个阶段，即模仿复制阶段、转变改造阶段、革新升级阶段和创造创新阶段。它们相互联系、相互依存、互为因果。模仿复制阶段是创新能力形成的基础，转变改造阶段是创新能力形成的萌芽，革新升级阶段是创新能力形成的开始，创造创新阶段则是创新能力形成的标志。

1. 模仿复制阶段

模仿复制又称克隆拷贝，是指通过不断学习模仿别人的能力，为自身复制出相同或相似的能力，是创新能力的形成基础。

心理学研究证明，人的能力不是与生俱来的，而是通过后天学习与环境影响共同作用的结果。因此，人之所以能生存和立足于这个复杂的世界，是由于他在成长过程中不断地观察、学习、模仿和掌握别人的生存能力，并通过复制这种能力解决生存与发展问题。创新的核心方式之一就是在模仿的基础上革新和超越。

2. 转变改造阶段

转变改造是指在复制、掌握别人能力的基础上，通过能力的迁移，转变原有产品或事物的局部组成或排列组合，改造出优于之前产品的工艺和技术，或优化处理问题的方式和方法。

转变改造既可以表现为某些性能的改变，又可以表现为外观或表述的不同，可以是对生产技术、工艺或方法进行改良，也可以是处理问题或论证问题的角度发生了转化。尽管转变改造阶段并没有改变原有产品、技术、方法或理论的本质，但其成果已经被赋予新的特质：或添加了某种功能，或弥补了某种缺陷，或丰富了某种体系等。在现实社会中，许多创造发明是首先从局部改革开始，并逐渐发展到全面改造，最后才创造出全新的事物。

3. 革新升级阶段

革新升级是指综合运用多种改造能力，对事物进行全面的革新改造，最终实现更新、升级换代。革新使理论、技术、方法、工艺或产品在原有基础上发生实质性的改变，形成一种新质的东西。

任何东西的质变都有一个量变的积累过程。只有量变达到一定程度时，质变才会发生。否则，质变就没有基础。创新能力的形成也是如此。革新升级阶段就是在此前模仿复制以及转变改造的基础上，通过积累的经验、技术、工艺或方法，对事物进行全局或全面的改革。因此，革新升级是创新能力开始形成的标志。

4. 创造创新阶段

创造创新是指通过融会贯通多种革新能力，创造出前所未有的全新的事物，即出现原理创新，甚至概念创新。原理创新推动现有行业革命，而概念创新，则会开创全新领域。这一阶段的创新具有首创性、突破性及带动性。

创造创新是以模仿复制、转变改造、革新升级三个阶段创新积累的能力为基础，进入更高层次的阶段，是创新能力正式形成的标志。

案例链接：QQ的发展史

案例链接：中国飞鹤的全域数字化升级

案例链接：从无人问津到风靡世界的复印机

你是否具有创新能力？体现在哪些方面？

二、创新能力的培养

创新能力的培养是一个系统的过程，由创新性学习能力的培养、创新性思维能力的培养和创新性实践能力的培养三部分构成。

其中，创新性学习能力是培养创新能力的基础，再经过创新性思维能力加工和创新性实践能力提升的螺旋上升过程，最后形成创新能力。

（一）创新性学习能力的培养

创新性学习能力是指学习者通过对环境中某个领域进行感知、分析和记忆，从而获得新知识和新创意的能力。

1. 选择学习领域

学习创新，首先要选择学习领域。从范围看，学习领域可以是生活中所处的大环境，但更重要的是与自身结合更为紧密的领域，如自己的专业、感兴趣的事物等。对于企业而言，与产品结合紧密的生活领域、生产和技术领域及其他相关领域都可以作为学习领域。

2. 开展学习过程

（1）感知。感知是客观事物通过感觉器官在人脑中的直接反映，它是各种复杂的心理过程（如记忆、思维）的基础，是学习者获得创新成果的源泉。

（2）分析。分析是指对感知系统中的信息进行处理，其基本过程包括分析、抽象、综合、概括和对比等。它是学习者从学习对象中获得创新成果的关键阶段，分析的质量决定着学习者是否能够获得理想的学习成果。分析能力的培养方法多种多样，这里简要列举以下两种方法。

① 矛盾分析法：矛盾分析法是指观察和分析各种事物的矛盾运动，进而解决矛盾的一种方法。这是人们分析问题、解决问题的一种普遍的方法。

② 学习路径法：学习路径法是一种将放射性思考具体化的方法，它注重图文并重的技巧，把各级主题的关系用相互隶属与相关的层级图表现出来，充分运用左右脑的机能，利用记忆、阅读、思维的规律，协助人们在科学与艺术、逻辑与想象之间平衡发展，从而发掘人类大脑的潜能，提高分析能力。

（3）记忆。记忆是大脑系统信息储存活动的过程，是开展创新思维的基础。记忆可以通过后天的培养和训练得以改善和加强。具体包括以下三种有效措施。

① 选择合适的记忆时间：学者哈伯特·波兰德（Harbert Poland）曾经说过："训练记忆所必须做的第一件事，是决定每天该在什么时间来记忆。"大脑功能每天都有最佳工作

时区，一般来说，时区不同，记忆效果也不一样。

②掌握有效的记忆方法：科学的记忆方法能使记忆效果事半功倍。因此，我们要掌握行之有效的记忆方法，同时根据个人的特点养成独具特色的记忆习惯。可采用协同记忆法、口诀记忆法、联想记忆法等方法。其中，协同记忆法是指有多种感觉、知觉参与的记忆方法。在记忆过程中用视觉、听觉、触觉接收外部信息，使看、读、听、写，多渠道同时进行，从而保证记忆的效果；口诀记忆法是通过将记忆材料编成口诀或押韵的句子，从而提高记忆效果的记忆方法，口诀大都押韵，朗朗上口，不仅可以有效减少记忆材料的绝对数量，还可以把记忆材料分成组块来记忆，增强趣味性，加大信息浓度，减轻大脑负担，使记忆牢靠而少有遗漏；联想记忆法就是利用联想来增强记忆效果的记忆方法，联想是由当前感知或思考的事物想起有关的另一事物，或者由头脑中想起的一件事物，又继而想到另一件事物的过程。除了以上记忆方法，还有规律记忆法、对比记忆法、数形记忆法、复述记忆法、卡片记忆法等，都可在记忆时灵活采用。

③掌握强化记忆的途径：重复训练和力求理解是提升记忆能力的两种最常用的途径。其中，重复训练对增强记忆、防止遗忘非常重要，它也是提升记忆能力的基本途径；力求理解是指对某一事物不仅"知其然"，而且"知其所以然"。在理解基础上的事物更容易记忆，同时，记忆的持续时间长，效果好。

在开展学习的过程中，获取专业知识和技能也是重要的目的。通过对环境中学习领域的感知、分析、记忆，可以使专业知识和技能不断增强和提升。它对实践创新具有重要的指导作用。

3. 发现潜在创新点

一般情况下，通过对环境中学习领域的选择、学习和加工处理（感知、分析、记忆），不仅可以实现知识的积淀，还可以通过对这些知识的反复梳理总结出创新点。

潜在的创新点是创新成果的雏形，它是创新能力培养过程中的初级创新产品，这些创新点只有经过创新思维的加工及创新性实践的验证，反复打磨，才有可能转变为创新成果。

（二）创新性思维能力的培养

创新性思维能力培养是创新人才培养的核心。创新性思维能力并非与生俱来，而是通过后天培育训练形成，正如爱因斯坦所说："人是靠大脑解决一切问题的。"创新性思维能力培养包括思维方式的培养、思维潜能的培养和思维方法的掌握三个方面。

1. 学会创新思维方式

（1）养成怀疑和批判的思维习惯。在创新的过程中，怀疑是为了更好地创造，因为在怀疑的过程中可能发现新的问题。受已有经验和思维惯性的影响，缺乏怀疑和批判精神会给创新带上思想上的枷锁。

（2）正确对待思维的差异性。思维的差异性，在很大程度上表现为思考问题的不同角度与方法。"求同""求异"是思维的两种表现形式："求同"体现在事物的一致性和稳定性，这是事物能够被认识和实践的基础；"求异"是为了打破旧有思维和习惯，力求突破。在创新活动中，我们要统筹使用"求同""求异"两种方式，既追求发现事物的客观规律，又保持必要的反思。

2. 培养创新思维潜能

（1）保持积极的暗示。积极的暗示对开发创新潜能有着重要意义，是激发创新潜能的重要途径。积极的心理暗示能够有效增强思维的活跃性，挖掘个人潜在创新力。

（2）培养强烈的兴趣。兴趣不仅是创新能力的重要推动力，还有助于激发好奇心。好奇心强、求知欲旺盛的人往往勤奋自信、善于钻研、勇于创新。

（3）锻炼敏捷的思维。好的方法和主意有时就像一只狡兔，它在眼前一蹿而过，仅闪现了耳朵和尾巴。为了捕捉它，就必须具有快速的思维速度和敏捷的反应能力。敏捷的思维有利于寻找创新的突破口和突变点，提升创新能力。

3. 掌握创新思维方法

没有创新思维就没有创新活动，也就没有社会的前行和发展。创新思维能突破常规思维的界限，以超常规甚至反常规的方法、视角去思考问题，提出与众不同的解决方案，从而产生新颖的、独到的、有社会意义的思维成果。

通过学会创新思维方式、培养创新思维潜能和掌握创新思维方法，将潜在的创新点进行创新思维的加工，可以形成较为成熟的创新方案，为后续的创新实践提供方向。

（三）创新性实践能力的培养

实践能力是指个体在生活和工作中解决实际问题的综合性能力，它不是从书本中得到的，而是由生活经验和实践活动磨炼所得。创新性实践能力是指在创新性思维的支配下，通过一定实践行为产生创新成果的能力。

创新性思维加工而成的创新方案为创新性实践提供方向，创新性实践的过程就是对创新方案的反复实践与检验，只有通过不断地验证，创新方案才有可能形成最终的创新成果。对于创新性实践能力的培养可以从以下三个方面进行。

1. 创新性实践的起点——激发实践动机

激发实践动机是培养实践能力不可缺少的前提条件。实践动机是人们从事实践活动的原动力，它促使人们将对任务目标的认识从外部诱因转化为内部需要，从而才能够更加主动地、积极地进行创新实践。

2. 创新性实践的途径——积极参与各类实践活动

创新实践的途径多种多样，如积极参与创新创业培训、参与以创新为主题的社团、参与各类专业技能大赛和创新创业大赛等。通过这些形式多样的课内外实践活动，可以积累经验，验证自己的创意，提高自己的创新能力。

3. 创新性实践的形成——应用并推广创新实践成果

在不断参与各类创新实践活动的过程中，使自己创新能力的培养与个人成长相结合，不断创新，并在创新过程中反复实践，通过反复实践来检验创新方案，修正创新方案，最终力争形成创新成果，并将创新成果进行社会化转化和应用。

通过激发实践动机，参与实践活动，形成并应用实践成果，才能逐步提高创新的实践能力，进而提升创新能力。

 **风暴眼**

你都参加过哪些创新创业实践活动？

【延伸阅读】

格力的创新之路

主题二 管理创新成果

【双创领航】

▶ 思想化育

创新是引领发展的第一动力，保护知识产权就是保护创新。

——习近平

▶ 学理依循

习近平总书记在主持中共中央政治局第二十五次集体学习时强调："知识产权保护工作关系国家治理体系和治理能力现代化，关系高质量发展，关系人民生活幸福，关系国家对外开放大局，关系国家安全"，深刻阐释了知识产权保护工作的时代内涵，为谋划新发展阶段知识产权事业发展提供了根本遵循和行动指南。

【案例引入】

无形资产：台达与光峰专利之争

台达电子工业股份有限公司（以下简称台达电子）与深圳光峰科技股份有限公司（以下简称光峰科技）的专利官司成为"科创板专利诉讼第一案"，引起广泛关注。

早在 2019 年，台达电子就"荧光剂色轮及其所适用的光源系统""光学系统""蓝光合成方法及系统"3 项专利起诉光峰科技侵权。

2020 年 2 月，国家知识产权局审查决定宣告台达电子所持有"蓝光合成方法及系统"专利权无效。同年 10 月，广州知识产权法院作出一审判决，驳回台达电子的全部诉讼请求。台达电子对判决结果不满，于是向最高人民法院提起上诉，最高人民法院立案后对案件进行了审理。然而，在最高人民法院审理此案的过程中，台达电子申请撤回起诉，最高人民法院准许台达电子撤回起诉，此案以光峰科技胜诉结束。

光峰科技与台达电子之间的恩怨并没有就此结束，此后，台达电子在多地法院再次起诉光峰科技侵权。

光峰科技在公告中披露，2019—2021 年，台达电子对光峰科技及其子公司及经销商等主体累计起诉了 12 起侵害发明专利权纠纷案件，在数案被法院驳回其诉讼请求后，台达电子仍然在多个法院起诉原告及原告经销商；同时，台达电子明知其专利存在权属纠纷的情况下，仍然使用该专利向光峰科技提起专利侵权纠纷案件；且多起案件起诉后又主动撤回起诉。

对此，光峰科技并没有坐以待毙，并且开始反击，光峰科技认为台达电子对其恶意提起知识产权诉讼的行为侵犯了其权益，并于 2021 年 12 月向广州知识产权法院起诉台达电子恶意诉讼的侵权行为。

在 2022 年的半年报中，光峰科技披露了与台达电子的 7 起案件的新进展，其中 3 起撤案，4 起案件仍处于尚未审结状态。可见，光峰科技仍深陷诉讼泥潭，二者的专利争端还要延续多久，只有时间能给出答案。

◎ 案例启示

保护创新成果，保持创新活力，为创新精神培育构建良好的外在保护机制，是以知识产权保护为重点推进建设创新型国家和提升国家治理体系与治理能力现代化不可或缺的重要环节。

◎ 思考探究

如何有效保护自己的创新成果不被侵犯？

【课中解码】

创新成果的保护与应用已经关乎当今社会各方面技术的发展与革新，几乎涉及所有行业的经营和管理范畴，对于当代大学生而言更是必须要掌握的知识。我们除了要了解创新成果的定义、特性、构成要素、类型，还要学习创新成果的保护策略及途径，对于知识产权保护中的申报专利保护、著作权保护、注册商标保护及申报知识产权行政法规保护等内容也要有所了解。此外，创新成果的转化途径与应用，在大家今后的学习和工作中也将起到重要的指引作用。

一、创新成果概述

（一）创新成果的定义

创新是指人为了一定的目的，遵循事物发展的规律，对事物整体或其中的某些部分进行变革从而使其得以更新与发展的活动。

创新成果是在创新的基础上形成有价值的新的理论、技术工艺制度、文化等相关内容。

知识窗 | **移动电话的发展历程**

移动电话的发展历程，展示的就是创新成果不断改变世界的过程。

1902 年，美国人内森·斯塔布菲尔德（Nathan Stubblefield）公布了其发明的移动电话装置：他在自己的果园里竖起一根高 120 英尺（1 英尺 =0.304 8 米）的天线，利用磁场将语音从一部电话传输到另一部电话里。虽然这部无线电话像垃圾桶盖一样大，但仍拥有可移动的特性。

1938 年，美国贝尔实验室为美国军方打造了第一部移动电话，其外观可以说是现代手机的雏形。

1973 年 4 月，摩托罗拉工程师马丁·库帕（Martin Cooper）在纽约的街头打通了史上第一个推向民用的移动电话，这被公认为是现代手机的开端。

1983 年，世界上第一部推向民用的移动电话——摩托罗拉 Dyna TAC 8000X 终于面世，这款售价高达 3 995 美元的手机重达两磅，可以通话两个小时。

1999 年，诺基亚推出第一款内置天线手机 3210。

2000 年，第一款 WAP 手机诺基亚 7110 让手机和互联网连在了一起。同年，摩托罗拉推出 A6188，是第一款拥有触摸屏并支持中文手写的手机，被认为是智能手机的鼻祖。

2007 年史蒂夫·乔布斯（Steve Jobs）发布第一代 iPhone 给手机界带来了触控革命，曾经的实体按键被一块 3.5 寸（1 寸 ≈3.333 厘米）的屏幕替代，突破了电容屏的难关，支持多点触控，将体验提高到了一个新的高度。

2016 年 12 月，我国手机品牌荣耀推出的荣耀 Magic，可以看作是第一款以全软件定义人工智能的手机。

（二）创新成果的主要特性

（1）新颖性。主要体现在打破传统、旧的习惯观念，突破、革新的方式方法，是创新成果与其他劳动成果区别显著的特征之一。

（2）价值取向性。新不意味着好，要遵循社会发展规律，具有可实现的经济和社会价值。

（3）知识密集性。创新成果的高含金量决定了学科交叉融合，学科交叉融合成果决定了跨学科人才，跨学科人才决定了团队合作形成知识体系。

（4）风险性。创新的不确定因素较多，一方面是高风险，技术风险与市场风险并存；另一方面是高回报，可能成为市场领军行业或领导品牌。

（5）超前性。创新以求新为灵魂，具有超前性。这种超前是从实际出发、实事求是的超前。

（三）创新成果的构成要素

（1）从内容看。创新成果既包括各种有形的资料和产品，又包括无形的知识和理论、方法和技术及制度等。

（2）从程度看。创新成果既可以是从无到有的发明创造，又可以是对其中的某些部分进行改进。

（3）从效用看。创新成果在所处的客观环境下要能够被转化为实际的经济价值或者社会价值。

（4）从目的看。创新成果为了解决特定的问题或者获得知识上的突破。

（四）创新成果的类型

创新成果根据创新的内容与方向不同，具体可以分为知识创新成果、技术创新成果、制度创新成果。

1. 知识创新成果

知识创新成果是指通过各种研究获得的技术学科和基础科学知识，这种研究包括应用研究和基础研究，为人类认识和改造世界提供了新的方法和理论依据。

2. 技术创新成果

技术创新成果是指企业为占据市场并实现市场价值，将创新的知识、新技术、新工艺加以应用，在经营管理模式和生产方式上革新，从而提高产品质量，开发生产新的产品，提供新的服务。

在我们日常的生产生活中接触与应用最多的就是技术创新成果，下面我们来了解一下技术创新的类型与特征。

知识窗　　　　　　　　技术创新的类型与特征

技术创新的类型

技术创新大体上来说分为三种类型：第一种类型称为跟随创新，第二类叫集成创新，还有一种就是原始创新。

（1）跟随创新。这种创新是指在他人已有创新的基础上，做一些必要的扩展或变动，进而发展出一些新的东西。

（2）集成创新。这种创新是指把现有的技术组合起来，创造一种新的产品或新的技术，或者把其他领域的成熟技术引进另一个领域，而使它能够创造新的变化。

（3）原始创新。这种创新是指前所未有的重大科学发现、技术发明、原理性主导技术等创新成果。原始性创新意味着在研究开发方面取得独有的发现或发明。原始性创新是最根本的创新，是最能体现智慧的创新，是最困难的，但也是最有价值的创新。

技术创新的特征

（1）具有创新性和先进性。技术创新的概念本身就包含创造性和先进性。这个特征首先体现对前所未有的新技术的运用，或者通过对现有技术中的某些改进，从而使旧技术更加完善，应用效果有明显的提高。同时，技术创新更是把新技术应用于生产经营活动中的一个过程，在这个过程中，企业对生产要素进行新的组合，创造性地把新技术应用于生产经营的实践活动中，最终实现了技术形态的转化。

（2）技术创新的可持续性。持续的创新能力是企业成长的重要保证，缺乏持续的创新能力和以创新能力为基础的企业核心能力，即使能凭借侥幸的成功完成一次或数次的创新斩落，最多也只能获得短暂的优势，无法保持长期的竞争优势。高技术行业的核心竞争力不是高端的设备流水线，而是知识产权。要打造核心竞争力，就要靠自主创新。只有掌握核心技术，才能提高竞争力和抗风险能力，真正实现可持续发展。

（3）具有高风险性。技术创新活动是一个具有很大不确定性的随机过程，涉及许多相关环节和众多影响因素。技术创新的过程中需要相应的投入，这种投入不仅体现在技术的研究开发阶段，还可能延伸到生产经营管理阶段和市场营销阶段。这些投入能否顺利实现价值的补偿，则受到许多不确定因素的影响，既有来自技术本身的不确定性，又有来自市场、社会、政治的不确定性，这便可能最终导致投入难以获得回报。据统计，大约有90%的创新技术在进入市场前夭折，技术创新具有较高的风险性。

3. 制度创新成果

制度创新成果是指为实现社会的持续发展和变革，创设新的更能有效激励人们行为的制度。

二、创新与发明

（一）发明概述

1. 发明的定义

发明是指针对技术领域发现的各种问题，运用现有的科学知识和科学技术得到的具有首创性、新颖性、实用性和时间性的技术成果。

2. 发明的种类

发明按照是否申报专利并获得批准，可分为发明专利和非发明专利；按照成果存在的形式，可分为物品发明和方法发明；按照成果主要途径，可分为生活资料发明和生产资料发明。

（二）创新与发明的关系

（1）从作用看。创新更重视成果的价值性，发明更关注成果的独创性。

（2）从过程看。发明是一个绝对概念，创新是一个相对概念。

（3）从范围看。发明主要集中在技术领域，创新的范围涵盖知识领域、制度领域及技术领域。

（4）从价值转化过程看。发明成果如果要在现实生活中真正得到应用，则需要根据市场需要和生产条件不断进行创新。

（三）创新发明的开展

发明对很多人而言是一种技术含量较高、难度较大的行为。实际上，大部分的发明属于中小型发明，并非不可实现。

大学生一方面不要好高骛远，把注意力放到级别过高的发明上；另一方面不要妄自菲薄，失去参与创造发明的信心。

三、创新成果的保护

（一）创新成果的保护策略

创新成果的保护主要是指对成果所有权及在取得成果之前对其关键性的技术及信息的保护。创新成果的保护一般分为申请保护和自我保护两种。

1. 法律、法规保护

法律、法规保护是指根据知识产权保护法律、行政法规、地方性法规、行政规章及国际公约等我国认可的国际国内法律法规对创新成果依法申请并获得保护的行为。知识产权保护相关法律法规如表 3-2-1 所示。

表 3-2-1 知识产权保护相关法律法规

地域范围	所属类型	法律法规名称
中国	知识产权保护法律	《中华人民共和国专利法》《中华人民共和国商标法》《中华人民共和国著作权法》《中华人民共和国反不正当竞争法》
	知识产权行政法规	《中华人民共和国著作权法实施条例》《计算机软件保护条例》《中华人民共和国专利法实施细则》《中华人民共和国商标法实施条例》《中华人民共和国知识产权海关保护条例》《中华人民共和国植物新品种保护条例》《集成电路布图设计保护条例》
	知识产权行政规章	《国家工商行政管理局关于禁止侵犯商业秘密行为的若干规定》（现国家工商行政管理局更名为国家市场监督管理总局）
	知识产权司法解释	《最高人民法院关于审理专利纠纷案件适用法律问题的若干规定》《最高人民法院关于诉前停止侵犯注册商标专用权行为和保全证据适用法律问题的解释》
中国部分区域	知识产权地方性法规、自治条例和单行条例	《深圳经济特区企业技术秘密保护条例》
国际	我国加入的知识产权保护国际公约	《与贸易有关的知识产权协定》（Agreement on Trade-Related Aspects of Intellectual Property Rights，TRIPs）、《保护工业产权巴黎公约》（Paris Convention for the Protection of Industrial Property）、《保护文学与艺术作品伯尔尼公约》（Berne Conventionon the Protection of Literary and Artistic Works）、《世界版权公约》（Universal Copyright Convention）、《商标国际注册马德里协定》（Madrid Agreement Concerning the International Registration of Marks）、《专利合作条约》（Patent Cooperation Treaty，PCT）

2. 自我保护

自我保护是指针对不属于知识产权保护法律法规保护范围的创新成果进行的自主保护。自我保护是企业发展的关键环节，主要通过多种方式来实现，包括严格保护商业秘密、迅速将新产品推向市场以抢占先机，以及不断加速现有产品的更新与升级以保持竞争力。这些措施共同构成了企业自我保护的主要途径，有助于确保企业的核心技术和市场地位不受侵害。

（二）创新成果的保护途径

根据创新成果的保护依据不同，可以选择多种途径进行保护。具体包括申报专利保护、著作权保护、注册商标保护、知识产权行政法规保护等。

1. 专利保护

专利申请是获得专利权的必须程序。申请人在向国家专利机关提出专利申请时，应提交一系列的申请文件，如请求书、说明书、摘要和权利要求书等。在专利的申请方面，世界各国专利法的规定基本一致。可以自己申请或者找代理事务所申请。

一项发明创造必须由申请人向政府主管部门（在我国，是向国家知识产权局）提出专利申请，经国家知识产权局依照法定程序审查批准后，才能取得专利权。在我国，发明创造包括发明、实用新型和外观设计三种类型。这三种类型在申请阶段，分别被称为发明专利申请、实用新型专利申请和外观设计专利申请；获得授权后，分别被称为发明专利、实用新型专利和外观设计专利，此时，申请人就是相应专利的专利权人。

专利申请的类型有如下三种。

（1）发明专利。针对产品、方法或对其改进所提出的新的技术方案，既可以是原创性的技术，又可以是改进型的技术。发明又可细分为产品发明、方法发明、改进发明三种类型。

（2）实用新型专利。针对产品的形状、构造或者其结合所提出的适用于实用的新的技术方案，可以申请实用新型专利。

（3）外观设计专利。针对产品的形状、图案或其结合及色彩与形状、图案相结合所做出的富有美感并适用于工业上的新设计，包括产品的形状、图案、色彩及其组合，可以申请外观设计专利。

知识窗　　　　　　　　　**发明专利申请的审批程序**

依据《中华人民共和国专利法》，发明专利申请的审批程序包括受理、初审、公布、实审及授权五个阶段。实用新型或者外观设计专利申请在审批中不进行早期公布和实质审查，只有受理、初审和授权三个阶段。

发明、实用新型和外观设计专利的申请、审查流程如图3-2-1所示。

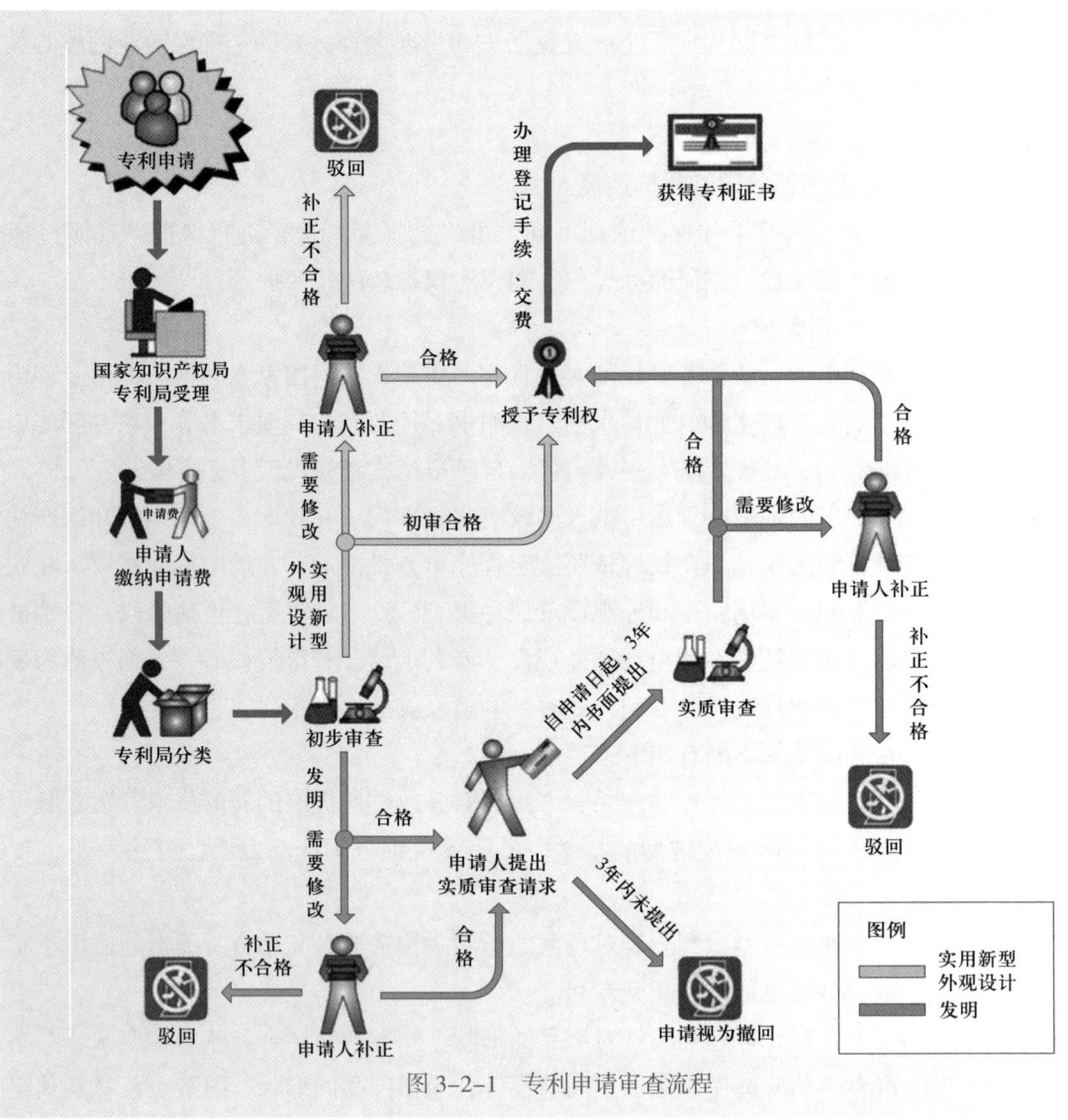

图 3-2-1　专利申请审查流程

取得专利的创新成果都能转化成实际产品吗？

2. 著作权保护

著作权是指自然人、法人或者其他组织对文学、艺术和科学作品享有的财产权利和精神权利的总称。在我国，著作权指版权。广义的著作权还包括邻接权，《中华人民共和国著作权法》称为"与著作权有关的权利"。

（1）著作权主体。著作权的主体（著作权人）是指依照著作权法，对文学、艺术和科学作品享有著作权的自然人、法人或者其他组织。作者在通常语境下指创作作品的自然人，侧重于身份，但作者并非在任何时候都可以成为著作权的主体。法律意义上的作者是依照著作权法规定可以享有著作权的主体。

著作权主体的类型：以主体的形态为标准，著作权的主体分为自然人、法人和其他组织。创作是一种事实行为，不论创作者的年龄、智力水平如何，都可以成为著作权的主体。一般而言，自然人是作品的作者，即一般情况下自然人才能成为著作权的主体，但为平衡、保护不同利益方的利益，以及考虑到法人或其他组织在创作作品时付出的组织、物质等支持，法律也允许法人或其他组织成为著作权的原始主体。

以著作权的取得方式为标准划分，著作权的主体可以分为原始主体（原始著作权人）和继受主体（继受著作权人）。著作权原始主体即作品创作完成时，直接依照著作权法和合同约定即刻对创作的作品享有著作权的主体。继受著作权人即通过继承、受让、受赠等方式获得著作权的主体。原始著作权人与继受著作权人在权利范围、权利保护方式上有所不同。

（2）著作权客体。著作权客体是指著作权法保护的对象，也是著作权主体的权利和义务所共同指向的对象，即各种表现形式的作品。

3. 注册商标保护

（1）商标。商标是用以识别和区分商品或者服务来源的标志。任何能够将自然人、法人或者其他组织的商品与他人的商品区别开的标志，包括文字、图形、字母、数字、三维标志、颜色组合和声音等，以及上述要素的组合，均可以作为商标申请注册。

商标具有以下功能。

① 商标通过确保商标注册人享有用以标明商品或服务来源，或者许可他人使用以获取报酬的专用权，而使商标注册人受到保护。

② 商标通过对商标注册人加以奖励，使其获得承认和经济效益，而对全世界的积极和进取精神起到促进作用。

（2）商标权。商标权又称注册商标专用权，是指商标所有人对其在国家商标局依法注册的商标所享有的权利。

商标权具有以下特征。

① 独占性。独占性又称专用性，是指商标注册人对注册商标所享有的独占使用权。商标所有人对其注册商标享有独占使用的权利，任何人未经商标所有人同意，不得使用该商标。

② 时间性。法律对商标权的保护有一定的期限，过了法定期限即丧失法律效力。《中华人民共和国商标法》（以下简称《商标法》）规定注册商标的有效期限为10年，同时规定期限届满可请求续展，续展的次数不受限制。

③ 地域性。商标权的地域性，是指商标权在一定的地域范围内具有效力，离开一定的地域则失去专有使用权的法律效力。注册商标的所有人只能在授予该商标权的国家使用并受法律保护；如需在哪个国家受到保护，即需要在那个国家依照该国法律规定申请商标注册。

（3）商标注册流程。

① 确定商标的注册范围，并进行预先检索。商标的注册范围要根据《类似商品和服务区分表》列明的类别和商品名称来选定，选定范围后，建议进行商标检索，以评估商标注册申请是否有被驳回的风险，如果有，可以在申请注册前及时修改商标。

② 向商标局提交商标注册申请文件。申请文件包括商标注册申请书、申请人的主体

资格证明资料。委托知识产权代理机构提交的，还应提交授权委托书。

③ 商标局受理并审查。商标局受理后会进行形式审查和实质审查，形式审查主要审查申请人的名称、地址、商标图样、指定商品和服务。实质审查主要审查商标是不是《商标法》规定的禁止注册和禁止使用的标识、是否与在先申请或注册的相同或近似商标相冲突。

④ 公告。通过审查的，商标局会予以公告，公告期为 3 个月，在先权利人和利害关系人在此期间可以对商标申请提出异议。

⑤ 核准注册。在公告期内没有人提出异议的，商标局就会核准注册，并下发《商标注册证》。

商标注册流程简图如图 3-2-2 所示。

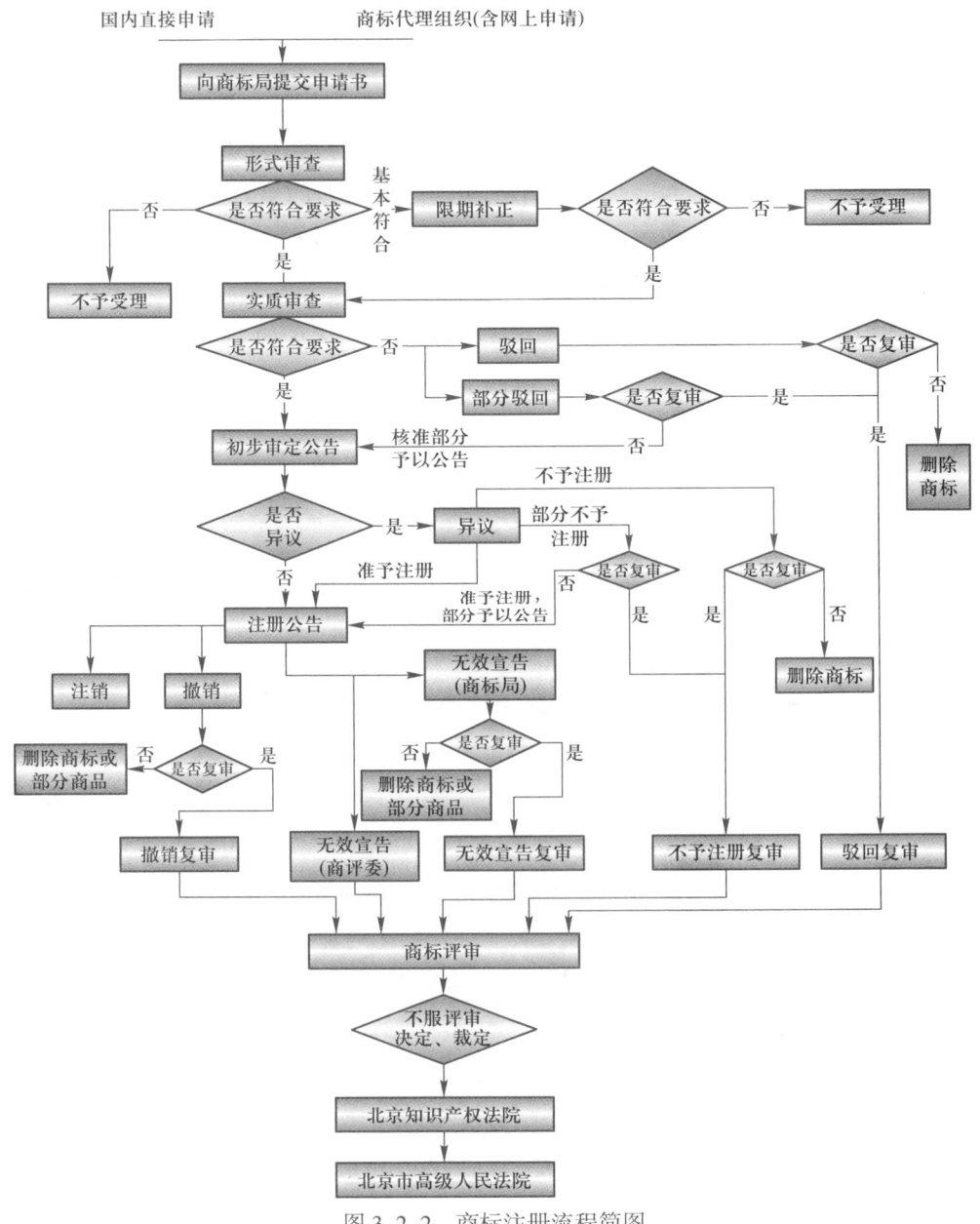

图 3-2-2　商标注册流程简图

4. 知识产权行政法规保护

2005 年，我国成立了国家知识产权战略制定工作领导小组，正式启动了国家知识产权战略制定工作，同时中国政府不断地加大知识产权保护的力度。从我国的立法现状看，知识产权法仅是一个学科概念，并不是一部具体的制定法。知识产权法律制度主要由《中华人民共和国著作权法》《中华人民共和国专利法》《中华人民共和国商标法》《中华人民共和国反不正当竞争法》等若干法律行政法规或规章、司法解释、相关国际条约等共同构成。随着知识产权领域的制度创新、法律修订及理论研究引人注目，知识产权保护的新问题、新案件不断出现，这极大地丰富了知识产权法学研究内容，知识产权法学获得了长足的发展和厚实的积淀。

知识产权是指人类智力劳动产生的智力劳动成果所有权。它是依照各国法律赋予符合条件的著作者、发明者或成果拥有者在一定期限内享有的独占权利，一般认为它包括版权（著作权）和工业产权。版权（著作权）是指创作文学、艺术和科学作品的作者及其他著作权人依法对其作品所享有的人身权利和财产权利的总称；工业产权则是指包括发明专利、实用新型专利、外观设计专利、商标、服务标记、厂商名称、货源名称或原产地名称等在内的权利人享有的独占性权利。

四、创新成果的转化与应用

案例链接：激发内生动力 促进科技成果转化

创新成果转化是指为提高生产力水平而对科学研究与技术开发所产生的具有创新意义的科技成果所进行的后续试验、开发、应用、推广直至形成新产品、新工艺、新材料，发展新产业等活动。

创新成果转化包括以下途径。

1. 自主转化

最直接的创新成果转化方式就是由创新者自己将其产业化，然后将产品或服务投入市场获取经济效益。这一方法只适用于产品或服务类的创新成果，其他类型，如管理方法创新成果，则无法自主转化。

（1）优势。创新者对自己的创新成果最了解，能够很好地运用创新成果；同时自主转化创新成果的所有收益都属于创新者，能保证创新成果的转化符合创新者的意愿。

（2）劣势。创新者需要投入财力、人力和其他资源来进行创新成果转化，并且需要独立承担市场风险。一些大学生创新者属于"技术内行、经营外行"，缺乏相关的知识和技能，自身资源也比较薄弱，经营效果可能欠佳。

2. 知识产权转让

创新者将知识产权通过合同交予受让方，受让方获得知识产权并向创新者支付转让费用，创新成果的转化则由受让方来实施。

（1）优势。创新者不用承担风险，即可获得固定的收益；受让方一般是相关领域有实力的企业，能更好地发挥知识产权的价值。

（2）劣势。创新者只能得到转让费用，受让方在之后获得的所有收益都与创新者无关，并且创新者无法干预受让方的行为。

3. 授权许可

创新者授权或许可他人或组织行使除所有权以外的其他财产权，并收取一定的许可费用。被授权方则按照合同约定使用创新者的知识产权，完成创新成果转化。

（1）优势。创新者不用承担市场风险并且仍然保留知识产权的所有权，能够在一定程度上制约被授权方的行为；创新者在授权或许可合同时限满后，可以更改许可费用、撤回授权许可或更换被授权方；创新者可以同时授权多方。

（2）劣势。合同期内创新者只能享受固定收益，且许可费用一般低于转让费用。

4. 技术入股与出资

创新者将知识产权入股或将知识产权视作出资，其本质是创新者将知识产权转让给公司，将转让费变为股权，成为公司股东。

（1）优势。创新者享有股东身份，虽然失去知识产权的所有权，但可能影响公司的决策和行为；创新者的收益变为股份分红，能够享受公司发展的红利。

（2）劣势。创新者需要承担公司经营失败的风险，收益不稳定。

知识窗 国家促进科技成果转化的相关法规与文件要点解读

《中华人民共和国促进科技成果转化法》（修订稿）法律政策亮点

（1）释放活力，下放三权（三权即科技成果使用权、处置权和收益权）。

（2）协议优先，提高奖酬（转化奖励和报酬遵照协议，最低限是转化所得净额的50%；国企、事业单位科技成果奖酬支出不受工资总额限制）。

（3）面向市场，资助研发（利用财政资金设立科技项目，应当听取相关行业、企业的意见；将科技成果转化和知识产权创造、运用作为立项和验收的重要内容和依据）。

（4）成果分享，科技报告（建立科技成果转化情况年度报告制度）。

国务院办公厅印发的《促进科技成果转移转化行动方案》法律政策亮点

（1）开展科技成果信息汇交与发布。

（2）产学研协同开展科技成果转移转化。

（3）建设科技成果中试与产业化载体。

（4）强化科技成果转移转化市场化服务。

（5）大力推动科技型创新创业。

（6）建设科技成果转移转化人才队伍。

（7）大力推动地方科技成果转移转化。

（8）强化科技成果转移转化的多元化资金投入。

《教育部办公厅关于进一步推动高校落实科技成果转化政策相关事项的通知》法律政策亮点

（1）依法推进高校科技成果转移转化，落实相关激励政策：维护职务科技成果权益；完善市场运营体系；建立风险防控机制；确定成果交易价格；完善奖励分配政策；规范领导干部奖励；确定勤勉尽责行为。

（2）进一步简政放权，优化科技成果转化流程，激发科技人员创新活力：支持创新改革试验；简化评估备案管理；核算成果转化成本；明确成果转化受益人。

（3）加强组织领导，健全技术转移体系，强化责任落实：健全转化工作体系；建立评估评价机制；完善细化实施细则；组织开展试点示范；实施年度报告制度；推动地方落实政策；报告落实政策情况；加大政策宣传和督查。

【延伸阅读】

引入"创新扩散理论"　提升高校成果转化率

模块总结

大学生创新能力的培养至关重要，理解创新能力的内涵、特征、构成及重要性，进而通过创新性学习能力、思维能力、实践能力这三个方面进行创新能力的培养，从而提升创新能力并将其应用在创新创业活动中。

创新成果是每位工作者智慧和汗水的结晶，对于创新成果的保护是全社会的责任。创新成果的转化与应用更将为社会发展带来前进的动力。激励自主创新，是国家对当代大学生提出的时代要求。对于社会各方机构来说，积极参与高校创新创业工作，可大力助推高校创新创业成果转化应用；对于高校来说，提升大学生创新创业相关成果的转化成功率，是推动高校创新创业工作的重要目标。同时，建立健全知识产权保护制度，保护个人、学校及企业各方利益，将进一步调动高校创新创业成果转化应用的积极性。

模块三

·双创实践·

实训一　绘制功能产品

　　根据所学专业和行业背景，请你设计并绘制（呈现方式不限）出一个与众不同的产品，并标注其功能。

实训二　模拟申请发明专利

　　（1）根据你的创意，在国家知识产权局网站检索专利文献，了解是否存在已有专利与自己想要申请的专利相同或相近的情况，然后明确专利申请的领域，确认自己要申请的专利种类。并在下方列出你要申请的专利的具体创意。

　　（2）了解各种类型专利申请需要准备的资料。

　　（3）通过网络搜索与自己要申请的专利有关的已有专利，对比分析已有专利中提及的保护点，明确自己专利的保护点。

　　（4）寻找具有资质的专利代理机构，咨询并明确专利申请的流程。

　　（5）准备专利申请资料，撰写请求书、说明书、权利要求书等申请文件，并将各申请文件用阿拉伯数字顺序编号。

　　（6）修订专利申请文件。根据专利代理机构的意见，修订专利申请文件的相关内容，突出专利保护点。

　　（7）与专利代理机构签订合同，缴纳一定费用后，由专利代理机构代为提交专利申请。

　　（8）根据专利不同类型的时间规定，等待审核结果。初审合格后进入实质审查，审查中未发现驳回理由的，即可获得授权。

学号：　　　　　姓名：　　　　　日期：　　年　　月　　日

（1）登录国家知识产权局网站，查询三份你所感兴趣的专利信息，分别找出它们的技术难点与重点。

_____

_____

_____

_____

（2）学习完本模块内容，将你的思考和感悟记录下来，并与同学们分享。

_____

_____

_____

_____

第二篇

事「预」则立

2021年10月12日，国务院办公厅印发的《关于进一步支持大学生创新创业的指导意见》指出，"坚持创新引领创业、创业带动就业，提升人力资源素质，促进大学生全面发展，实现大学生更加充分更高质量就业"。

在国家政策的大力支持下，怀揣梦想的大学生在创业之路上跃跃欲试，尝试各种可能性，但大多囿于经验能力的匮乏及准备不足而止步于起点。"不打无准备的仗，方能立于不败之地"，有志创业的同学们只有树立正确的创业观，涵养新时代企业家精神，以优秀创业团队为支点，立足服务国家战略需求，结合自身专业背景、技能特长和区域资源特点找到好的创业机会，打造以技术、工艺和商业模式创新为核心的竞争优势，才能事半功倍，扬帆起航。

模块
四

众志成城——锻造创业团队

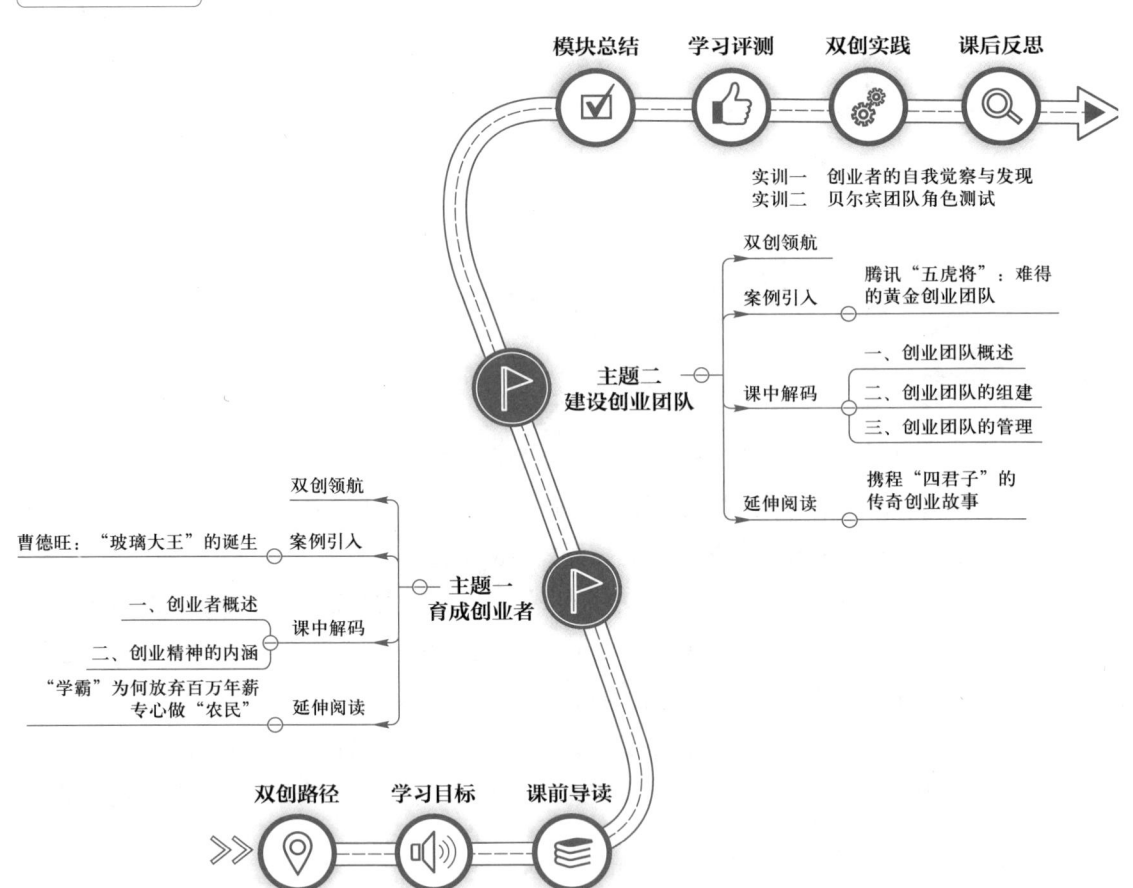

双创路径

模块总结　学习评测　双创实践　课后反思

实训一　创业者的自我觉察与发现
实训二　贝尔宾团队角色测试

双创领航
案例引入　　腾讯"五虎将"：难得
　　　　　　的黄金创业团队

主题二　　　　　一、创业团队概述
建设创业团队　课中解码　二、创业团队的组建
　　　　　　　　　　　　三、创业团队的管理

延伸阅读　　携程"四君子"的
　　　　　　传奇创业故事

双创领航
曹德旺："玻璃大王"的诞生　案例引入

一、创业者概述
　　　　　　　　　课中解码　　主题一
二、创业精神的内涵　　　　　　育成创业者
"学霸"为何放弃百万年薪　延伸阅读
专心做"农民"

双创路径　学习目标　课前导读

● 知识目标

（1）掌握创业者的定义、特质和创业精神的内涵。

（2）掌握创业团队的定义、要素和组建程序。

● 能力目标

（1）能够对标成功创业者的特质要求。

（2）能够根据项目需要组建适合的创业团队。

（3）能够理性分析自身角色特征，根据成员实际能力，明确岗位职责并进行合理的职责和工作分配。

● 素质目标

（1）拥有发现自我优势特质和才干的主观能动性。

（2）拥有企业家的家国情怀，培育和弘扬新时代企业家精神。

（3）树立合作共赢意识，培养沟通协作的素质能力。

课前导读

　　创业项目发展成为企业后，项目的最初发起人（创业者）即可称为企业创始人，创始人通过对资源、环境、人员和市场机会等的整合利用，完成了新事物从发现、认知、组创到创造新价值的整个过程。创业团队是指在创业初期（包括企业成立前和成立早期）由一群才能互补、责任共担、愿为共同的创业目标而奋斗的人所组成的特殊群体。

　　一个喜欢独立奋斗的创业者固然可以谋生，然而一个团队却能够创建出一个组织或一个公司，而且是一个能够创造重要价值并有收益选择权的公司。创业团队的凝聚力、合作精神、立足长远目标的敬业精神会帮助新创企业度过危难时刻，加快成长步伐。另外，团队成员之间的互补、协调及与创业者之间的补充和平衡，对创新型企业起到了降低管理风险、提高管理水平的作用，所以，一个优秀的团队对于创业的成功起着举足轻重的作用。

　　本模块将重点介绍创业者培育及组建、管理创业团队的策略方法。

主题一　育成创业者

【双创领航】

▶ 思想化育

双创不分地域、民族，不分年龄、阶层。不同时代有不同时代的英雄，创业创新者就是今天这个时代的英雄。

——李克强

▶ 学理依循

2017年9月25日，中共中央、国务院《关于营造企业家健康成长环境弘扬优秀企业家精神更好发挥企业家作用的意见》正式公布，用36个字高度概括了新时代中国特色社会主义企业家精神的内涵和实质，即爱国敬业、遵纪守法、艰苦奋斗、创新发展、专注品质、追求卓越、履行责任、敢于担当、服务社会，这为中国企业家自身修炼指明了方向。

【案例引入】

曹德旺："玻璃大王"的诞生

　　曹德旺，1946年出生于福建福清，是福耀玻璃集团的创始人、董事长。他于1987年成立福耀玻璃集团，目前是中国第一、世界第二大汽车玻璃制造商。回顾曹德旺的创业历程，为了谋生，他在街头卖过烟丝、贩过水果、拉过板车、修过自行车，经年累月一日两餐食不果腹，在歧视者的白眼下艰难谋生，尝遍了常人难以想象的艰辛。早年的这些苦难，让曹德旺过早地体会到人世间的冷暖，也磨砺了他坚韧的性格。他坚信，靠勤劳的双手能改变命运，他要让全家人"把日子过得好一点"。

　　他曾说："我的父亲曾经是上海著名的永安百货的股东之一。因时局动荡，父母亲决定举家迁回老家——福建福清。离开上海时，父亲带全家坐邮轮，将财产全部放在另一条运输船上。等人到家之后，全部家当却没有回来，只得到一句答复，说是那条船沉了。在兵荒马乱的年月中，一家人叫天天不应，叫地地不灵，眼睁睁地看着家中顿时变得一贫如洗。"

　　在他的记忆中，有很长一段时间，家里一天只能吃两餐，两餐里也只是些汤汤水水，难以顶饥耐寒。那时他们就常常觉得饿，母亲变不出吃的，但总是柔声鼓励孩子们："要抬起头来微笑，不要说肚子饿，要有骨气、有志气！"

　　1976年，曹德旺开始在福清市高山镇异形玻璃厂当采购员，他的工作是为这家乡镇企业推销水表玻璃。1983年，曹德旺承包了这家年年亏损的乡镇小厂，赚到人生第一桶金。1985年，将主业迅速转向汽车玻璃，彻底改变了中国汽车玻璃市场100%依赖进口的历史。1987年，成立福耀玻璃有限公司。1993年，福耀玻璃登陆国内A股。福耀玻璃是中国第一家引入独立董事的公司，也是中国股市唯一一家现金分红是募集资金高达7倍的上市公司。

2001—2005年，曹德旺带领福耀团队艰苦奋战，历时数年，花费1亿多元，相继打赢了加拿大、美国两个反倾销案，震惊世界。福耀玻璃也成为中国第一家状告美国商务部并赢得胜利的中国企业。2009年5月30日，曹德旺获得有着企业界奥斯卡之称的"安永全球企业家大奖"，这也是该奖项设立以来，首位华人企业家获此殊荣。

作为一名商界领袖的同时，曹德旺也用自己的方式，持续不断地回报社会。2021年9月，被民政部授予第十一届"中华慈善奖"。

◎ 案例启示

不是每个人都是创业者，也不是每个人都能做一个成功的创业者。成功的创业者总是有着与众不同的毅力和坚定的信念。最关键的是，他们会把自己的思想付诸实践，用自己的思维和创造力来改变周围的事物。曹德旺的创业之路并不平坦，但他之所以能成功，离不开创新进取、坚持学习和持之以恒的精神。曹德旺在承包一家小工厂后，就开始积极寻求工厂转型，为以后的成功奠定了坚实的基础。在公司取得成功后，他也没有忘记回馈社会。

◎ 思考探究

你眼中的成功创业者拥有什么样的特质？

【课中解码】

创业者是一种主导企业的领导人，是一种创业现象，是一种具有使命、荣誉、责任能力的人，是一种组织、运用服务、技术、器物作业的人，是一种具有思考、推理、判断的人，是一种能使人追随并在追随的过程中获得利益的人，是一种具有完全权利能力和行为能力的人。

一、创业者概述

（一）创业者的定义

人们对于创业者的定义各不相同。法国经济学家理查德·坎蒂隆在他的《商业性质概论》一书中曾提及创业者这个概念。他认为，创业者在不知道会有多少客户购买他们的最终商品的前提下就执行了承诺购买投入这一重要经济功能。

现代意义上的创业者根据自己的独特思想，能找到特定信息、资源、机会，或者掌握某种技术，并利用相关平台和载体将找到的信息、资源、机会或掌握的技术转化为更多的财富和价值，达到某种目的。简而言之，创业者就是开创事业的人。创业的过程就是为整

案例链接：
三个小故事

个社会创造价值的过程。创业者所需的核心素质有：勇于冒险、充满毅力、不畏失败的创业精神；为团队规划愿景、鼓舞团队士气的领导能力；对行业远景及未来机会识别的能力（图4-1-1）。

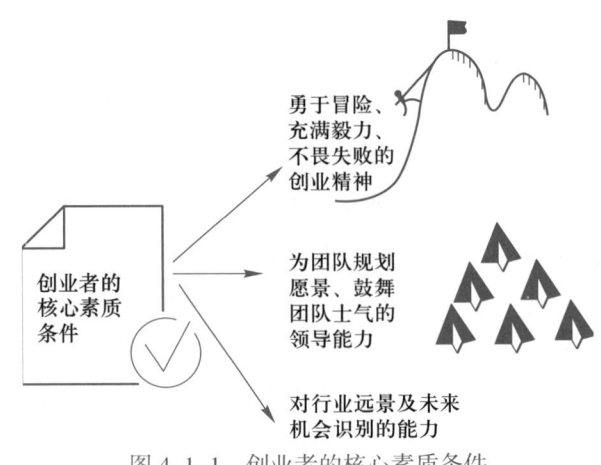

图4-1-1　创业者的核心素质条件

模块四　众志成城——锻造创业团队

92

（二）创业者特质的表现

《现代汉语词典》第七版对"特质"的释义是：一种特殊的属性。对于创业者来说，"特质"是一种创业者所具有的独特的内部特征。而对其内在素质的研究，则是对创业成败的关键要素"人"的考察。

经济学家阿尔弗雷德·马歇尔教授指出，创业者与一般职业阶层相比，是一个特别的阶层，其最显著的特点就是勇于承担风险，勇于冒险。著名学者杰弗里·蒂蒙斯教授在创业研究方面的造诣颇深，他通过对美国百森大学卓越创业学院学生的追踪调查，归纳出了创业"六大主题"：责任感与决心；领导力；商业机会敏感性；容忍风险，容忍模糊性、不确定性；创造性，独立性和适应性；成功的动力。

除此之外，他还提出创业特质和非创业特质模型（图4-1-2），他认为创业者应具备的五种天赋，即精力、健康和情绪稳定，创造力和革新精神，智力、智慧和概念化，激励的能力，价值观。"大男子"主义、完美主义、反对专权、极端独立等并非创业特质。

成功的创业者所具备的素质，可以从心理素质、身体素质、知识素质和能力素质四个方面进行分析。

1. 心理素质

并非每一次创业都能取得成功，在众多成功创业者的背后，也有许多中小型企业正在走向破产。因此，创业者要有一颗坚强的心。唯有这样，创业者才能够在任何时候都坦然接受失败，并且有信心在失败后重新崛起。

2. 身体素质

好的身体素质体现在：身体健康，体力充沛，精力充沛，思维敏捷。伟大的无产阶级革命家毛泽东同志曾说："身体是革命的本钱。"这句话同样适用于创业者。创业的过程从

知识补给：如何成为一名优秀的创业者

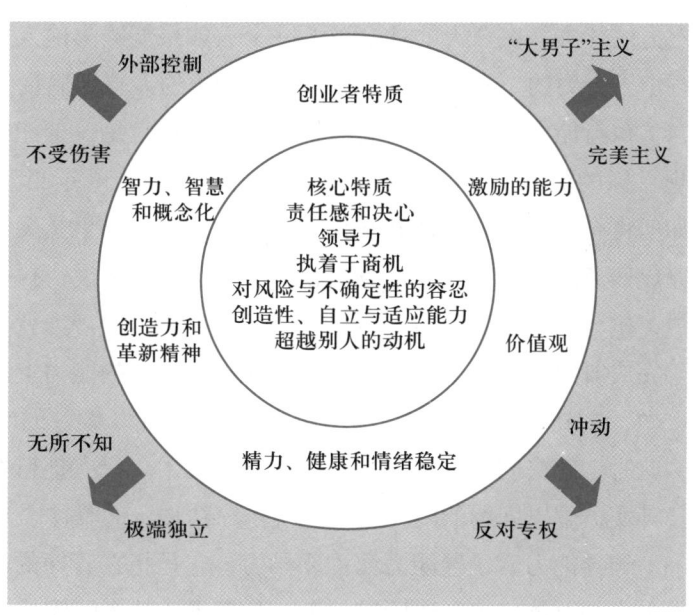

图 4-1-2 蒂蒙斯的创业特质与非创业特质模型

只有一个想法开始，到变成现实，往往十分艰难且漫长。在这个过程中，如果没有强健的体魄和充沛的精力，就不能顺利地推进创业的进程。因此，良好的身体素质是成功创业者艰苦创业的生理基础。

3. 知识素质

创业者的知识素质在创业过程中占有重要地位。创业者要有较强的创新思维，才能做出正确的决策；有健全的知识结构，才能综合应用各项资源。特别是在创业前期，资金、技术和经验都相对不足的时候，有系统的知识体系，就可以想到更实用的方法来渡过难关。创业者应具备的基本素质有：熟知政策、用活政策、依法办事、杜绝违法、运用法律手段保护自身的合法权利；掌握现代企业运作管理的理论与方法，提升企业经营管理能力；通过科技创新，提高企业的竞争能力；了解市场，如财务市场、国际贸易、国际金融等。

4. 能力素质

（1）心理能量。心理能量，简称心能量。创业者在创业中，积极的心理能量主要体现在个体在与外界的相互作用中，增强积极情感和降低消极情感的能力。其实，我们现在所说的"正能量"，就是那些积极、健康、给人以力量和希望的能量。换句话说，一个真正成功的创业者，他的精神力量很强，他可以用自己身上的"正能量"来改变他人，让身边的人都为他的梦想而努力。

（2）语言能力。语言能力是指掌握语言的能力，具体体现为：人们可以表达或者理解闻所未闻的、符合语法的语言，能够对有歧义的句子进行区分，区分表面上看起来一样但实际意义上有区别，或者表面上有区别但实际上意义类似的句子，并且可以综合利用听、说、读、写、译等语言技巧。通常情况下，拥有良好语言能力的人能够在创业过程中实现更为有效的沟通。

（3）人格魅力。人格魅力是一个人在性格、气质、能力、道德品质上所具备的一种极

知识补给：
菲尔人格
测试

具感召力的能力。在今天的社会里，一个人如果能够为他人所接纳，那么他实际上就是具有某种个人魅力的。有人格魅力的人能让身边的人感到愉悦，有价值和威信。

（4）执行能力。执行能力简称执行力。执行力是一种能够有效地利用资源，保质保量地实现目标的能力。它是一种实现战略意图和实现既定目标的操作能力。对于创业者来说，如何将企业的策略、计划和目标转变为效益和结果是关键。执行力包含完成任务的意愿、完成任务的能力、完成任务的程度。对于个体来说，执行力是办事能力；对于一个团队来说，执行力就是战斗力。对于一个企业来说，执行力就是经营能力，简单来说就是行动力。完成既定任务的能力，主要体现在解决问题的能力上。在实现某一特定目标时，除了要"做"之外，还要知道"如何去做"，同时在"做"的时候，往往会遇到各种各样的问题，此时，解决问题的水平就显得非常重要了。只有把所有的问题都解决了，才能继续前进。其实，解决问题的能力就是"实干家精神"的具体表现。

（5）领导能力。领导能力简称领导力，它是指在管辖的范围内充分地利用人力和客观条件以最小的总体成本办成所需的事，从而提高整个团体的办事效率的能力。

在成功创业者的创业过程中，创业者的内在素质综合作用于创业的整个过程，与外部实际情况产生"反应"，最终才发生"成功"的结果，这或许正是人们常说的"天时、地利、人和"。

风暴眼

创业者的特质是与生俱来的吗？

二、创业精神的内涵

彼德·德鲁克在其著作《创新与企业家精神》中讲到，具有创新和企业家精神的人是培养和锻炼出来的，不是等出来的，创新创业精神是一个现代人应具备的素质，同时，也是一个国家和民族发展的不竭动力。

（一）创业精神的定义

自从有了创业活动以来，有关学者、专家就开始对创业精神发表各自的看法。台湾工商联合会内地经济贸易委员会成员刘常勇表示，创业精神的实质是个人企业家和企业组织家精神相结合的创造活动过程。这一点体现在实践中，就是寻找机遇，抓住机遇，创造价值。

哈佛大学商学院对创业精神的定义："创业精神就是一个人不以当前有限的资源为基础而追求商业机会的精神。"从这个角度上讲，创业精神代表着一种突破资源限制，通过创新来创造机会、创造资源的行为。

也有说法认为创业精神是指在创业者的主观世界中，拥有开创性的思想、观念、个性、意志、作风和品质等。它是创业者在艰苦创业的过程中，一种看不见的、可感觉到的、支持着创业者前进的力量。

综上所述，创业精神实际是指在创业者创业的过程中，在背后支撑创业者勇往直前不断进取，贯穿整个创业过程，并外在表现为具体行为特质的思维活动和心理状态。

案例链接：企业家精神的典范——华为总裁任正非的创业

（二）创业精神的基本特征

创新与创业的精神，应具备破除僵化教条、打破原有传统观念的素质；应具备反对封闭，打破原有局限的品质。创新与创业精神的特点是：敢于探索，敢于拼搏，敢于创新。创新型创业者的素质包括：好奇心强，兴趣稳定，求知欲旺盛，民族自豪感和自信心强，毅力顽强。企业家的根本特点可以归纳为四个方面。

1. 高度的综合性

创业精神是由多种精神特质综合作用而成的，诸如创新精神、工匠精神、拼搏精神、进取精神、合作精神等都是形成创业精神的特质精神。

2. 三维整体性

三维整体性是从创业精神的内涵角度进行阐释。创业精神的生成、形成与内化，以及其外在表现与外化，都包含着一种哲学层面的创业思维与理念。哲学层次的创业思想和创业观念，心理学层面的创业个性和创业意志，行为学层次的创业作风和创业品质，三个层面所形成的整体构成了创业精神。

3. 超越历史的先进性

创业精神的最终体现，就是创造前所未有的事业。创业精神本身就是一种超越历史的进步，想前人不敢想，做前人不敢做，其实就是创新性。

4. 鲜明的时代特性

不同时期的人们所面对的物质生活、精神生活两方面的状况是不同的。因此，创业精神的物质基础与精神养料也是不同的，其具体的创业内涵也是千差万别。创业精神对于企业的创业实践具有十分重要的作用，是创业推动的原动力，是创业成功的重要保证。

（三）创业精神的要素

创业精神是一种极其复杂的思维活动和心理状态，贯穿于整个创业活动中，具有高度的综合性。本文仅论述四种主要要素，即四种性格特征。具有以下四种性格特质的创业者，将在创业路途上勇往直前。但创业精神的构成要素并不局限于此。

1. 创新

对创业者而言，创新是其灵魂，是开拓新领域的原动力。只有创新，才能创造出顺应市场需求、能产生有效经济效益的新产品与新服务。创业者需跳出传统的思考模式和见解框架，运用已有的知识与物质，来改善或创造新的事物、方法、元素、路径。

2. 激情与执着

激情是一种强烈激动的情感。这种积极的情绪驱使着创业者勤奋执着地继续向前追求梦想，并一步一步地把它变成现实。但是这种情绪往往是强烈的，爆发性的，有时甚至非常短暂。因此，要想成为一个成功的创业者，执着和坚持的精神要素非常重要。为了实现梦想，充满创业热情、坚持不懈，刻苦耐劳是必不可少的品质。

3. 风险意识

创业过程就是创业机会、资源、团队之间高度配置的动态平衡过程。但随着时空的变迁、市场不确定性、资本市场风险及外在环境等因素的冲击，这三个要素也会因为相对低位的变化而产生失衡的现象。这种失衡现象被称为创业风险。风险意识是指创业者在创业时要有能力预见可能出现的风险，并主动做好相应准备。在决定去承担这个可能存在的风险时，创业者应该进行仔细思考和衡量。当承担风险所能带来的利益比风险自身可能带来的损失大时，创业者才会理性地选择去承担风险。

4. 领导力

好的领导一定具有很强的个人魅力、凝聚力或感召力，有道德感，有在组织里树立诚信原则的意愿；他也可能是个热心人，具有团队协作精神。领导力能让团队形成最大的合力，能让每个队员的优势充分发挥，最终促使团队高质高效地完成团队目标。

（四）创业精神的培养

1. 建立坚定的创业信念

（1）对成功创业要有信心。一个人如果连自己都不相信能创业成功，他是不可能去争取和追求的。

（2）要有责任心。要能担负起创业的重担，贡献个人的力量，自力更生。

（3）要能够在逆境中创业，具有永不言败的创业精神，尽管身处逆境也能够不断拼搏、追求，从而创造出辉煌的创业人生。

2. 培养积极的态度

拥有积极的创业心态，能够发现潜能、激发潜能、拓展潜能，实现创业潜能，从而达到事业、财富成功的目的。积极向上的心态应该包括：一是要有强烈的创业激情；二是要扫清内心的障碍；三是要克服困难，创造条件让不可能成为可能。

3. 培养强烈的创业精神

培养强烈的创业精神是为了让创业者能够百折不挠地将创业行为坚持到底。企业家的创业意愿包括：一是目标明确；二是果断果敢；三是要有恒心和毅力。

4. 培养强烈的创业个性

成功的创业者，普遍具有鲜明独特的个性品质，一是敢于冒险：创业者的价值就是创造独一无二的东西，要敢于冒险，敢于走前人和他人没有走过的路。在理性的基础上，敢于冒险是一个大胆的决定，在自信的前提下，勇于超越，不断追求新的目标。二是专注：全身心投入目标中，融入创业活动中。三是独立：独立解决困难和问题，排除一切外来因素的干扰。

【延伸阅读】

"学霸"为何放弃百万年薪专心做"农民"

主题二　建设创业团队

【双创领航】

▶ **思想化育**

我们知道个人是微弱的，但是我们也知道整体就是力量。

——卡尔·马克思

▶ **学理依循**

一滴水漂不起纸片，大海上能航行轮船和军舰；一棵孤树不顶用，一片树林挡狂风。曾有人问哲学家："一滴水怎样才不会干？"哲学家回答："把它放到大海里。"这句简短的话揭示出一个深刻的道理：个人离不开集体，只有团结互助的集体才会有无穷的力量，反之，如果没有团结，即使有再大的力量也会枯竭。

【案例引入】

腾讯"五虎将"：难得的黄金创业团队

腾讯（全称深圳市腾讯计算机系统有限公司）"五虎将"的创业故事是一部兄弟创业故事。腾讯主要创办人之一、现任腾讯公司控股董事会主席兼首席执行官的马化腾在还是深圳大学计算机系的大学生时与他的同学张志东"合资"注册了腾讯，之后又吸纳了三位股东：曾李青、许晨晔、陈一丹。为避免彼此争夺权力，马化腾在创立腾讯之初就和四个伙伴约定清楚：各展所长、各管一摊。

之所以将创业五兄弟称为"难得"，是因为直到 2005 年，这五人的创始团队还基本是保持这样的合作阵形，不离不弃。直到腾讯做到如今的规模，其中 4 个还在公司一线，只有首席运营官（Chief Operating Officer，COO）曾李青挂着终身顾问的虚职而退休。

都说一山不容二虎，尤其是在企业迅速壮大的过程中，要保持创始人团队的稳定合作尤其不容易。在这个背后，工程师出身的马化腾一开始对于合作框架的理性设计功不可没。

从股份构成看，5 个人一共凑了 50 万元，其中马化腾出资 23.75 万元，占 47.5% 的股份；张志东出资 10 万元，占 20% 的股份；曾李青出资 6.25 万元，占 12.5% 的股份；其他两人各出资 5 万元，各占 10% 的股份。虽然主要资金都由马化腾所出，他却自愿把所占的股份降到一半以下，47.5%。"要他们的总和比我多一点点，不要形成一种垄断、独裁的局面。"同时，他又一定要付出主要的资金，占大股。"如果没有一个主心骨，股份大家平分，到时候也肯定会出问题，同样做不成。"

保持稳定的另一个关键因素，就在于搭档之间的"合理组合"。

据中国资深互联网观察员林军回忆说，"马化腾非常聪明，但非常固执，注重用户体验，愿意从普通用户的角度看产品。张志东是脑袋非常活跃，对技术很沉迷的一个人。马化腾技术上也非常好，但是他的长处是能够把很多事情简单化，而张志东更多是把一个事情做得完美化"。

许晨晔和马化腾、张志东同为深圳大学计算机系的同学，他是一个非常随和而有自己的观点，但不轻易表达的人，是有名的"好好先生"。陈一丹是马化腾在深圳中学时的同学，后来也就读深圳大学，他十分严谨，同时又是一个非常张扬的人，他能在不同的状态下激起大家的激情。如果说，其他几位合作者都只是"搭档级人物"，那么只有曾李青是腾讯5个创始人中最好玩、最开放、最具激情和感召力的一个，与温和的马化腾、爱好技术的张志东相比，是另一个类型，其大开大合的性格，比马化腾更具备攻击性，更像拿主意的人。

◎案例启示

为何团队企业比个体企业更容易获得成功？这是因为没有一个独立的人能够具备建立和经营一家公司所需要的所有技能、经验、关系和声誉。所以，要想创业成功，就需要建立一个核心团队。这个团队的成员在创业者的生活中扮演着不同的角色，他们可以是合作伙伴，也可以是关键员工。他们是必不可少的。因为只有有了他们，才能解决创业中遇到的各种问题。

许多研究和实践都证明，团队合作能够有效提高企业绩效，对新企业的成功起着举足轻重的作用，是新企业通向成功的桥梁。

◎思考探究

如何能以共同兴趣和目标为基础，有效组建一支大学生创业团队？

【课中解码】

没有完美的个人，只有完美的团队，独行快，众行远。创业者在创业之初，就需要建设一支有凝聚力、有工作效率的团队。国外一项针对104家高科技企业的研究报告表明，在年销售额达到500万美元以上的高成长企业中，有83.3%是以团队形式建立的。

好的创业团队聚"才"为团，还需要"口才"，做到和而不同，聚而不死，分而不散；同时，把具有某些共同特征的人群按照某种秩序排列起来，"耳人"为队，学会倾听并遵守团队规则。

一、创业团队概述

（一）创业团队的定义

创业团队是在创业项目最初始时，为了共同目标，相互协作，共同面对创业艰难、共担风险，共享利益、全身心投入整个创业过程，并决心共同创立企业的创业者组成的集合体。创业团队一般由两个以上成员组成。

创业项目发展成为企业后，项目的最初发起人即可称为企业创始人。创始人通过对资源、环境、人员和市场机会等的整合利用，完成了新事物从发现、认知、组创到创造新价值的整个过程。

如果创业项目最初就是由若干人集体发起，或者当一个创业理念较为复杂、庞大时，单个创始人的力量无法达成预定创业目标，就需要由不同专业和特长的几个特定成员组成创业团队协作运营。这个最初的创业团队成员就可以称为该企业的联合创始人。联合创始人基于自己各自专业、特长优势，最大限度整合各自不同领域的资源，推动创业企业整体向前发展的进程。

同时，初创公司在成立初始就做好股权结构设计和合伙人加入和退出机制是十分重要的。选择创业团队成员的基本标准有以下几点。

（1）具备创业项目必要的核心能力或核心资源且彼此能力互补，能够担任创业项目重要核心职务或岗位。

（2）先尝试在一起合作，充分磨合，能齐心协力，经历各种挫折和失败考验后仍然选择一起走到最后。

（3）必须要实际出资，或以个人技术、技能成果作为无形资产作价出资，才能共担创业风险。

一般来说，自始至终参与整个创业和企业组建过程，并起到重要作用的创业团队成员就是掌控该企业的核心团队成员。企业核心团队成员按在整个创业过程中的贡献度，有一套成员间约定认可的，成熟、科学、动态的股权分配办法，充分协商，达成一致，按股权比例享有企业所有权。

企业成立后两年内加入，具有较强个人能力，能实现企业加速成长，经由企业最高决策者、决策机构同意，也可认定追加为创业团队成员，分享企业所有权（分配企业股）。

创业过程中的部分利益相关者，如风险投资商、外包设计制造商、律师、会计代理人、企业形象设计人及参与企业创建的专家顾问等，是否能成为创业团队成员、拥有创业企业的股权，则需要企业创始人、企业最高决策者、企业决策机构按其实际贡献度、作用、价值进行充分仔细地评估考察后筛选决定。

（二）创业团队的要素

创业团队的 5P 要素（图 4-2-1）包括：目标（Purpose）、人员（People）、定位（Place）、权限（Power）、计划（Plan）。团队是由基层和管理层人员组成的一个共同体，它可以合理利用每一个成员的知识和技能协同工作，解决问题，达到共同的目标。

1. 目标

团队刚刚起步时都要树立一个明确的目标。这一目标要彻底贯彻在团队管理之中，其他的一切都是为目标而服务的。没有目标，这个团队就没有存在的价值。缺乏共同的目标

知识补给：创业团队组建的基本原则和影响因素

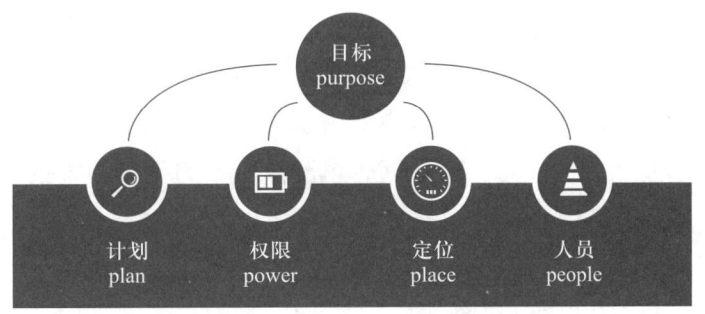

图 4-2-1　创业团队 5P 要素

使得团队没有凝聚力和持续发展力。与此同时，目标也必须是合理的、切实可行的，这样才能真正达到激励的目的。

2. 人员

创业团队的构成是人，在一切创业资源中，人是最宝贵、最核心的力量，在新创企业中，人力资源是所有创业资源中最活跃、最重要的资源。

创业的共同目标是通过人来实现的，不同的人通过分工完成创业团队的既定目标。因此，创业团队成员的选择是创业团队建设中非常重要的一个部分，创业者应该充分考虑团队成员的能力、性格、技能等方面的互补因素。

3. 定位

团队刚刚起步时都要树立一个明确的目标。这一目标要彻底贯彻在团队管理之中，其他的一切都是为目标而服务的。明确的分工、定位，关系到每个团队成员是否对自身的优劣势有清醒认识，关系到整个创业团队是否能够各司其职，并且形成一种良好的合力。

4. 权限

权限包含以下两层含义。

（1）创业团队在整个创业企业、组织中拥有什么样的决定权，如人事决定权、财务权、发展决策权等。

（2）为了实现创业团队成员的良好合作，依据每个团队成员的定位和分工，授予每个成员一定的权力和职责权限是必要的，权限通常和所承担责任成正比。

5. 计划

计划是创业团队共同制订并认可的创业发展规划，也是目标和定位的具体呈现。在计划的帮助下，创业团队能够有效制订自身所要实现的短期目标和长期目标，能够提出实现目标的有效解决方案，以及实施过程的控制和调整措施。

（三）创业团队的重要性

1999 年，蒂蒙斯提出创业过程模型，他将创业团队、创业资源和商业机会视为创业成功的三大核心因素，任何一个因素的弱化都会形成创业路上的致命短板，导致创业失败。有关蒂蒙斯创业过程模型的内容已在模块一主题一"知识窗"中做详细介绍，此处不再赘述。

创业团队也是风险投资者进行投资考评时的一个重要依据。为了规避风险，风险投资商一般要在评估创业团队方面做很多工作。例如，对创业项目负责人进行详细调查，了解他和他的团队成员的素质能力水平，一旦发现负责人和创业团队成员在个人诚信或达成创业目标的能力上有疑问，风险投资家通常会拒绝投资，这已经成为风险投资领域的共识。

二、创业团队的组建

在创业过程中，组建一支优秀的创业团队是至关重要的一个环节，是奠定创业成功的重要基石。如果一个团队如同散沙，那么再完美的创业计划也会失败。下面介绍如何组建一支创业团队。

（一）优秀创业团队的共性

组建一支优秀的创业团队，不是要找最好的人，而是要找最合适的人。一个优秀的创业团队，应当具备以下五个方面的共性。

1. 清晰的目标

团队的每个成员可以有不同的目的、不同的个性，但作为一个整体，必须有共同的奋斗目标。高效的团队对所要达到的目标有清楚的了解，并坚信这一目标包含重大的意义和价值。

2. 相互的信任

互相信任是一切的基石。创业团队成员应相互尊重，坦诚相待，在信任的环境下团队成员互相能得到对方真诚的回应，交流也会变得由浅入深。

3. 一致的承诺

团队是一体的，成败是整体而非个人的。如果成员能够同甘共苦，经营成果能够公开且合理地分享，团队就会形成坚强的凝聚力。团队成员保持对企业长期经营的信心，对于企业经营成功给予长期的承诺，每位团队成员均了解企业在成功之前将会面临的挑战，并承诺不会因为一时利益或困难而退出团队。

4. 良好的沟通

好的团队首先能够进行良好的沟通，成员沟通的障碍越少，团队就越好，创业团队成员应做到善于倾听和善于表达。

5. 技能与承担

创业者寻找团队成员，主要是弥补当前在资源、能力上的不足，也就是说考虑创业目标与当前能力的差距，来寻找所需要的配套成员。好的创业团队，成员的能力通常都能形成良好的互补，而这种能力互补也会有助于强化团队成员间的合作。每位团队成员都应将团队利益置于个人利益之上，而且充分认识到，个人利益是建立在团队利益基础上的，因此团队中没有个人英雄主义，每位团队成员的价值，表现为其对于团队整体价值的贡献。

团队成员愿意牺牲短期利益来换取长期的成功果实，而不计较短期薪资、福利、津贴，将利益分享放在成功后。

（二）创业团队的组建程序

1. 确立创业目标

创业团队的总目标就是要通过完成创业阶段的技术、市场、规划、组织、管理等各项工作，实现企业从无到有。从起步到成熟的阶段，总目标确定后，为推动团队最终实现创业目标，再将总目标加以分解，设定若干可行的阶段性的子目标。在课堂上，同学们经过创新思维训练后，可以对产生的一些好的创意进行模拟创业训练，把各自的创意转变为创业项目，确定创业目标，并对此目标进行分解，设立阶段性小目标。

2. 制订创业计划

在确定阶段性子目标及总目标后，就要研究如何实现这些目标。这就需要制订周密的创业计划。创业计划是在对创业目标进行具体分解的基础上，以团队为整体来考虑的计划。创业计划确定了在不同的创业阶段需要完成的阶段性任务，通过逐步实现这些阶段性目标来最终实现创业目标。同学们的创业计划要与总目标相适应，模拟创业的不同阶段，制订相应的计划，通过实现阶段性小目标最终实现总目标。

3. 选择团队成员

团队成员能力的总和决定了创业团队的整体能力和发展潜力。因此，选择团队成员是组建创业团队的关键一步。例如，一根筷子人们轻易可以掰断，而一把筷子却无法折断，这就体现了团队的力量。选择团队成员就是要选对人，劲往一处使，打出硬拳头。同学们可以在课堂上相互交流，介绍各自的项目，吸引优秀的同学加入自己的团队。为共同实现项目目标而选择合适的人，最终构建起一支高效和谐的创业团队。

4. 划分职权

根据执行创业计划的需要，具体确定每个团队成员所要担负的职责及相应的权限。团队成员间职责的划分必须明确，既要避免职责的重叠和交叉，又要避免无人承担造成工作上的疏漏。创业团队在创业行动和市场中的定位也必须明确。要立足市场，结合实际，遵循经营管理规律和市场规律。当然，团队成员的职责和角色定位可以根据创业环境的改变和创业需要进行动态化的调整。同学们的创业团队组建完成后，团队负责人可根据每位成员的特点，划分职责和权限，共同完成创业模拟训练。在创业模拟训练中表现突出的创业团队甚至可以真正去实施项目，并且参加各种创新创业类比赛，寻找投资者走上创业之路。

5. 构建制度体系

不以规矩、不成方圆。制度是对创业团队成员进行约束和激励的基础，主要是指科学的绩效考核机制。主要包括激励机制和约束机制：激励机制主要包括利益分配方案、考核标准、团队文化的建立等，约束机制主要包括纪律条例、组织条例、财务条例、保密条例等。通过建立完善的绩效考核机制，并形成制度化、规范化，以充分调动成员的积极性，维护团队的相对稳定。规范的制度对于大学生创业团队或课堂中组建的模拟团队都是非常必要的。初期的制度可相对简单，但涉及利益分配的制度务必须制定并确保公平公正。在项目推进的过程中逐步补充修订，最终形成一套完善的制度。

6. 调整融合

完美的创业团队是随着企业发展逐步磨合出来的。我们常说，希望保持创业团队的稳定，但这种稳定并不是一成不变的，而是一种动态的稳定。随着团队的运作，团队组建时在人员匹配、职权划分、规范制度等方面的不合理之处会逐渐暴露出来，这时就需要对团队进行调整融合。由于问题的暴露需要一个过程，因此团队调整融合也应是一个动态持续渐进的过程。大学生创业团队中成员的变动是普遍的问题，随之而来的职权变动更是困扰团队负责人的常见问题。这就要求团队负责人有强有力的管理能力和应变能力，在面对问题时沉着冷静，鼓励成员，稳定团队，在不断地调整融合中增强团队凝聚力。

（三）创业团队组建的模式

创业团队的组建基本可以分成关系驱动、要素驱动和价值驱动三种模式。

1. 关系驱动

关系驱动是指以创业领导者为核心的人际关系圈内成员构成团队。他们因为经验、友谊和共同兴趣结成合作伙伴，彼此发现商业机会后共同创业。

2. 要素驱动

要素驱动是指创业团队成员分别贡献创业所需的创意、资源和操作技能等要素。由于这些要素完全互补，团队成员之间处于相对平等的地位。

3. 价值驱动

价值驱动是指创业成员将创业视为一种实现自我价值的手段，他们的使命感很强，成功的冲动也很强。

不同的组建模式适用的条件不尽相同。如果盲目照搬照套某种组建模式，会给企业带来巨大的风险。常见的关系驱动模式，其团队的稳定性相对较高，但是关系的远近亲疏经常会成为制约团队发展的瓶颈。要素驱动模式为现在的互联网创业团队大多数使用的模式，如果成员之间磨合顺利，可以缩短企业成功所需的时间，但是如果磨合不顺利，就很容易产生解散风险。价值驱动模式中的团队成员虽然是为了追求自我价值的实现组合在一起，但是一旦产生分歧，就很难再有妥协的余地。

📖 知识窗　　　　如何寻找志同道合的创业伙伴？

大学生如何寻找志同道合的创业伙伴？以下为大家提供了几条思路。

（1）参加大学创业社团，结识对创业感兴趣的同学。

（2）善于发现他人优点，寻找身边志同道合的朋友进行合作。

（3）可以在校内信息发布平台上发布招聘广告，寻找相应的人才。

（4）登录全国大学生创业服务网，上面可以融资或者寻找项目，也能寻找创业伙伴。

知识补给：
防止创业团队解散的十种方法

（四）创业伙伴的选择

建立优势互补的创业团队是保持创业团队稳定性的关键，也是规避和降低团队组建模式风险的有效手段。好的创业伙伴会让生意如虎添翼。大学生初创者在招募创业团队时，可以从校友、室友、同学中寻找，也可以有意识地寻找一些能够弥补自己劣势的人才，让创业团队的人员配备更加完整。需要注意的是，如果团队成员在对项目的理解能力、表达能力、执行能力、社会资源能力、思维创新能力等方面存在较大的差异性，就会产生严重的沟通和执行障碍。

1. 要有正确的心态

尺有所短，寸有所长，创业者要以取人之长的心态来选择创业伙伴。选择创业伙伴要取长补短，取别人的长处，补自己的短处，这才是团队的真正价值。可以从过去的经历考察对方的态度或想法、具备的优势或条件、熟悉的领域，以及擅长的工作方法等。在取人之长的同时，必须要学会包容对方的短。

2. 要有知人善任的选择方法

知人善任，能使创业者的组织指挥能力得到充分发挥，能使各要素与环节准确无误地高效运转。世上的人虽有各种各样，但以创业者用人的眼光去看大致可以分为三类。第一类是可以信任而不可大用者，这是那些忠厚老实但本事不大的人；第二类是可用而不可信任者，这是那些有本事但私心过重，为了个人利益而钻营弄巧的人；第三类则是可信又可用的人。作为创业者都想找到第三类人，但这种人不易识别，往往与用人者擦肩而过。为了企业的发展，创业者各类人物都要用，只有在充分识别的基础上知人善任，扬长避短，合理选择，才能最大限度地发挥他们的作用。

3. 要格外注重创业伙伴的素养

创业是一个系统的工程，需要创业成员具有较高的素养。创业者在挑选创业伙伴时，可从多方面来把握对方的素养，如脾气性格、兴趣爱好、事业态度、过往经历、外部评价、消费态度、家庭道德、文化修养、诚信态度等。首选品质高尚的人，个人品质是做事的准绳、相互信任的基础，尤其大学生刚开始创业，没经验也没基础，更多是靠个人激情和自发约束，如果创业伙伴没有共同进退的好品质，只能同甘不能共苦，等发展起来后相互算计内讧，甚至倒戈，危害更大。

总之，大学生创业者在选择创业伙伴时，一定要选择能够吃苦耐劳、不畏失败且志同道合的优秀同伴，如果创业项目是技术型的，那么具备技术实力的伙伴也是必不可少的。

案例链接："西少爷"的合伙创业故事

风暴眼

志同道合的人一起创业就一定能够成功吗？

三、创业团队的管理

要想创业成功，一个高效优秀的创业团队是必不可少的，那么如何管理好一个创业团队？怎样使创业团队更好地实现创业？这是每个创业团队领导者必须考虑的问题。因此，创业团队领导者只有掌握一些创业团队的管理原则及管理技巧与策略，才能更好地为创业服务。

（一）创业团队的管理原则

一般而言，管理好一支创业团队普遍遵循以下原则。

1. 树立明确的目标

团队成员要有共同信守认可的奋斗目标，能在核心团队成员间产生共鸣，这样才能真正达到激励目的，形成一致的凝聚力和奋发向上的动力。

2. 涵养共同的价值观

企业核心价值观对团队成员乃至普通员工起着一种非正式的凝聚与约束作用。大学生创业时选择校友、同学、亲戚、朋友等人组成创业团队，有利于共同价值观的形成。

3. 建立规范的组织制度

创业路上困难重重，刚成立的创业企业要明确自己未来的重大战略选择、运行机制、管理机制，阐明企业价值观和文化取向。制定企业的发展策略和管理制度，用标准化的规章制度来约束团队成员。

4. 进行公平公正的利益分配

创业者要认真对待公平感知的问题，要按照风险共担、利益均沾的原则，分享创业所获得的财富，对企业的财力、权力、增资、扩股、融资、人事安排等与成员利益有关的事宜都做到有根有据，并随着企业的发展定期讨论调整这些问题，以保证随着成员角色、责任及所做贡献的变化得以合理的公平公正调整，让各成员心理平衡。

5. 建立规范的绩效评估体系

绩效考评能够为成员的奖惩、职务调整和薪资安排提供依据，让成员了解自己工作的实际效果及公司对他的期望，使团队成员有明确的改进方向和目标。

6. 保持精简高效的动态调整

创业团队人员构成应在保证企业能高效运作的前提下尽量精简，并在维护团队队伍的稳定性的同时，保持团队的动态协同性和发展性。

（二）团队管理的技巧与策略

1. 适度分权

分权就是转交责任，团队领导者不是什么决策都自己做，而是将确定的工作分配给团队成员，让他们有一定的判断和独立处理事务的范围，同时也承担一部分责任，提高整个团队的工作意愿和工作效率。分权管理提高了成员的参与度，激发了他们的积极性，分担了具体的工作，使得团队领导者可以从具体工作中解放出来，更多地投入项目的运营及管理中，逐

知识补给：
创业团队
工作持续
改进策略
——PDCA
循环

步向目标迈进。在课堂模拟训练中，常常有团队负责人抱怨安排的事情成员不愿做，最终都是负责人自己去做。遇到这样的情况时，负责人一定要在团队中强调和明确分工，让每位团队成员明白自己的任务和权限。用阶段性的小成果去鼓舞和激励团队成员，增加团队成员的归属感。实在无法完成或不愿意付出的成员，会在项目推进的过程中逐渐被淘汰。

2. 充分沟通

要想有效管理团队就需要充分地沟通和交流，因为沟通能够保持信息畅通，避免出现信息不对称导致的错误决策或行为，同时有效的沟通能够增强团队成员之间的信任，化解团队的内部矛盾，尤其是大学生创业团队更需要及时并有效地沟通，避免小矛盾演化为大冲突。通过沟通，团队成员能够更好地理解或执行决策方案，提高工作效率，增强团队的凝聚力。然而，团队成员的相互沟通在大学生中做得不是很理想，大家总是把要说的话都放在心里，对决策有不满的地方也只会采取消极怠工的方式，这就要求团队负责人营造轻松融洽的团队氛围，促进成员有效沟通，也要求团队成员勇于发表自己的想法。

3. 有效激励

如何对创业团队进行有效激励，可以探索采用多种方法。例如，可以通过授权、工作设计、薪酬制度、晋升激励、适度压力等手段来实现有效激励。其中，薪酬制度是实现有效激励最主要的手段。在设计薪酬制度时，要考虑差异化和灵活性。通过合理的报酬让团队成员产生一种公平感，这种公平感能够激发和促进创业团队的积极性，实现对创业团队的有效激励，尤其是大学生的创业项目，无论在项目的哪个阶段，有了利润就应进行适度的分配，同时应积极争取获得投资，扩大项目，获得更多可分配利润，激发团队成员的积极性。

例如，腾讯的创业团队多年来十分稳定，与其利润分配制度的有效性是分不开的。虽然腾讯的股权多次被转让，但是它的 5 位创办人一直共同持有公司的大部分股份。公司的上市更是使得创业团队的 5 位成员均成为亿万富翁。

4. 科学定标

团队没有目标，团队的行为就会缺乏正确的导向，团队的目标设置不科学，就会造成团队成员的行为混乱，导致目标无法达成。因此，目标的设立必须清晰明确，目标高度要真实可行，有一定难度但是通过努力可以达到。例如，上级给下级制定的目标为销售额提高 10%，下级要确定达到这个目标应该完成的工作是提高产品销售量，上级则有规律地检查销售额变化的情况，最终实现目标。通过这样明确且可行的目标提高成员的工作意愿和参与责任，每个小目标的实现逐渐累积才能达到更大目标的实现。

【延伸阅读】

携程"四君子"的传奇创业故事

模块总结

　　优秀创业团队的组建是创业成功的基础。如何选择团队成员，如何分配任务，怎样管理好创业团队等都是创业初期需要认真分析和考虑的问题。创业团队的凝聚力、合作精神、立足长远目标的敬业精神会帮助新创企业度过危难时刻，加快成长步伐。另外，团队成员之间的互补、协调及与创业者之间的补充和平衡，尤其能对新创科技型企业起到降低管理风险、提高管理水平的作用。

学习评测

模块四

双创实践

实训一　创业者的自我觉察与发现

知识补给：
34项优势
特质释义

　　1. 活动目的

　　思考并发现自我的优势。

　　2. 活动主题

　　自我优势特质和才干探索。

　　3. 活动安排

　　（1）在34项优势特质（成就、竞争、行动、关联、适应、回顾、分析、审慎、统筹、伯乐、信仰、纪律、统率、体谅、沟通、公平、专注、完美、前瞻、积极、和谐、交往、理念、责任、包容、排难、个别、自信、搜集、追求、思维、战略、学习、取悦）中，将最符合你的特质的词语填写在下面的九宫格中。

　　（2）填写完毕后，与其他同学交流，每项特质找到三名同学签名（保留三个特质即算完成）。

　　（3）发现自我的优势特质和才干，看看属于哪种才干？

　　①奋斗才干（解释一个人为什么成功？）。

　　包括：成就、信仰、自信、行动、专注、追求、适应、纪律、排难。

	姓名	
		日期

九宫格

② 思维才干（解释一个人怎样）。

包括：回顾、公平、审慎、前瞻、搜集、战略、分析、思维、统筹、关联、理念、学习。

③ 交往才干（解释一个人是谁）。

包括：包容、个别、沟通、交往、和谐、责任、体谅。

④ 影响才干（解释一个人对待别人的问题）。

包括：完美、统率、积极、伯乐、取悦、竞争。

4. 活动讨论

创业三个关键阶段与创业者优势特质和才干的关系是什么？

5. 活动点评

_____

_____

_____

_____

实训二　贝尔宾团队角色测试

1. 活动目的

让同学们认识到自己在哪方面可能有特别突出的能力或者让自己认识到自己在这个角色方面的一定潜力。无论结果如何，最重要的是一个团队不能缺少任何一名团队成员，无论性格是否相冲或相重又或者相容，彼此都要明白在一个团队中完成任务的时候应坚持"团队至上"原则。

2. 活动主题

团队角色测试。

3. 活动安排

团队角色理论又叫作贝尔宾团队角色理论，由被称为"团队角色理论之父"的梅雷迪思·贝尔宾（Meredith R. Belbin）于1981年提出。该理论的基本思想是：没有完美的个人，只有完美的团队。人无完人，但团队可以是完美的团队，只要适当地拥有如智多星、外交家、协调员、推进者、监督员、凝聚者、实干家、完美主义者八大角色。

扫描左侧二维码，针对量表中不同程度的行为描绘，结合自身进行回答。每题有8个选项，请将总分10分分配给每题的8个选项。分配的原则是：最能体现你行为的选项分数最高，以此类推。最极端的情况可能是10分全部分配给其中的某一选项。请你根据实际情况完成测试并查看测试结果解析。

课后反思

学号：　　　　　姓名：　　　　　日期：　　年　月　日

（1）如果你是创业者，你具有哪些优质特质？如果你是团队成员，你最适合的角色是什么？

_____

_____

_____

（2）学习完本模块内容，将你的思考和感悟记录下来，并与同学们分享。

_____

_____

_____

模块
五

慧眼识珠——寻找创业机会

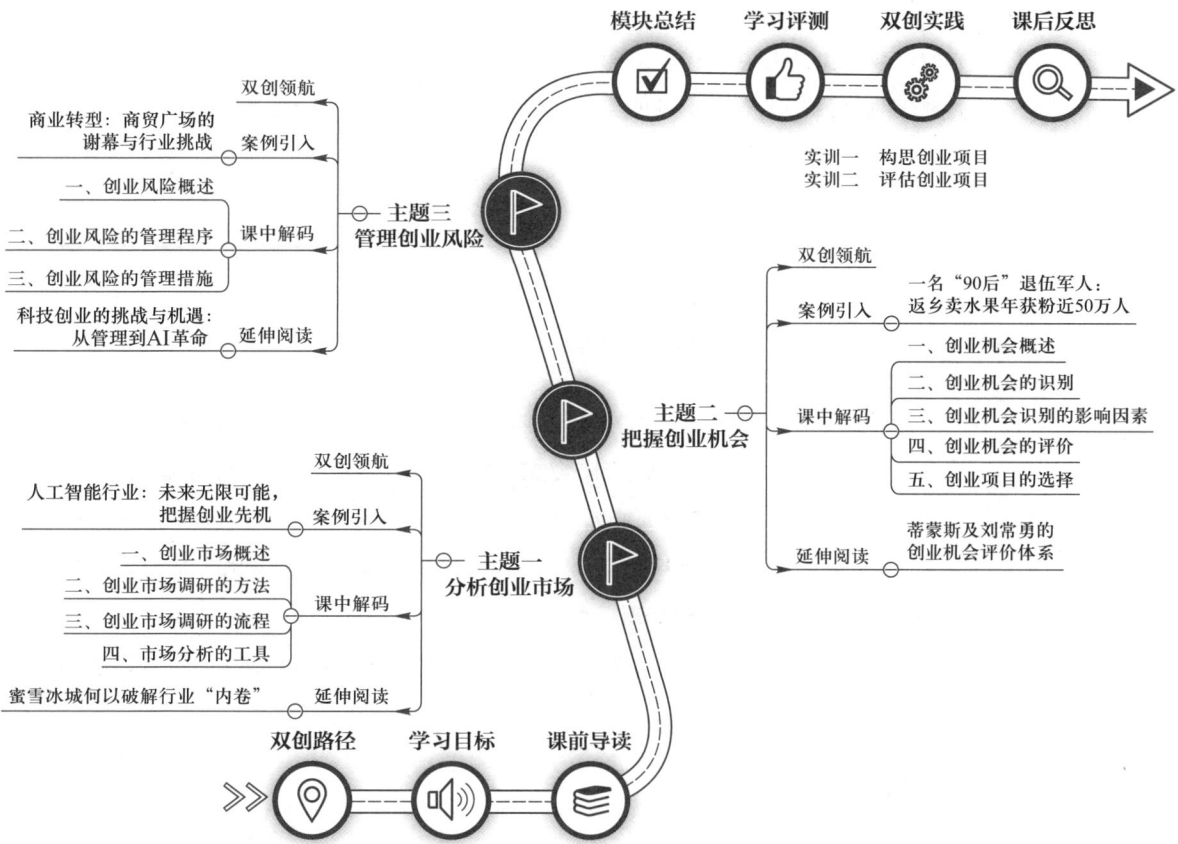

双创路径

模块总结　学习评测　双创实践　课后反思

实训一　构思创业项目
实训二　评估创业项目

商业转型：商贸广场的　　　双创领航
谢幕与行业挑战　　　案例引入
一、创业风险概述
二、创业风险的管理程序　　课中解码
三、创业风险的管理措施
科技创业的挑战与机遇：
从管理到AI革命　　　延伸阅读

主题三
管理创业风险

一名"90后"退伍军人：
返乡卖水果年获粉近50万人

双创领航
案例引入

一、创业机会概述
二、创业机会的识别
三、创业机会识别的影响因素　课中解码
四、创业机会的评价
五、创业项目的选择

主题二
把握创业机会

蒂蒙斯及刘常勇的
创业机会评价体系

延伸阅读

人工智能行业：未来无限可能，　双创领航
把握创业先机　　　案例引入
一、创业市场概述
二、创业市场调研的方法
三、创业市场调研的流程　　课中解码
四、市场分析的工具
蜜雪冰城何以破解行业"内卷"　延伸阅读

主题一
分析创业市场

双创路径　学习目标　课前导读

学习目标

● 知识目标

（1）了解创业市场调研的方法与流程。

（2）掌握市场分析的常用工具。

（3）了解创业机会的来源与特征以及创业风险的类型。

（4）掌握创业机会识别的内容与评价标准及创业风险的管理措施。

● 能力目标

（1）能够应用合适的方法与工具开展市场调研与分析。

（2）能够根据创业机会评估标准对创业机会进行甄别和分析。

（3）能够根据实际项目进行创业风险分析，制定有效的管理措施。

● 素质目标

（1）具有新媒体思维和敏锐的市场洞察能力，能够产生一些有创意的创业构想。

（2）能够理性地分析创业市场与创业机会，并能够识别、应对创业过程中出现的风险。

课前导读

很多青年大学生开始跃跃欲试，想要"创"出一片天地，然而，因找不到适合自己的创业项目，或者无法发掘甚至把握不住好的创业机会望而却步。而对于走上创业之路的人来说，再好的创业机会也会面临各种风险，稍有不慎就会演变成危机，导致创业夭折。因此，对于大学生创业者来说，学会识别机会、认识并防范风险、掌握风险管理策略，都事关创业能否成功。

本模块，我们将重点学习如何发掘和评价创业机会，以及如何做好创业风险管理。

主题一　分析创业市场

【双创领航】

▶ 思想化育

一个真正的企业家，不能只靠胆大妄为东奔西撞，也不可能是在学院的课堂里说教出来的。他必须在市场经济的大潮中摸爬滚打，在风雨的锤炼中长大。

——王均瑶

▶ 学理依循

古人云："凡事预则立，不预则废。"这句话告诉我们面对严峻复杂的形势时，要想赢得优势、赢得主动，就必须对未来有战略的判断，并做好全方位的准备：做事先有准备，就不会受窘；行动先有准备，就不会失误；道路预先选定，就不会走投无路。对于创业的启示就是在选择创业项目之前一定要进行市场分析，找到合适的切入点，同时对未来的发展前景有个基本的预判，这样获得成功的概率才会更大。

【案例引入】

人工智能行业：未来无限可能，把握创业先机

近年来，人工智能技术逐渐渗透到各个领域，从医疗、金融到自动驾驶汽车等。人工智能技术的应用在改变人们生活方式的同时，也带动了创业公司的蓬勃发展。随着人们对人工智能技术的需求越来越大，市场对相关人才和技术的需求也在不断增长。这为创业者提供了广阔的市场空间和无限商机。大学生是当下创业浪潮中的中坚力量之一，也是最具创新力和创造力的群体。大学生在新一轮科技浪潮下利用人工智能进行创业机会选择时，应该关注以下问题。

创业机会丰富多样

随着人工智能技术的不断突破，其应用场景也日益丰富。从智能硬件、软件到数据服务，从物联网、金融科技到医疗健康，处处都有创业的契机。与此同时，国家政策的大力扶持以及国内外资本的竞相涌入，更为人工智能行业的创业者们提供了广阔的发展空间。

行业门槛相对较低

相较于传统行业，人工智能行业的创业门槛相对较低。对于有志于进入人工智能领域的创业者来说，只需具备一定的技术背景和行业经验，再结合自身的专业知识和兴趣特长，便可以在这个行业找到自己的立足之地。

商业模式创新不断

在人工智能行业，商业模式创新层出不穷。无论是提供定制化的人工智能解决方案，还是开发具有自主知识产权的人工智能产品，抑或是搭建人工智能服务平台，都有机会成为未来的创业新星。

技术迭代加速带来更多机会

人工智能技术日新月异，不断迭代升级。对于创业者来说，这意味着在这个行业永远不会缺乏新的机会。随着 5G、物联网、边缘计算等技术的不断发展，人工智能的应用场景也将得到进一步拓展，为创业者提供了更为广阔的舞台。

专业性与创业精神并重

要在人工智能行业取得成功，不仅需要深厚的专业知识，更需要强烈的创业精神和敏锐的市场洞察力。只有将专业性与创业精神相结合，才能在竞争激烈的市场中脱颖而出。

行业前景光明

从全球趋势来看，人工智能行业的发展前景十分光明。据预测，未来几年全球人工智能市场规模将保持高速增长，其中中国市场的增长速度更是领跑全球。这一趋势无疑为创业者们提供了巨大商机。

产业链协同发展

人工智能行业的发展离不开整个产业链的协同发展。从硬件制造到软件开发，再到应用场景的落地，每个环节都有无数的创业机会。通过与上下游企业合作，创业者可以更快地实现商业价值。

国际化视野不可或缺

在人工智能行业，拥有国际化视野的创业者更具竞争力。随着全球化进程的不断加速，国内外的技术交流与合作机会日益增多。拥有国际化视野的创业者能够更好地把握行业动态，开拓国际市场。

跨界创新成为新常态

在人工智能行业，跨界创新已经成为新常态。许多成功的创业项目都是由不同领域的人才跨界合作而成。这种跨界创新为行业带来了新的思维方式和商业模式，也为创业者提供了更多的发展机会。

投资回报潜力巨大

最后但同样重要的是，人工智能行业的投资回报潜力巨大。随着人工智能技术的不断成熟和应用场景的不断拓展，越来越多的资本开始涌入这个行业。对于创业者来说，这不仅意味着更多的融资机会，还意味着更大的发展空间和更高的回报预期。

◎ 案例启示

人工智能行业是一个充满机遇和挑战的领域。对于想要创业加盟的人士来说，这是一个不容错过的机会。通过掌握专业技能、寻找合适的市场切入点、搭建强大的团队、积极寻求融资支持、建立良好的商业关系以及持续创新与优化等方面的努力来提升自身的竞争力会更容易取得成功！

◎ 思考探究

人工智能对你的创业启发是什么呢？

【课中解码】

世上从来不缺新奇有趣、让人眼前一亮的想法，缺少的是对市场的清晰认知。除了竞争对手，瞬息万变的市场也是创业的强劲"敌人"。创业项目是基于市场生存的，所以确定创业项目后，进行市场分析、市场调研等工作，就显得十分必要。只有对目标市场进行深入的调研分析，创业企业才会更精准地了解目标消费者的需求和痛点，从而才能为消费者提供更有价值的产品和服务。

一、创业市场概述

（一）市场的定义

从营销的角度看，市场常常被定义为某一个或某一类产品的需求量（总和）。决定市场规模和市场容量的三个重要因素分别是消费者、购买欲望和购买力。

（二）创业者需要了解的市场信息

创业者对自己的创业有一定的构想后，做好市场调研是至关重要的一步，不论你选择了在哪个行业领域创立自己的事业，都需要先对行业所处的市场环境有一个深刻的了解和分析，对当下的需求、竞争、政策、市场规模等有一个明确的判断和清晰的认知，毕竟知己知彼才能百战百胜。创业者需要了解的市场信息包含以下几个方面。

（1）顾客是谁？应提供什么产品？

（2）产品是否有独特的卖点？

（3）行业的市场规模、所处环境如何？

（4）竞争对手与竞争对手的定位情况。

（5）与竞争对手的差距。

（6）产品的潜在市场及市场份额预计。

（7）我们将提供怎样的商品或服务？

（8）市场调查与决策的关系。

（9）我们的营销调研结果如何？

二、创业市场调研的方法

（一）第一手资料调查法

调查第一手资料的常用方法有询问法、观察法和实验法。

1. 询问法

询问法是指通过询问的方式收集市场信息，是营销调研中普遍使用的一种调查方法。它把研究人员事先拟订的调查项目或问题以某种方式向被调查者提出，要求给予答复，由此获取被调查者或消费者的动机、意向、态度等方面的信息。按照调查人员与被调查者接触方式，访问法可分为以下几种。

（1）走访法（面谈法）。调查人员面对面地向被调查者询问有关问题并当场记录。

（2）电话调查法。调查人员根据抽样要求选取样本，通过电话与被调查者交谈。

（3）邮寄调查法。将设计好的问卷、调查表等邮寄给被调查者，请他们填好后按规定的时间寄回。

（4）留置调查法。调查人员将调查表或问卷当面交给被调查者，并说明调查目的和回答要求，留给被调查者自行填写，然后约定日期由调查人员上门回收。

（5）网上调查法。在互联网上针对特定营销环境进行简单调查设计、收集资料和初步分析。

2. 观察法

观察法是由调查人员直接或通过仪器在现场观察调查对象的行为动态并加以记录而获取信息的一种方法。观察法主要用于消费者行为调研、店铺调研、户外广告调研等。观察法真实性强、客观准确，但是只能观察到外部现象，无法观察到调查对象的一些动机、意向及态度等内在因素。

3. 实验法

实验法是一种先在小范围内进行小规模实验，取得数据资料后，研究决定是否扩大规模推行的市场调查法。这种方法一般适用于产品试销。实验法分为现场实验法和实验室实验法。现场实验法的优点是方法科学，能够获得较真实的资料。但是，大规模的现场实验往往很难控制市场变量，从而影响实验结果的内部有效性。实验室实验法正好相反，内部效度易保持但难以维持外部效度。此外，采用实验室实验法的实验周期较长，研究费用昂贵，严重影响了实验方法的广泛使用。

（二）二手资料调查法

二手资料调查法又称文案调查法，是一种利用企业内部和外部的现有的各种信息、情报资料，对调查内容进行分析研究的调查方法。

1. 二手资料调查法的特点

（1）二手资料调查是收集已经加工过的次级资料，而不是对原始资料进行收集。

（2）二手资料调查以收集文献性信息为主，具体表现为收集各种文献资料。

知识补给：一些可以进行二手资料调查的网站

（3）二手资料调查所收集的资料包括动态和静态两个方面，尤其偏重动态方面。

2. 二手资料调查的渠道

二手资料调查应围绕调查目的，收集一切可以利用的现有资料。从企业经营的角度讲，现有资料包括企业内部资料和企业外部资料，因此，二手资料调查的渠道也主要是这两种。

（1）企业内部资料的收集。主要是收集企业经济活动的各种记录，包括以下四种。

① 业务资料。主要包括与企业业务经济活动有关的各种资料，如订货单、进货单、发货单、合同文本、发票、销售记录、业务员访问报告等。

② 统计资料。主要包括各类统计报表，企业生产、销售、库存等数据资料，各类统计分析资料等。

③ 财务资料。财务资料反映了企业活劳动和物化管理占用和消耗情况及所取得的经济效益，通过对这些资料的研究，可以确定企业的发展前景，考核企业经济实效。

④ 企业积累的其他资料。如平时简报、各种调研报告、经验总结、顾客意见和建议、同业卷宗及有关照片和录像等。例如，根据顾客对企业经营商品质量和售后服务的意见，就可以对如何改进加以研究。

（2）企业外部资料的收集。

① 统计部门与各类政府主管部门公布的有关资料。

② 各种经济信息中心、专门信息咨询机构、各行业协会和联合会提供的市场信息和有关行业情报。

③ 国内外有关的专业性书籍、报纸、杂志所提供的文献资料、统计资料、市场行情、广告资料、企业名称和预测资料等。

④ 公共图书馆和大学专业图书馆里的大量的经济资料。

⑤ 国内外各种博览会、展销会、交易会、订货会和专业性、学术性经验交流会议上发放的文件和材料。

⑥ 其他信息来源。

⑦ 国际市场的信息。

三、创业市场调研的流程

（一）确定调研目的

市场调研的目的是通过各种方法搜集必要的资料，并加以分析和整理，得出一定的结论，为企业决策者提供决策依据。调研第一步必须认真确定调研目的。确定市场调研的目的并不是十分容易的。通常可将调研目的分成以下三类。

1. 探索性调研

探索性调研，即收集初步的数据，来探索问题的性质、大小或为求得解决问题的思路所做的调查研究。

2. 描述性调研

描述性调研，即对市场及企业市场营销各种要素进行定量的描述。例如，电视机生产企业对明年国内市场的具体需求量大小进行调研，调研方法多采用定量的方法。

3. 因果性调研

因果性调研，即对市场营销众多因素的相互因果关系进行调查研究。例如，销售与促销费用、价格有因果关系。在确定了这样的关系后，就可在具体销售指标要求下正确预算促销费用。

（二）确定搜集资料的来源和方法

企业可以利用和主动寻找许多资料来源。资料可分为第一手资料和第二手资料，第一手资料即企业为调查某问题而收集的原始资料。第二手资料是指已存在且为调查某问题而收集的资料。第二手资料主要包括以下内容。

（1）内部资料。如公司的资产负债表、损益表、销售报告、存货记录等。

（2）政府文件。如统计年鉴、行业资料统计等。

（3）期刊和资料。如专业杂志、消费者杂志等。

（4）专业信息公司资料。如我国的零点市场调查公司、荷兰 VNU 集团属下公司 AC 尼尔森，都出售各种专项资料。

一般来说，第一手资料获取成本高，但资料适用性强，第二手资料则相反。

（三）收集资料

由于科学技术，尤其是电子技术的突飞猛进式发展，许多传统的信息收集方法已被先进、迅速、准确、及时的电子方法所代替。例如，借助光学扫描仪，对出售商品上条形码的阅读识别记录，商品的库存等重要信息就可通过专用或原有电讯网络传送到全国统一的信息中心并对配送中心等输出送货指令，从而提高工作效率和企业的经济效益。

（四）分析和评价数据

企业运用市场营销分析系统中的统计方法和模型方法对收集的信息加以编辑、计算、加工、整理，去伪存真，删繁就简，最后用文字、图表、公式将资料中潜在的各种关系与变化趋势表达出来。

（五）提出调查结论和撰写调研报告

针对市场调研的问题，调查人员运用分析资料，提出客观的调查结论。通常用调研报告的形式将市场调研结果呈送决策者。对于商业性市场调研公司来说，调研报告也是其递交客户的有关工作的主要结果。

四、市场分析的工具

当获取了较为全面的市场信息后，需要对这些信息进行处理，以辅助企业进行最后的经营决策。在这个过程中，可运用不同的营销分析工具和决策方法对收集到的不同信息进行分析。

（一）综合竞争力分析

企业的综合竞争力主要包括有形实力和无形实力，具体表现在营销能力、生产能力、组织能力、资金能力四个方面（图 5-1-1）。

图 5-1-1　企业综合竞争力的构成

（二）SWOT 分析法

SWOT 分析法又称态势分析法，是用来确定企业自身的优势、劣势，以及存在的机会和威胁，从而将企业的战略与企业内外部环境有机结合的一种科学分析方法。SWOT 分析法的分析模型如图 5-1-2 所示。

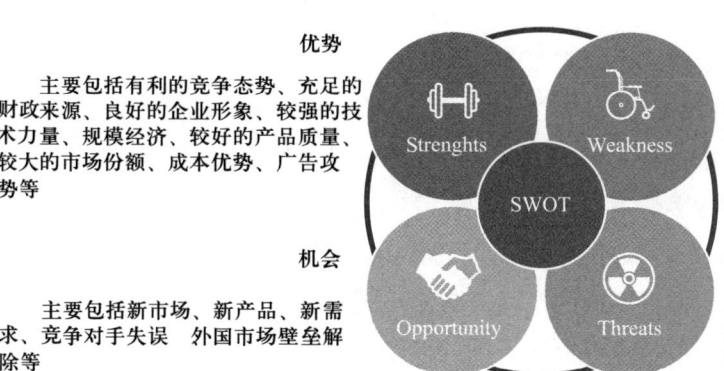

图 5-1-2　SWOT 分析法的分析模型

（三）STP 战略

STP 理论的根本要义在于选择确定目标消费者或客户，又称市场定位理论。根据 STP 理论，市场是一个综合体，是多层次、多元化的消费需求集合体，任何企业都无法满足所

知识补给：
市场细分
的变量

案例链接：
大健康产业的细分
领域发展
趋势与
机遇

模块五　慧眼识珠——寻找创业机会

120

有的需求，企业应该根据需求、购买力等因素把市场分为由相似需求构成的消费群，即若干子市场。这就是市场细分。企业可以根据自身战略和产品情况从子市场中选取有一定规模和发展前景并且符合公司的目标和能力的细分市场作为公司的目标市场。随后，企业需要将产品定位在目标消费者所偏好的位置上，并通过一系列营销活动向目标消费者传达这一定位信息，让他们注意到品牌，并感知到这就是他们的需求。

STP 战略的主要目标是要确定目标消费者，明确营销定位。企业需要通过 STP 战略分析，找到符合本企业发展特点的目标市场。这个目标市场存在一定的需求空间，同时又是企业可以达到的。STP 战略分为以下三个步骤。

1. 市场细分

市场细分（Segmentation）是指营销者通过市场调研，依据消费者的需要和欲望、购买行为和购买习惯等方面的差异，把某一产品的市场整体划分为若干消费者群的市场分类过程。每个消费者群就是一个细分市场，每个细分市场都是具有类似需求倾向的消费者构成的群体。

2. 目标市场

目标市场（Targeting）是指企业的主要经营对象，即某一类似的消费者群体，而企业的主要经营任务是满足这一群体的消费需求。

（1）目标市场营销策略制定的三个步骤，如图 5-1-3 所示。

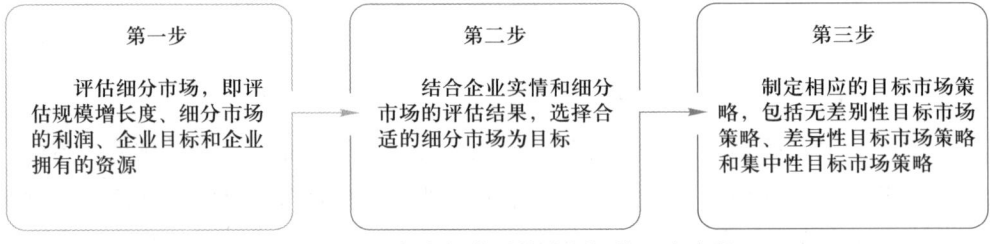

图 5-1-3　目标市场营销策略制订的三个步骤

（2）目标市场策略。主要有以下三种。

① 无差别性目标市场策略。无差别性目标市场策略，就是企业把整个市场作为自己的目标市场，只考虑市场需求的共性，而不考虑其差异，运用一种产品、一种价格、一种推销方法，吸引可能多的消费者。

② 差异性目标市场策略。差异性目标市场策略就是把整个市场细分为若干子市场，针对不同的子市场，设计不同的产品，制定不同的营销策略，满足不同的消费需求。

针对每个子市场的特点，制定不同的市场营销组合策略。这种策略的优点是能满足不同消费者的不同要求，有利于扩大销售、占领市场、提高企业声誉。其缺点是由于产品差异化、促销方式差异化，增加了管理难度，提高了生产和销售费用。目前只有力量雄厚的大公司采用这种策略。例如，某大型鞋业集团公司，生产多品种、多款式、多型号的鞋，满足国内外市场的多种需求。

③ 集中性目标市场策略：集中性目标市场策略就是在细分后的市场上，选择一个或少

数几个细分市场作为目标市场，实行专业化生产和销售。在个别少数市场上发挥优势，提高市场占有率。采用这种策略的企业对目标市场有较深的了解，这是大部分中小型企业应当采用的策略。采用集中性目标市场策略，能集中优势力量，有利于产品适销对路，降低成本，提高企业和产品的知名度。但是，采用这种策略有较大的经营风险，因为它的目标市场范围小，品种单一。如果目标市场的消费者需求和爱好发生变化，企业就可能因为应变不及时而陷入困境。同时，当强有力的竞争者打入目标市场时，企业就要受到严重影响。因此，许多中小企业为了分散风险，仍应选择一定数量的细分市场作为自己的目标市场。

三种目标市场策略各有利弊，其比较如表 5-1-1 所示。在选择目标市场时，必须考虑企业面临的各种因素和条件，如企业规模和原料的供应、产品类似性、市场类似性、产品寿命周期、竞争的目标市场等。

表 5-1-1　三种目标市场策略的比较

策略	内容	优点	缺点	适用对象
无差别性目标市场策略	将全部市场作为目标市场	营销成本低	忽略市场需求的差异性	① 同质市场 ② 新产品导入期 ③ 卖方市场
差异性目标市场策略	选择两个或以上的细分市场作为目标市场	增强针对性、适应能力和抗风险能力	营销成本高	① 规模大、资本雄厚的企业 ② 竞争激烈的市场 ③ 产品处于成熟期
集中性目标市场策略	选择一个或少数几个细分市场作为目标市场	专业化资源、高效利用	风险较大	① 资源缺乏的中小企业 ② 竞争较激烈的市场

选择适合本企业的目标市场策略是一个复杂多变的工作。企业内部条件和外部环境正在不断发展变化，经营者要不断通过市场调查和预测掌握和分析市场变化趋势与竞争对手的条件，扬长避短，发挥优势，把握时机，采取灵活的适应市场态势的策略，去争取较大的利益。

3. 市场定位

市场定位（Positioning）是 20 世纪 70 年代由学者阿尔·里斯（Al Ries）提出的一个重要营销学概念。市场定位就是企业根据目标市场上同类产品的竞争状况，针对顾客对该类产品某些特征或属性的重视程度，为本企业产品塑造强有力的、与众不同的鲜明个性，并将其形象生动地传递给顾客，求得顾客认同。市场定位的实质是使本企业与其他企业严格区分开来，使顾客明显感觉和认识到这种差别，从而在顾客心目中占有特殊的位置。

 风暴眼

为什么创业之前一定要进行市场分析？

【延伸阅读】

蜜雪冰城何以破解行业"内卷"

主题二　把握创业机会

【双创领航】

▶ **思想化育**

这个时代给了我们这一代人前所未有的机会。我们要抓住这个机会，要有梦想。但是，这个梦想要从做开始。

——张朝阳

▶ **学理依循**

"功者难成而易败，时者难得而易失。"语出西汉司马迁所著的《史记·淮阴侯列传》。意为：要想取得事业上的成功很难，失败却很容易。时机很难遇到，失去却很容易。作为创业者一定要有敏锐的洞察力，及时地发现并把握创业机会。

【案例引入】

一名"90后"退伍军人：返乡卖水果年获粉近50万人

"7小时成交了2万单，这是我们第一次爆单"，成克龙谈到做抖音第一次爆单（网络用语，是指顾客的下单量同比前一天或正常时段的下单量暴增）时，仍然难掩内心的激动。

从体校毕业后，2011年12月，成克龙选择了参军，在空军某部队待了5年，直到2016年退役。"从部队退伍后，赶上了地方没有工作分配，回到家后也不知道自己要做什么，当时也很迷茫的，感觉人生到了一个十字路口"，成克龙回忆起当初的状况，深有感慨地说。

成克龙所在的北杨家村是远近闻名的"水果专业村"，当地很多家庭以种植樱桃、葡萄、苹果等果树为生。但是，由于果树品种一年年老化和粗放式管理，加上很多农户分散经营、各自为政，售货渠道上比较单一，多年来，果农们的成本不断增加，但是收益没有改善。村里为了解决果蔬的销售问题，成立果蔬专业合作社，成克龙返乡后，当时合作社最大的问题，是虽然果农的收益有了一定的保障，但是合作社的销售渠道相对单一。成克龙认为，要改变这种情况：一是要从线下走到线上，改变线下销售成本高、效率低，受市场价格波动影响大的被动局面；二是一定要做出品牌效果，让产品从本地走到全国，拥有更广大的受众。

到了2020年，坐拥山东烟台300亩的农场和自建2 000吨冷库的成克龙，线上交易额达数千万元，但是，军人的危机意识告诉他，不能满足于眼前的成绩。

近年来，短视频直播成为新的风口，也让成克龙意识到，除了传统电商平台，直播带货为农产品销售开辟了更多可能，"传统电商＋短视频直播"双平台发展，两条腿走路，公司业务才能走得更稳。

2020 年 6 月，他在收获时开始有意识地拍摄一些视频，并且分享到抖音平台。刚开始在抖音平台上销售农产品时，他有过不适应的地方。例如，不知道橱窗怎么挂上，对平台在短视频直播方面的规则相对陌生。

人生的每种不甘，都将成为回甘。运营几个月后，他终于体会到第一次爆单的喜悦：2021 年 11 月的一场直播中，创造了 7 小时成交 2 万笔订单的记录，这是一个值得夸耀的成绩。到 2021 年 9 月，成克龙的抖音账号吸引了近 50 万人的关注，很多产品在直播中一上架就被热情的粉丝抢光。

"我们周围有很多出售农产品的，短视频卖货天然适合农产品，我希望大家都一起来做"，展望未来，成克龙如是说。

◎ 案例启示

"直播＋返乡创业"模式，不仅仅能实现个人致富梦想，更能推动农村产业转型升级。首先，农产品天然适合短视频直播，为返乡的年轻人提供了新的就业形式，让发展新产业成为可能。的确，短视频直播最大的突破，是打破了空间、时间的限制。无论是田间地头，还是堆放产品的仓库，以及单独的直播间，都可以直接面对消费者，以最直观的方式介绍产品，激发用户的购买欲，从而推动当地产业不断扩大和升级。其次，短视频平台在助力年轻人返乡创业上进行了不遗余力的扶持。

◎ 思考探究

作为创业者应该如何把握创业机会？

【课中解码】

当一个新兴产业出现之际，必然会产生许多创业机会，引发大量创业热潮。不过，追随新趋势潮流的背后，也存在相当的风险。因为，究竟这项新兴产业的规模有多大？如何具体发掘潜在的用户需求？似乎都还不确定。就像我们曾经历过的 O2O（online to offline）模式、共享经济……

有一些人将创业构想的产生，归因于机缘巧合，所谓无心插柳柳成荫。不过构想只是冰山一角，没有平日用心地耕耘，机缘也不会如此地凑巧。所谓的机缘凑巧或第六感的直觉，主要还是创业者在平日养成侦测环境变化的敏锐观察力，能够觉察先知，才能形成创意构想。

一、创业机会概述

如前所述，蒂蒙斯（创业过程模型）认为，创业过程的核心是创业机会，创业过程是由创业机会驱动的。创业机会属于更广义的商业机会范畴，但并不是一般意义上的商业机会。奥地利经济学派（Austrian School）认为创业机会与商业机会的根本区别在于利润或价值创造潜力的差异，创业机会具有创造超额经济利润的潜力，而其他商业机会只可能改善现有利润水平。在这里，我们不做具体的区分，统称为创业机会。

（一）创业机会的定义

创业机会有几种不同的定义方式，纽约大学教授伊斯雷尔·柯兹纳（Israel Kirzner）认为机会就是未明确的市场需求或未充分使用的资源或能力；蒂蒙斯认为创业机会可以为购买者或使用者创造或增加价值的产品或服务，它具有吸引力、持久性和适时性；管理学教授罗伯特·A.巴伦（Robert A.Baron）和斯科特·A.谢恩（Scott A.Shane）认为，创业机会是一个能够开发具有利润潜力的新商业创意的情境，在该情境中，技术、经济、政治、社会和人口条件变化产生创造新事物的潜力，创业机会可以通过新产品或服务的创造、新市场的拓展、新组织方式的开发、新材料的使用或者新生产过程的引入来加以利用。

创业机会是可以引入新产品、新服务、新原材料和新组织方式，并能以高于成本价出售的情况。创业机会是一种新的"目的–手段"关系，它能为经济活动引入新产品、新服务、新原材料、新市场或新组织方式。

综上所述，创业机会主要是指具有较强吸引力的、较为持久地有利于创业的商业机会，创业者据此可以为客户提供有价值的产品或服务，并同时使创业者自身获益。

（二）创业机会的特征

1. 普遍性

凡是有市场、有经营的地方，客观上就存在创业机会。创业机会普遍存在于各种经营活动过程中。创业机会的发现观也认为创业机会是客观存在的，因为市场信息分布不均衡许多机会才没有被发现，持这一主张的代表是奥地利学派。

2. 偶然性

对一个企业来说，创业机会的发现和捕捉带有很大的不确定性，任何创业机会的产生都有"意外"因素。

3. 消逝性

创业机会存在于一定的时空范围之内，随着产生创业机会的客观条件的变化，创业机会就会相应地消逝和流失。

风暴眼

好的创意等同于创业机会吗？

（三）创业机会的来源

创业机会以不同形式出现。虽然在以前的研究中，焦点多集中在产品的市场机会上，但是在生产要素市场上也存在机会，如新的原材料的发现等。许多好的商业机会并不是突然出现的，而是对于"一个有准备的头脑"的一种"回报"。在机会识别之前，创业者需要弄清楚机会在哪里和怎样去寻找。

1. 个人的兴趣和爱好

马化腾曾经说过："玩也是一种生产力。"从玩中找到乐趣，把玩的心态和现实结合起来，不仅是马化腾发展事业的原则，也是他开发聊天软件的一个宗旨。

发现自己的兴趣、渴望、理想，专注地去发挥自己最擅长的那个部分，就是有梦想有行动力的创业者，在哪都能创造和贡献自己的价值。这也是我们国家、我们民族重点倡导的创业精神。

2. 顾客未被解决的问题

创业的根本目的是满足顾客需求。顾客需求在没有满足前就是问题。寻找创业机会的一个重要途径是善于发现和体会自己和他人在需求方面的问题或生活中的难处。

营销大师菲利普·科特勒（Philip Kotler）曾经说过："去寻找问题。比如人们夜里很难入睡，家里那些乱糟糟的东西很难收拾，很难找到物美价廉的度假方式，很难追溯家族血统，很难除去花园里杂草等。"共同事业的创建人约翰·加德纳（John Gardner）也说过："每个问题都是一个绝佳的隐藏着的机会。"许多企业的创建者都是在遇到了某个问题之后，在解决问题的过程中领悟到机会，进而创立企业的。

现实中未被解决的问题说不定就是市场的需求漏洞，也就是所谓的痛点，把握住了这一点，也就把握住了机会。

案例链接："字节跳动"的成功

案例链接：让出行更方便的T3出行

126

📖 知识窗　　　　　　　痛点是什么？

痛点英文为 pain spot，也可以译成难点。当生活工作中经常（高频率）遇到难点，给用户完成当下的任务造成了麻烦。这个就称为痛点。

创业找痛点，将痛点视为市场机会制造产品，通过向用户销售解决麻烦的产品获利。这就是创业开端。例如，父母都有怕孩子走丢的痛点，于是有了儿童手表；雾霾天气危害健康，于是有了空气净化器；北方冬天车主等待热车过程很痛苦，于是有了用手机远程启动汽车的 App，等等。每个产品都是为解决一个痛点而存在，但不是每个痛点都能用来创业，要视这个痛点出现的频率及用户愿意为解决这个痛点愿意付出的价格而定；出现的频率高，涉及面广，运作起来的收益能支撑发展，这个痛点就可以做。也不是每个痛点都只是一个麻烦，很多痛点是一连串的麻烦，创业实际上就需要解决这一连串的麻烦，如果有同行和竞争对手，还需将各自的解决方案的效率和成本控制，以及用户体验进行对比，优胜劣汰，最后将会只有少数创业者幸存下来，得以发展，登上人生巅峰。这就是创业的残酷性，因此要对痛点式创业有清晰的认知。

3. 外部环境的变化

创业者应能在变化中看到未来的发展方向，预测将来的潜力和机会。创业的机会大都产生于不断变化的市场环境，环境变化了，市场需求、市场结构必然发生变化。著名管理大师德鲁克将创业者定义为那些能"寻找变化，并积极反应，把它当作机会充分利用起来的人"。这种变化主要来自产业结构的变动、消费结构升级、城市化加速、人口思想观念的变化、政府政策的变化、人口结构的变化、居民收入水平提高、全球化趋势等方面。例如，在"双碳"目标推动下，我国新能源产业引领了一股绿色低碳新风潮，加上绿色发展理念的日益深入人心，新能源汽车得到快速发展，由此派生出充电桩运营，新能源汽车修理、美容等诸多创业机会。

知识补给：
什么是消费升级？

🔍 **风暴眼**

如果你是一名创业者，你认为"三孩政策"会带来哪些商业机会？

4. 新的创造发明

创造发明提供了新产品、新服务，更好地满足顾客需求，同时带来了创业机会。例如，随着计算机的诞生，计算机维修、软件开发、计算机操作的培训、图文制作、信息服务、网上开店等创业机会随之而来，即使你不发明新的东西，你也能成为销售和推广新产品的人，从而给你带来商业机会。

5. 竞争对手的缺陷

如果你能弥补竞争对手的缺陷和不足，这也将成为你的创业机会。看看你周围的公司，你能比他们更快、更可靠、更便宜地提供产品或服务吗？你能做得更好吗？若能，你也许就找到了机会。

6. 新知识、新技术的产生

创新强调跨界，一些新技术的出现，给这种跨界提供了可能。将现有的、两项以上的产品、技术或者服务等因素组合起来，就可以实现新的用途和价值，从而获得创业机会。近两年来，这样的创业机会可以说是遍地开花，最典型的例子就是"互联网＋"行业，许多人通过各方面的技术，将产品与互联网结合，从而创造出一种新型产业，推动我国经济结构的发展和变化。另外，还有 3D 打印技术（three dimension printing）和大数据的广泛应用也带来创业机会。

知识补给：
石墨烯广泛的应用领域

🔗 **知识窗**　　适合大学生创业的四个领域及方向

智力服务

智力服务是通过全新的经营理念与产业化运作机制形成智力服务提供商，是智力服务需求方和系统维护及业务销售人员三方共赢的合作模式。智力服务的明显特征：少量的固定资产和流动资金投入，主要依靠高智商、高眼光、高效率。智力或者说脑力是年轻人创业的资本。年轻人脑子灵活，有创造性，创新意识强，知识面广（当然不包括阅历、经验），接收新信息快。年轻人在智力服务领域创业，游刃有余。例如，家教领域就非常适合学生创业。一方面，这是学生勤工俭学的传统渠道，积累了丰富的经验；另一方面，学生能够充分利用学校教育资源，更容易挣得第一桶金。再如，小语种培训、网络服务都是典型的智力服务。

推荐方向：信息服务、中介服务、咨询服务、策划服务、调查服务、评估服务、认证服务、设计服务、鉴定服务、律师服务、会计服务、翻译服务、文学服务、艺术服务、导游服务、家教、家教中介等。

高新科技

近年来的高新科技包括：微电子科学和电子信息技术，空间科学和航空航天技术，光电子科学和光机电一体化技术，生命科学和生物工程技术，材料科学和新材料技术，能源科学和新能源、高效节能技术，生态科学和环境保护技术，地球科学和海洋工程技术，基本物质科学和辐射技术，医药科学和生物医学工程。其他在传统产业基础上应用的新工艺、新技术等。

一般而言，在这些项目里面。电子信息技术是最适合年轻人（特别是学生）创业的。所谓的电子信息技术通俗解释就是互联网、计算机等技术。身处电子信息前沿的年轻人，对计算机和互联网极其熟悉，在这一领域创业有着近水楼台先得月的优势，但并非所有的年轻人都适合在高科技领域创业，一般来说，只有专业技术过硬、眼光独到的创业者才有成功的把握。

推荐方向：淘宝、软件开发、网站建设、网页制作、网络服务、手游开发等。

店铺经营

店铺经营也是很多年轻人创业的方向。值得注意的是，现在的店铺经营已经不单单是早前的实体店，现在非常多的年轻人选择在网络店铺购买商品，如淘宝。另外，那种"空余时间练摊""汽车后备厢经营"，宽泛地说也是店铺经营，只不过流动性大、"店面"小罢了。实体店对选址的要求非常高，网店则几乎不用考虑选址。

年轻人的创业热情非常高，但是也有很多弱点，如眼高手低，在创业过程中大部分只能纸上谈兵，对具体的市场开拓缺乏经验与相关的知识。因此，光凭着创业热情而去创业，只能适得其反。

店铺经营范围包罗万象，约有1/5的创业者选择了零售业。不过，如今做传统零售的空间已十分有限，只有抓住消费者的个性化需求，才能赢得市场，同样这个道理也适用于网络店铺。

除了零售业，店铺经营还有其他非常多的范围，如服务业。除此之外，还有许多新兴的店铺，都是最近十几年顺应发展而产生的，如计算机维修公司，随着人们对计算机依赖性的加大，对计算机救援服务的需求也水涨船高。当然，计算机维修公司对选址的要求非常高，尽量选在 IT（information technology）公司集中地区。

推荐方向：个性化店铺、DIY（do it yourself，自己动手做）店、特色服务、顾客定制。

连锁加盟

统计数据显示，在相同的经营领域，个人创业的成功率低于 20%，而加盟创业的成功率则高达 80%。对创业资源十分有限的年轻人来说，最好选择运营时间在 5 年以上、拥有 10 家以上加盟店的成熟品牌。加盟费是一个首要和必要考虑的问题。现在的各种加盟项目非常多，加盟费也是高低不一，从几千元到上百万元的都有。决定加盟费高低的因素有很多，不过有一个大致规律还是比较可靠的，即往往越保险、越获利、越让人踏实的项目，其加盟费就越高。

二、创业机会的识别

创业机会识别是创业领域的关键问题之一。从创业过程角度来说，它是创业的起点。创业过程就是围绕着机会进行识别、开发、利用的过程。识别正确的创业机会是创业者应当具备的重要技能。

但是，创业机会都是很难识别的。仅有少数创业者能够把握创业机会从而成功创业，一旦创业成功，不仅会改变人们的生活和休闲方式，甚至能创造出新的产业，随着人们对创业机会价值潜力的探索，会逐渐衍生出一系列的商业机会，从而滋生出更多的创业活动。因此，我们既要发现现有的市场机会，又要发掘潜在的和衍生的市场机会。

（一）现有的市场机会

对创业者来说，在现有的市场中发现创业机会，是很自然和较经济的选择。一方面，它与我们的生活息息相关，能真实地感觉到市场机会的存在；另一方面，由于总有尚未全部满足的需求，在现有市场中创业，能减少机会的搜寻成本，降低创业风险，有利于成功创业。现有的创业机会存在于不完全竞争下的市场空隙、规模经济下的市场空间、企业集群下的市场空缺等。

1. 不完全竞争下的市场空隙

不完全竞争理论或不完全市场理论认为，企业之间或者产业内部的不完全竞争状态导致市场存在各种现实需求，大企业不可能完全满足市场需求，必然使中小企业具有市场生存空间。中小企业与大企业互补，满足市场上不同的需求。大中小企业在竞争中生存，市场对产品差异化的需求是大中小企业并存的理由，细分市场及系列化生产使得小企业的存在更有价值。

2. 规模经济下的市场空间

规模经济理论认为，无论任何行业都存在企业的最佳规模或者最适度规模的问题，超越这个规模，必然带来效率的低下和管理成本的提升。产业不同，企业所需要的最经济、最优成本的规模也不同，企业从事的不同行业决定了企业的最佳规模，大小企业最终要适应这一规律，发展适合自身的产业。

3. 企业集群下的市场空缺

企业集群主要是指地方企业集群，是一组在地理上靠近的相互联系的公司和关联的结构，它们同处在一个特定的产业领域，由于具有共性和互补性而联系在一起。集群内中小企业彼此间发展高效的竞争与合作关系，形成高度灵活专业化的生产协作网络，具有极强的内生发展动力，依靠不竭的创新能力保持地方产业的竞争优势。

（二）潜在的市场机会

潜在的创业机会来自新科技应用和人们需求的多样化等。成功的创业者能敏锐地感知社会大众的需求变化，并能够从中捕捉市场机会。

新科技应用可能改变人们的工作和生活方式，出现新的市场机会。通信技术的发展，使人们在家里办公成为可能；互联网的出现，改变了人们工作、生活、交友的方式；网上购物、网络教育的快速发展，使信息的获取和共享日益重要。

需求的多样化源自人的本性，人类的欲望是很难得到满足的。在细分市场里，可以发掘尚未满足的潜在市场机会。一方面，根据消费潮流的变化，捕捉可能出现的市场机会；另一方面，根据消费者的心理，通过产品和服务的创新，引导需求并满足需求，从而创造一个全新的市场。

（三）衍生的市场机会

衍生的市场机会来自经济活动的多样化和产业结构的调整等方面。

1. 经济活动的多样化为创业拓展了新途径

经济活动的多样化为创业拓展新途径体现在两个方面：一方面，第三产业的发展为中小企业提供了非常多的成长点，现代社会人们对信息情报、咨询、文化教育、金融、服务、修理、运输、娱乐等行业提出了更多更高的需求，从而使社会经济活动中的第三产业日益发展。由于第三产业一般不需要大规模的设备投资，它的发展为中小企业的经营和发展提供了广阔的空间。另一方面，社会需求的易变性、高级化、多样化和个性化，使产品向优质化、多品种、小批量、更新快等方面发展，也有力地刺激了中小企业的发展。

2. 产业结构的调整为创业提供了新契机

党的十九大指出，要深化国有企业改革，发展混合所有制经济，培育具有全球竞争力的世界一流企业。全面实施市场准入负面清单制度，清理废除妨碍统一市场和公平竞争的各种规定和做法，支持民营企业发展，激发各类市场主体活力。促进我国产业迈向全球价值链中高端，培育若干世界级先进制造业集群。激发和保护企业家精神，鼓励更多社会主体投身创新创业。党的二十大提出，坚持把发展经济的着力点放在实体经济上，推进新型工业化，加快建设制造强国、质量强国、航天强国、交通强国、网络强国、数字中国。巩

知识补给：
泛社交市场衍生的商业机会

固优势产业领先地位，在关系安全发展的领域加快补齐短板，提升战略性资源供应保障能力。推动战略性新兴产业融合集群发展，构建新一代信息技术、人工智能、生物技术、新能源、新材料、高端装备、绿色环保等一批新的增长引擎。构建优质高效的服务业新体系，推动现代服务业同先进制造业、现代农业深度融合。

三、创业机会识别的影响因素

对于是什么因素导致一些人更善于识别有价值的创业机会，不少学者进行过研究，下面是取得共识的四个主要因素。

（一）先前经验

在特定产业中的先前经验有助于创业者识别商业机会，这被称为走廊原理。走廊原理强调经验和知识对于个体发现和把握创业机会的重要性，个体在特定领域的经验和知识存量越高，就越容易看到并把握该领域内的创业机会，从而实施创业活动。有调查发现，70% 左右的创业机会其实是在复制或修改以前的想法或创意，而不是全新创业机会的发现。

（二）认知因素

机会识别可能是一项先天技能或一种认知过程。有些人认为，创业者有"第六感"或"警觉"。警觉很大程度上是一种个体的禀赋；拥有某个领域更多知识的人，倾向于比其他人对该领域内的机会更警觉。例如，一位计算机工程师就比一位律师对计算机产业内的机会和需求更为警觉与敏感。

（三）社会关系网络

社会关系网络能带来承载创业机会的有价值信息，个人社会关系网络的深度和广度影响机会识别。研究已经发现，与强关系相比，弱关系更有助于个体识别创业机会。

知识窗 强关系与弱关系

美国社会学家马克·格兰诺维特（Mark Granovetter）认为人际关系网络可以分为强关系和弱关系两种。

强关系

强关系是指个人的社会网络同质性较强，人与人的关系密切，有很强的情感因素维系着人际关系。强关系最有可能产生于家庭成员、同事、同学等之间，他们在生活和工作中有较多的互动机会，他们之间关系紧密并有较强的情感维系着。血缘、地缘（老乡），都是强关系的典型代表。

> **弱关系**
>
> 弱关系是指个人的社会网络异质性较强，人与人的关系不密切，也没有太多的感情维系。例如，与见过一面或被人无意间提到的一个人联系较少，可能只是聊过几句或只是打过招呼，并没有较强的情感维系在一起并且互动的机会很少。这也就是我们所谓的泛泛之交。

（四）创造性

创造性是产生新奇或有用创意的过程。从某种程度讲，机会识别是一个创造过程，是不断反复的创造性思维过程。

尽管上述要素并非导致创业成功的必然，但具备了这些特征，往往较其他创业者具有更多的优势，也更容易获得成功。

四、创业机会的评价

尽管发现了创业机会，但这并不意味着要创业，更不意味着成功就在眼前。对创业者来说，关键在于如何能够从众多机会中找寻出有价值的创业机会，并采取快速行动来把握机会。创业活动的显著特点是机会导向，创业往往是从发现、把握、利用某个或某些商业机会开始的。创业者自身的特征及想法固然重要，但并不是每个想法都能转化为创业机会。不是所有创业机会都必然会成功，每个创业机会都存在一定的风险，因此，创业者在利用创业机会之前要对创业机会进行科学的分析与评价，然后做出选择。

知识窗

机　会　窗　口

特定的机会是否能为创业者带来期望的利润，既取决于这个机会有多大的前景和利己性，又取决于创业者是否有足够长的时间抓住这个机会。国外学者认为，特定的机会仅存在于一定的时段。蒂蒙斯将这称为创业的"机会窗口"。在他看来，机会存在或产生于现实的时间之中，所谓机会窗口，即特定商业机会存在于市场之中有一定的时间跨度，创业者在适当的时段中创业才有望获得相应的投资回报。否则，就可能"血本无归"。当然，特定机会的时间跨度越大，成长性越好，机会窗口才会越大，创业者才可能抓住这个机会。否则，创业者极可能无法抓住这个机会。

蒂蒙斯曾给出了机会窗口的直观描述（图5-2-1）。他认为，一般而言，随着时间的变化，市场会以不同的速度增长，并且随着市场的速度扩大，往往会出现越来越多的机会。但是，当市场变得更大并趋于稳定时，市场条件就不那么有利了。因此，当一个市场开始变得足够大，并显示出强的增长势头（如图5-2-1所示的第5年）时，机会窗口就打开了；而当市场趋于成熟时，如图5-2-1所示的第15年时，机会窗口就开始关闭。

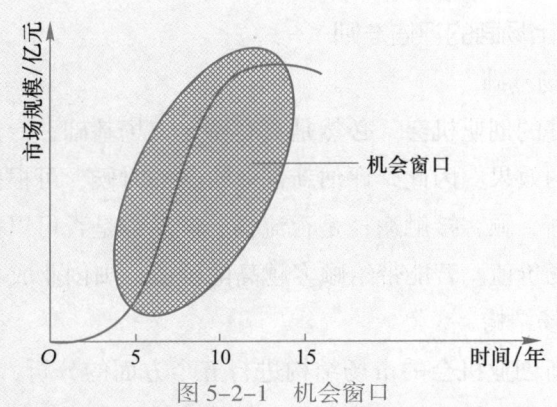

图 5-2-1 机会窗口

"机会"仅存在于特定的"窗口",机会窗口敞开的时间长短对于创业者能否成功至关重要。期盼成功的创业者必须在别人还没有醒悟过来时就努力去抓住机会。如果等到机会窗口接近关闭的时候再去创业,留给创业的余地将十分有限,创业企业也将很难盈利。

因此,在创业机会面前,我们不能举棋不定。有些创业者对创业问题已经思考很久,可以说应该下决心开始自己的创业了。可是,他们总认为创业的实际条件还不够成熟,对创业的心理准备、物质和资金、技术等准备还没有完全做好,仍存在某些后顾之忧。这种举棋不定、犹豫不决的心理的存在,有可能造成大好创业机遇的丧失。一个创业者要有当决该决、当断该断的气魄,要有敢作敢为、雷厉风行的果敢行为,在下定决心时,大胆地做出自己创业的选择,而不要犹豫不决,进而使得创业的大好机遇与自己失之交臂。

关于创业机会评价标准研究比较典型的是蒂蒙斯的创业机会评价框架和台湾学者刘常勇的创业机会评价框架。蒂蒙斯的创业机会评价框架,涉及行业和市场、经济因素、收获条件、竞争优势、管理团队、致命缺陷问题、个人标准、理想与现实的战略差异8个方面的53项指标。刘常勇的创业机会评价框架,主要涉及市场和回报两方面共14个指标。结合这两位专家的研究观点,我们认为应该重点从以下5个方面对创业机会进行评估,如图 5-2-2 所示。

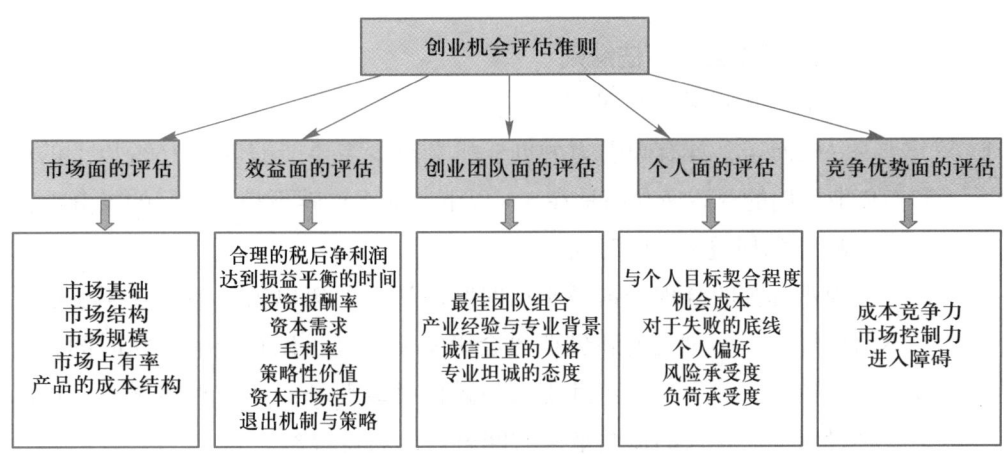

图 5-2-2 创业机会的评估准则

（一）市场面的评估准则

1. 市场基础

一个好的创业机会，必然是具有特定市场基础，专注于满足顾客需求，同时能为顾客带来增值的效果。因此，评估新创业机会的时候，可根据市场定位是否明确、顾客需求分析是否清晰、顾客接触途径是否流畅、产品线是否可以持续衍生等来判断新创业机会可能创造的市场价值。若能带给顾客越高的价值，则创业成功的机会也会越高。

2. 市场结构

针对新创业机会的市场结构进行五个方面的分析，包括进入障碍，上游厂商，顾客、渠道商的谈判力量，替代性竞争产品的威胁及市场内部竞争的激烈程度。由市场结构分析可以得知新创企业未来在市场中的地位，以及可能遭遇竞争对手的反击的程度。

3. 市场规模

市场规模大小与成长速度，也是影响新创业成败的重要因素。一般而言，市场规模大者，进入障碍相对较低，市场竞争激烈程度也会略微下降。如果要进入的是一个十分成熟的市场，那么纵然市场规模很大，由于已经不再成长，利润空间也必然很小，因此这项新创业恐怕就不值得投入。反之，一个正在成长中的市场，通常也会是一个充满商业机会的市场，所谓水涨船高，只要进入时机正确，必然会有获利的空间。

4. 市场占有率

由新创业机会预期可达成的市场占有率目标，可以显示这家新创公司未来的市场竞争力。一般而言，要成为市场的领导厂商，最少需要拥有 20% 以上的市场占有率。如果拥有低于 5% 的市场占有率，则这项新创业的市场竞争力显然不高，自然也会影响未来企业上市的价值。尤其处在具有赢家通吃特质的高科技产业，新创业必须拥有能够成为市场前几名的能力，才比较具有被投资的价值。

5. 产品的成本结构

产品的成本结构也可以反映该项新创业的前景是否亮丽。例如，由物料与人工成本所占比重之高低、变动成本与固定成本的比重及经济规模产量大小，可以判断这项新创业能够创造附加价值的幅度及未来可能的获利空间。

（二）效益面的评估准则

1. 合理的税后净利润

一般而言，具有吸引力的创业机会至少需要能够创造 15% 以上的税后净利润。如果新创业预期的税后净利润是在 5% 以下，那么这就不是一个好的投资机会。

2. 达到损益平衡的时间

创业机会的合理的损益平衡时间应该在两年以内，如果 3 年还达不到损益平衡，则不值得投入。不过有的新创业机会确实需要经过比较长的耕耘时间，并经由这些前期投入，创造进入障碍，并因此保证后期的持续获利。在这种情况下，可以将前期投入视为一种投资，而较长的损益平衡时间就可以获得容忍。

3. 投资报酬率

考虑到新创业开发可能面临的各项风险，合理的投资报酬率应该在 25% 以上。一般而言，具有 15% 以下的投资报酬率的创业机会将不是一个值得考虑的新创业机会。

4. 资本需求

资金需求量较低的新创业机会，一般会比较受到投资者的欢迎。事实上，许多个案显示，资本额过高其实并不利于创业成功，有时还会带来稀释投资报酬率的负面效果。通常，越是知识密集的新创业机会，对于资金的需求量越低，投资报酬反而会越高。因此在创业开始的时候，不要募集太多的资金，最好透过盈余积累的方式来创造资金。比较低的资本额，将有利于拉高每股收益，并且可以进一步提高未来上市的价格。

5. 毛利率

毛利率高的新创业机会，相对风险较低，也比较容易达成损益平衡。反之，毛利率低的新创业机会，风险较高，遇到决策失误或市场产生较大变化的时候，企业很容易就遭受损失。一般而言，理想的毛利率是 40%。当毛利率低于 20% 的时候，这个新创业机会就不值得再予考虑。

6. 策略性价值

能否创造新创业在市场上的策略性价值，也是一项重要的评价指针。一般而言，策略性价值与产业网络规模、利益机制、竞争程度密切相关，而新创业机会对于产业价值链所能创造的增加值效果，也与所采用的经营策略与经营模式密切相关。

7. 资本市场活力

当新创业处于一个具有高度活力的资本市场，它的获利回收机会相对也会比较多。不过资本市场的变化幅度极大，因此在市场高点时投入，资金成本较低，筹资相对容易。但是，在资本市场低点时，投资新创业开发的诱因则较低，好的创业机会也相对较少。不过对投资者而言，市场低点的取得成本较低，有的时候反而投资报酬会更高。一般而言，新创企业在活跃的资本市场比较容易创造增值效果，因此资本市场活力也是一项可以被用来评价新创业机会的外部环境指针。

8. 退出机制与策略

所有投资的目的都在于回收，因此退出机制与策略就成为一项评估新创业机会的重要指针。企业的价值一般也要由具有客观鉴价能力的交易市场来决定，而这种交易机制的完善程度也会影响新创业退出机制的弹性。由于退出的困难度普遍要高于进入，所以一个具有吸引力的创业机会，应该要为所有投资者考虑退出机制及退出的策略。

（三）创业团队层面的评估准则

1. 最佳团队组合

由声誉卓著创业者领军，结合一群各具专业背景成员所组成的创业团队，加上紧密的组织内聚力与共同的价值观分享，这种所谓最佳团队组合可以被视为新创业成功的最佳保证。因此评价新创业机会，绝对不可忽视创业团队组合的成分及团队整体能够对外发挥的程度。

2. 产业经验与专业背景

创业者与他的团队成员对于所要投入产业的相关经验与了解程度多寡，也会影响新创业是否获得成功。一般可以经由产业内专家对创业团队成员的背景经验与专业能力的评价来获得这项信息。即使拥有再好的创业机会，如果创业团队不具备相关产业经验或专业背景，那么也不会吸引投资者。

3. 诚信正直的人格

创业者的人格特质也是一项会影响新创业成败的关键因素，尤其针对创业者的人品与道德观。在业界具有良好声誉，重视诚信、正直、无私、公平等基本做人处事原则的创业者，对于评价新创业机会通常都具有显著加分的效果。许多绝佳的创业机会，最后都是因为内部争权夺利而功败垂成，这也凸显领导者人格特质对于创业成功的重要性。

4. 专业坦诚的态度

一个好的创业者与他的团队成员，在各项经营管理与技术专业工作上，通常能够以理性客观的态度，坦诚面对各项问题，不刻意欺骗客户与投资者，不逃避事实，不否认自己的不足，并且创业团队成员也知道应该如何去做，才能克服自己的缺失。在许多创业失败个案中，都可以看到创业团队生怕别人看穿自己的缺失，因此强烈防御他人质疑，一味掩饰问题，以及推诿责任的态度，不但没有面对缺失的勇气，而且没有解决问题的智能。精明的投资者经常根据访谈的过程来判断创业团队的专业坦诚度，并作为是否支持该项创业的重要决策参考。

（四）个人面的评估准则

1. 与个人目标契合程度

创业过程中遭遇的困难与风险极大，因此有必要了解创业者的创业动机，以利于判断他愿意为创业活动付出的代价程度。一般认为，新创业机会与个人目标的契合程度越高，则创业者投入意愿与风险承受意愿自然也会越大，新创业目标最后获得实现的概率也相对较高。因此，一个具有吸引力的创业机会，一定是一个能充分与创业者个人目标相契合的创业计划。

2. 机会成本

一个人一生的黄金岁月大约只有三四十年，期间可分为学习、发展与收获等不同阶段，而为了这项创业机会，你将需要放弃什么？可以从其中获得什么？得失的评价如何？在决定进行创业之前，所有参与创业的成员都需要仔细思考创业所要付出的机会成本。只有经由机会成本的客观判断，才可以得知新创业机会是否真的对于个人生涯发展具有吸引力。

3. 对于失败的底线

古人云"留得青山在，不怕没柴烧"。创业必然需要面对可能失败的风险，但创业者也不宜将个人声誉与全部资源都压在一次的创业活动上。理性的创业者必须自己设定承认失败的底线，以便保留下次可以东山再起的机会。因此在评估新创业机会的时候，也需要了解有关创业团队对于失败底线的看法。通常铤而走险与成王败寇的创业构想，也不会被投资者视为是一个好的创业机会。

4. 个人偏好

评估新创业机会的时候，也需要考虑新创业的内容与进行方式是否能够符合创业者个人的偏好，包括工作地点、生活习惯、个人嗜好等。

5. 风险承受度

由于每个人的风险承受度可能都不一样，因此这也将成为影响新创业机会评估的重要因素。一般而言，风险承受度太高或太低均不利于新创业的发展。风险承受度太低的创业者，由于决策过于保守，相对拥有的创新机会也会比较少。但是，风险承受度太高的创业者，也会因为孤注一掷的举动而常使企业陷入险境。一个能以理性分析面对风险的人，才是比较理想的创业者，由他来执行的新创业机会相对才会比较具有投资吸引力。

6. 负荷承受度

创业团队的耐压性与负荷承受度，也是评估新创业机会的一项重要指针。负荷承受度与创业团队成员愿意为新创业投入的工作量，以及愿意忍受的辛苦程度密切相关。一般来说，由负荷承受度较低的创业团队所提出的创业构想，成功的概率也会较低。

（五）竞争优势面的评估准则

1. 成本竞争力

一个好的新创业开发案，通常具有可以经由持续降低成本来创造竞争优势的能力。除了以发挥经济规模来降低成本，良好的品质管理、高效率的生产管理、优越的采购能力、快速的产品设计、比较高的自制率等，也都是有助于降低成本的有效手段。因此一项具有吸引力的创业机会，应该考虑物料成本、制造成本、营销成本等多方面要素。总之，新创业机会所呈现的成本竞争力，将是评价这项创业最后能否获得成功的重要指针。

2. 市场控制力

对于市场的产品价格、客户、渠道、零件价格的控制力，攸关企业的竞争优势，因此市场领导厂商通常都具有比较高的市场控制力。因此，一个缺乏市场控制力的新创业机会，其投资吸引力也一定会比较低。如果一个新创创业对于关键零件来源与价格缺乏控制力，对于经销渠道与经销商也缺乏控制力，同时订单几乎完全依赖少数一两个客户，那么这个创业面临的经营风险很高，要想持续获利也会非常困难。不过，如果新创业机会具有持续推进产品创新的能力，就比较有机会摆脱这种被他人控制的市场困局。

3. 进入障碍

高进入障碍的市场，对于新创业开发相对比较不具有吸引力。同样地，新创业如果无法制造进入障碍，也不是一个好的投资机会。制造进入障碍的方式，包括专利、核心能力、规模经济、商誉、高品质低成本、掌握稀有资源、掌握通路、快速创新缩短生命周期等。在一个处处存在障碍的市场中，通常比较困难发掘好的创业机会。不过缺乏进入障碍的新市场，却往往容易吸引大量的竞争者，而使毛利快速下降。因此所谓具吸引力的创业机会，进入的应该是一个障碍还不太高的新市场，但进去以后就需要具备制造进入障碍能力，用来保护自身的市场利益。

虽然给出的指标很多，但在具体评价时不一定全部都用，可以根据创业项目的实际情况，选择最重要的指标进行评估。

🔍 风暴眼

如果你遇到一个创业机会，你认为哪几项评价指标是最重要的？

五、创业项目的选择

（一）掌握创业项目选择的基本原则

创业项目的选择是创业的第一步，也是困扰创业者的最主要困难之一，因为这种选择并没有一个通用方法。经过大量的实证研究，人们发现在项目的选择中存在一些基本原则。

（1）市场原则。以满足市场需求为前提，重点放在需求量大、发展前景广阔的产业或项目。

（2）效益原则。讲求投资项目有较高的投入产出比，即投资要讲究一定的回报率。

（3）政策原则。重点发展国家产业政策鼓励、支持的产业或项目，回避国家产业投资明确限制的项目。

（4）优势原则。选择自己熟悉并拥有资源优势的项目，充分利用当地资源优势和创业者自身优势，不盲目追求社会经济热点，以免决策失误，浪费劳动和投资。

（二）对创业项目选择的进一步分析

具体来讲，创业项目选择的进一步分析应从以下几方面着手。

（1）市场前景。市场前景如何不能靠直觉判断，也不能只看一点统计资料和市场预测就下定论，而应该到市场中去调查研究并加以分析，到商业网点中去了解销售情况。

（2）项目的先进性和新颖性。应当了解项目的具体技术指标、所代表的水平、技术更新速度和程度，还需要鉴别有无弄虚作假现象。

（3）原材料来源是否充足，货源供应是否稳定。

（4）产品增值情况。这需要与市场上类似的产品相比较，找出两者的不同之处，考察优势与不足。还要仔细地计算产品的各种投资和可能取得的效益值。

（5）项目的扩展性。有的项目可能会转让给多家企业，那么就要了解市场上这种产品的饱和程度，你投入这个项目后有没有市场竞争力。

（6）技术项目间的相关性。一般而言，项目都是有同类产品的，应分析在技术上有什么关系，这些项目间技术基础的相关性，考虑能否节省一些设备投资和人员培训。

（7）基础条件。包括劳动力成本、水、电、厂房、占地面积、环境污染、运输状况、设备投入、人员素质、管理机制和投资贷款等综合情况。

（8）挖掘潜力的可能性。这包括提高产品成品率和设备的利用率，能否增产不增人，以及采用新材料、新工艺，并压缩不必要的开支。

【延伸阅读】

蒂蒙斯及刘常勇的创业机会评价体系

主题三　管理创业风险

【双创领航】

▶ 思想化育

许许多多成功的创新者和企业家，他们之中没有一个有"冒险癖"……他们之所以成功，恰恰是因为他们能确定有什么风险并把风险限制在一定范围内，恰恰是因为他们能系统地分析创新机会的来源，然后准确地找出机会在哪里并加以利用，他们不是专注风险，而是专注机会。

——彼得·德鲁克

▶ 学理依循

就事物规律来说，"从来没有 100% 的安全，只有 100% 的安全防范"，创业亦然。要创业就一定要在风险和收益之间进行抉择和权衡，既不能为了收益而不顾风险的大小，又不能因为害怕风险而错失良机，而是要在争取实现目标的前提下，管理风险，控制风险，规避风险，这才是创业者对待风险的正确态度。

【案例引入】

商业转型：亚贸广场的谢幕与行业挑战

在当前的商业环境中，商场和餐饮业正面临前所未有的挑战。据联商网报道，2024 年 8 月 7 日，武商集团亚贸购物中心宣布因租约到期，将于 2024 年 9 月 1 日终止营业并计划注销，标志着这个地标性商场退出市场。亚贸广场的关闭不仅是个体事件，它反映了一个更广泛的趋势：全国百货商场相关企业数量曾超过 15 万家，而目前停业注销的相关企业达到了 11 万家，这意味着超过七成的百货相关企业已经倒闭。

商业综合体的过剩与客流的消失是当前商场面临的主要问题之一。据中国连锁经营协会与中国购物中心 TOP100 企业新开及拟开情况统计显示，2023 年全国新开购物中心数量达到 398 座，其中广州、北京、上海等一线城市新增数量尤为显著。然而，尽管新购物中心不断涌现，顾客端却呈现冰点状态，许多城市综合体商家表示今年没人逛街了。

此外，商场的同质化严重，缺乏特色品牌和餐饮店，使得消费者感到疲软乏味。非必要的逛商场行为减少，衣服、鞋子、玩具等商品的消费更多转向线上，而餐饮消费虽然选择较多，但也面临价格比较和品牌考量的压力。

在这样的背景下，商业综合体和餐饮商家的关系变得尤为紧密。每关闭一个商业综合体，就有 30% ~ 40% 的餐饮商家将宣布结业。2024 年的秋天对于大多数商业地产来说都是"多事之秋"，不仅是武汉这样的地标性商场宣布撤退，新开业的大型商场也面临人流量挑战，整个商业地产行业的前景不容乐观。

面对这些挑战，商业综合体需要寻找新的发展方向。一些成功的案例，如日本六本木新城，通过整合分散的土地，建筑集约的超高层建筑，留出空间建设绿化，成为"垂直花园都市"。而在北京，朝阳大悦城通过开拓"一站式体验商业模式"，有效地融合了多种业态，包括餐饮、购物、娱乐等，成功吸引了大量客流。

总体而言，商业综合体和餐饮业需要创新和转型，以适应消费者需求的变化和科技应用的推进，包括提供更多的体验式消费场景、增加线上线下融合的购物体验，以及开发新的业态和商业模式等。只有这样，商业综合体和餐饮业才能在竞争激烈的市场中找到新的增长点。

◎案例启示

作为餐饮上游，商业综合体和餐饮商户是拴在一条绳子上的蚂蚱，唇齿相依。没有好的商业地产环境，就很难产出优秀卓越的餐饮品牌，没有恒业就没有恒产，目前距离达到真正意义上的百年老店品牌仍然任重道远。

◎思考探究

你认为导致目前大量商场倒闭的因素是什么？

【课中解码】

在远古时期，以打鱼捕捞为生的渔民每次出海前都要祈祷，其中主要的祈祷内容就是让神灵保佑自己在出海时能够风平浪静、满载而归；他们在长期的捕捞实践中，深深地体会到"风"给他们带来的无法预测、无法确定的危险，他们认识到，在出海捕捞打鱼的生活中，"风"即意味着"险"，因此有了"风险"一词的由来。

常言道，商场如战场，市场上的一点风吹草动都会引发"蝴蝶效应"（是指在一个动力系统中，初始条件下微小的变化能带动整个系统的长期的巨大的连锁反应），招来狂风暴雨。在商场上的厮杀，必须克服许多困难与障碍，跨越"死亡之谷"，经过市场竞争的考验最后才能脱颖而出。

一、创业风险概述

（一）创业风险的含义

创业风险是指在创业过程中存在的风险，具体表现为创业环境的不确定性、创业机会与创业企业的复杂性、创业者及团队能力与实力的有限性，导致创业活动偏离预期目标的可能性及后果。导致初创企业"夭折"的风险有很多，但总体来说，创业风险仍呈现出一定的规律性，可以通过科学方法加以识别和控制。

（二）创业风险的来源

1. 项目选择

大学生创业时如果缺乏前期市场调研和论证，只是凭自己的兴趣和想象来决定投资方向，甚至仅凭一时心血来潮做决定，就会碰得头破血流。

大学生创业者在创业初期一定要做好市场调研，在了解市场的基础上创业。一般来说，大学生创业者的资金实力较弱，选择启动资金不多、人手配备要求不高的项目，从小本经营做起比较适宜。

2. 创业技能

很多大学生创业者眼高手低，当创业计划转变为实际操作时，才发现自己根本不具备解决问题的能力，这样的创业无异于纸上谈兵。一方面，大学生应去企业实习或就业，积累相关的管理和营销经验；另一方面，大学生应积极参加创业培训，积累创业知识，接受专业指导，从而提高创业成功的概率。

3. 资金

资金风险在创业初期会一直伴随在创业者的左右。是否有足够的资金创办企业是创业者遇到的第一个问题。企业创办起来后，就必须考虑是否有足够的资金支持企业的日常运作。对于初创企业来说，如果连续几个月入不敷出或者其他原因导致企业现金流中断，就会给企业带来极大的威胁。相当多的企业会在创办初期因为资金紧缺而严重影响业务的拓展，甚至错失商业机会而不得不关门大吉。

4. 社会资源

企业创建、市场开拓、产品推介等工作都需要调动社会资源，大学生在这方面会感到非常吃力。因此，大学生平时应多参加各种社会实践活动，扩大自己人际交往的范围。大学生创业前，可以先到相关行业领域工作一段时间，通过这个平台为自己日后的创业积累人脉。

5. 管理能力

一些大学生创业者虽然技术出类拔萃，但理财、营销、沟通、管理方面的能力普遍不足。要想创业成功，大学生创业者就必须技术、经营两手抓，可以从合伙创业、家庭创业或从虚拟店铺开始，锻炼创业能力，也可以聘用职业经理人负责企业的日常运作。

创业者创业失败基本上是因为管理方面出现问题，其中包括：决策随意、信息不通、理念不清、患得患失、用人不当、忽视创新、急功近利、盲目跟风、意志薄弱等。特别是大学生知识单一、经验不足、资金实力和心理素质明显不足，更会增加在管理上的风险。

6. 竞争

寻找蓝海（未知的市场空间）是创业的良好开端，但并非所有的新创企业都能找到蓝海。更何况，蓝海也只是暂时的，所以竞争是必然的。如何面对竞争是每个企业都要随时考虑的事，而对新创企业更是如此。如果创业者选择的行业是一个竞争非常激烈的领域，那么在创业之初极有可能受到同行的强烈排挤。一些大企业为了把小企业吞并或挤垮，常会采用低价销售的手段。对于大企业来说，由于规模效益或实力雄厚，短时间的降价并不会对它造成致命的伤害，对初创企业则可能意味着彻底毁灭的危险。因此，考虑好如何应对来自同行的残酷竞争是创业企业生存的必要准备。

7. 团队

现代企业越来越重视团队的力量。创业企业在诞生或成长过程中最主要的力量来源一般是创业团队，一个优秀的创业团队能使创业企业迅速地发展起来。但与此同时，风险也就蕴含在其中，团队的力量越大，产生的风险也就越大。一旦创业团队的核心成员在某些问题上产生分歧不能达到统一时，极有可能会对企业造成强烈的冲击。

事实上，做好团队的协作并非易事。特别是与股权、利益相关联时，即使很多初创时关系很好的伙伴也会闹得不欢而散。

8. 核心竞争力

对于具有长远发展目标的创业者来说，他们的目标是不断地发展壮大企业，因此，企业是否具有自己的核心竞争力就是最主要的风险。一个依赖别人的产品或市场来发展的企业是永远不会成长为优秀企业的。核心竞争力在创业之初可能不是最重要的问题，但要谋求长远的发展，就是最不可忽视的问题。没有核心竞争力的企业终究会被淘汰出局。

9. 人力资源

一些研发、生产或经营性企业需要面向市场，大量的高技能人才或业务队伍是这类企业成长的重要基础。防止专业人才及业务骨干流失应当是创业者时刻注意的问题，在那些依靠某种技术或专利创业的企业中，拥有或掌握关键技术的业务骨干的流失是创业失败的最主要风险源。

10. 意识

意识上的风险是创业团队最内在的风险。这种风险无形，却有着强大的毁灭力。风险性较大的意识有：投机的心态、侥幸心理、试试看的心态、过分依赖他人、回本的心理等。

大学生创业过程中所遇到的阻碍并不仅以上 10 个方面，在企业发展过程中，随时都将可能遭遇不同的风险。保持积极的心态，多学习，多汲取优秀经验，结合自身既有的特长优势，唯此，创业的步伐才会越走越远、越走越稳。

二、创业风险的管理程序

风险管理是指人们对各种风险的认识、控制和处理的行为，它要求人们研究风险发生和变化的规律，估算风险对社会经济生活可能造成损害的程度，并选择有效的手段，有计划、有目的地处理风险，以期用最小的成本代价，获得最大的安全保障。这是一个对纯粹风险暴露的系统识别与管理的过程。成熟企业都有一个专门部门和高层经理主管企业所面临的风险，以使风险损失对实现企业目标的负面影响最小化。创业企业一般规模较小，其风险管理的任务主要落在创业者身上。

迄今为止，风险管理已经形成一般的管理原则，成熟企业通常以此来管理其所面临的

案例链接：诺基亚的衰落

风险。风险管理的程序一般包括以下几个环节：风险识别、风险评估、风险管理技术选择和风险管理效果评价等环节。

（一）风险识别

企业和个人都会面临许多潜在的风险。识别风险是管理这些风险的第一步，它是指对企业面临的现实及潜在的风险加以判断、归类并鉴定风险性质的过程。企业周围的风险多种多样，这些风险在一定时期和某一特定条件下是否客观存在，存在的条件是什么，以及损害发生的可能性等都是风险识别阶段应该回答的问题。识别风险主要包括感知风险和分析风险两个方面。风险的识别对传统的经营管理有至关重要的意义，识别如经营活动、财务活动、战略活动等风险暴露来源为主的企业风险，有助于企业目标的实现，也有助于创业企业的健康发展。

（二）风险评估

风险评估是指在风险识别的基础上，通过对所收集的大量的详细损失资料加以分析。这一阶段可按照相关损失发生的概率进行分类，进行损失概率的评估，同时对损失的规模与幅度进行分析，从而使风险分析定量化。把风险发生的概率、损失的程度与其他综合因素结合起来考虑，确定系统发生风险的可能性及其危害程度，通过比较管理风险所支付的费用，决定是否需要采取风险控制措施，以及控制措施采取到什么程度，从而为管理者进行风险决策、选择最佳风险管理技术提供可靠的科学依据。

（三）风险管理技术选择

在风险评估的基础上，为实现风险管理的目标，选择最佳的风险管理技术是风险管理的实质性内容。风险管理技术分为控制型与财务型两大类。前者的目标是降低损失的频率和减少损失的幅度，重点在于改变引起意外事故和扩大损失的各种条件；后者的目的是以提供基金的方式，抵消发生损失的成本，即对无法控制的风险进行财务安排。对于有些情况，最好的计划是什么也不做，但在大多数情况下，可能要安排复杂的方法为潜在的损失融资。

（四）风险管理效果评价

在做出风险管理技术选择的决策后，个人或企业必须实施其所选择的方法。风险管理应该是一个持续的过程，对实施的效果进行评价是必要的。有时新出现的风险暴露或预期的损失概率或损失幅度发生了显著的变化，需要对原有决策进行重新评价。风险管理的效果评价是指对风险管理技术的适用性及其收益情况进行的分析、检查、修正和评估，这是风险的动态性所决定的。通过效果的评价，以保证具体管理方法与风险管理目标相一致，并使具体的方案具有可操作性和有效性。

常用的风险处理方式

风险处理是指通过不同的措施和手段，用最小的成本达到最大安全保障的过程。风险处理的方式很多，但常用的是风险避免、风险自留、风险预防、风险抑制、风险转嫁和风险分担。

风险避免

风险避免是指设法回避损失发生的可能性，即从根本上消除特定的风险单位或中途放弃某些既有的风险单位。它是处理风险的一种消极方法。避免方法通常在两种情况下采用：一是某种特定风险所致损失的频率或损失的幅度相当高时，二是在用其他方法处理风险而其成本大于收益时。

没有风险就没有收益，避免风险虽然简单易行，但它却意味着收益机会的损失。因此，对企业而言，采用避免的方法在经济上是不适当的。在某些情况下避免了某一风险又会产生新的风险。

风险自留

风险自留是指对风险的自我承担，是企业自我承担风险损失的一种方法。自留风险有主动自留风险与被动自留风险两种。风险自留常常在风险所致损失概率和幅度较低、损失短期内可以预测，以及最大损失不影响企业财务稳定性时采用。在这样的情况下采用风险自留的成本要低于其他风险处理方式的成本，且方便有效。但是，风险自留有时也会因为风险单位数量的限制而无法实现其处理风险的功效。一旦发生风险事故，可能导致财务上的困难而失去其作用。

风险预防

风险预防是指在风险损失发生前为了消除或减少可能引发损失的各种因素而采取的处理风险的具体措施，其目的在于通过消除或减少风险因素而达到降低损失发生概率的目的。损失预防通常在损失的频率高且损失的幅度低时使用。损失预防的措施可分为工程物理法和人类行为法。工程物理法是指损失的预防措施侧重风险预防物质因素的一种方法，如防火结构的设计、防盗装置的设置等；人类行为法是指损失预防侧重于人类行为教育的一种方法，如企业安全教育、消防培训等。

风险抑制

风险抑制是指在损失发生时或在损失发生后为缩小损失幅度而采取的各项措施。损失抑制的一种特殊形态是割离，它是指将风险单位割离成很多小的独立单位而达到缩小损失幅度的一种方法。损失抑制常常是在损失幅度高且风险又无法避免或转嫁的情况下采用，如损失发生后的各种自救和损失处理等。

风险转嫁

风险转嫁是指一些企业或个人为避免承担风险损失，有意识地将损失或与损失有关的财务后果转嫁给另一个单位或个人去承担的一种风险管理方式。风险管理者会尽一切可能回避并排除风险，把不能回避或排除的风险转嫁给第三者，不能转嫁的或损失幅度小的可以自留。

随着科学技术的发展，市场竞争程度的加剧，产品的生产周期越来越短，市场对产品的要求不断提高，这要求企业不仅要有高水平的各类研究开发人员，还要具有优良的研究设施和成熟稳定的销售渠道。但是，创业企业的规模、企业科研实力和财力总是有限的，技术创新的能力和市场营销的能力也是有限的，要求一个创业企业在一切领域有高水平的各类人才和设备，对创业企业来说不太现实，因此，在创业过程中的许多方面寻求协作和联合是必不可少的。另外，由于创新具有较大的风险，为了加强创业企业的薄弱环节和分散创新风险，与其他企业和科研单位共同研究开发的情况也屡见不鲜。因为这样既可以极大地减少投资风险，又可以弥补大多技术型创业者管理能力的相对欠缺。市场开拓能力是决定创业企业成败的关键因素，因此，联合开发、共同营销策略不失为减少创业风险的有效途径。

三、创业风险的管理措施

（一）财务风险的管理措施

1. 扩展融资渠道

缺乏资金，即使创新技术再好也难以转为现实的生产力，创业计划再好也难以实现。足够的资本规模，可以保证企业投资的需要；合理的资本结构，可以降低和规避融资风险；妥善搭配的融资方式，可以降低资本成本。因此，融资机制的形成，直接决定和影响企业的经营活动及企业财务目标的实现。目前，除了银行贷款、自筹资金、民间借贷等传统方式，还可以充分利用风险投资、创业基金等融资渠道。大学生创业者要根据这些筹资方式的利弊，结合自身实际情况，做出合理的组合选择。

2. 控制现金流

对大学生创业者来说，要应对现金流风险相对比较困难。原因在于，很多大学生是初次创业，缺乏经验，而现金流风险的应对需要企业的长期经营和积累总结。因此，大学生创业想要有效地应对现金流风险，必须通过总结经营过程中点点滴滴的经验教训来制定一套符合自身企业实际的规章制度，通过对企业日常业务的现金流监管来防范现金流风险。

一般来说，企业采取的措施主要有两点：一是要构筑严密的企业内部控制体系。通过分析企业支出费用的结构及费用支出的合理性、经济性，通过理论知识和实践经验相结合来总结经验教训，采取有效的方法提高资金利用率，规避现金流风险。二是要用收付实现制的会计原则管理现金流。将企业的经营收入和费用支出及时入账，这样有利于反映企业的现金流向，便于大学生创业者对现金流进行管理。同时，创业者必须时刻关注现金流量表，谨慎比较计划的现金流量和现实的现金流量的差距，一旦发现问题，及时采取措施弥补，改善现金流状况。

（二）技术风险的管理措施

1. 自己掌握技术

要避免技术风险，最有效的办法是将技术掌握在创业者自己手里，而不是掌握在别人手里。从另一个角度讲，大学生如果根据自己的专业技术来选择创业项目，创业的技术风险就会更小，成功的概率相对也会更高。

2. 雇用掌握技术的员工

大学生创业者除了通过自己掌握技术，还可以通过招聘掌握技术的人才帮助自己创业，实现创业设想。对于大学生创业者，不可能事事亲力亲为，掌握生产过程的每一项技术，因此，雇佣掌握该技术的员工是必不可少的，这也是现代化企业管理的要求。

3. 充分利用大学的资源

数据显示，2019 年，我国高校科技成果转化率只有 8.1%；2022 年，我国高校发明专利产业化率也仅为 3.9%。同期这两项数据，发达国家均为 50% 左右。这样鲜明的对比显示出我国科技成果转化率仍处于较低水平，同时也说明，如果大学生创业能够建立在高校科技成果的基础上，那么创业成功率也会更高。因此，作为大学生创业者，要充分利用高校现有的资源，以达到事半功倍的效果。

（三）市场风险的管理措施

企业要结合发展战略，针对目标市场要求，根据外部环境因素，最有效地利用本身的人力、物力和财力资源，为企业制定最佳的市场营销组合策略，最大限度地起到缓解市场风险的作用。可以在以下几个方面采取有效措施。

1. 树立以市场为导向的整合营销理念

要在瞬息万变、竞争激烈的市场中生存，创业者必须树立正确的市场营销理念，重视市场营销的作用，这是开展一切营销活动的前提，也是避免市场风险的前提。创业者要增强现代营销观念，把市场营销工作放在重要的地位，在进行产品规划、价格制定、渠道选择、促销策略制定时都要以市场为导向，从顾客角度出发，同时生产研发部门应注意与营销部门配合，响应市场需求，实现技术与市场的完美结合。

2. 生产适销对路的产品

面对消费需求的不断变化和竞争对手产品更新步伐的加快，加快新产品研发的速度是预防产品风险的重要途径。面对企业已发生的产品风险，尽快开发出符合市场需要的新产品是企业走出困境、摆脱困境的有效举措。企业应根据市场需求和企业目标，对产品组合的宽度、深度和关联度进行决策，使企业降低投资风险，增加产品的差异性，适应不同顾客的需求，从而提高企业在某一地区或某一行业的声誉。

3. 做好市场细分和客户细分

市场上存在着成千上万的消费者并且分散于不同的地区，他们的需求和欲望是千差万别的。要想在激烈的竞争中获胜，就必须在创业前进行市场细分和定位，选择并集中力量于最有效的市场。

（四）信誉风险的管理措施

在准确识别信誉风险后，结合引发信誉风险的具体原因可采取有针对性的控制方法。由于这里主要涉及外部信誉风险，对这类信誉风险可采取的规避方法包括以下三个方面。

1. 提高产品质量，提升服务水平

在影响创业企业信誉的诸因素中，产品和服务是关键因素。产品和服务是企业信誉的载体，其品质是塑造企业信誉的"根系"。品质是给消费者带来剩余价值的因子，能够增长消费者满意度，增加消费者忠诚度，从而提升企业信誉。为了确保、提升产品和服务品质，创业企业要加强产品质量监督、改善产品设计、引进新的产品功能、提升产品文化内涵；端正服务态度、加强服务意识教育、改善服务流程、提高服务水平、增加服务种类、制定个性化服务。如果创业企业不断提高产品和服务质量，就会赢得社会公众认同，提升企业的美誉度，降低信誉风险。

2. 贯彻信誉意识，加强信誉监管

创业企业加强信誉理念学习，使员工都意识到信誉是企业生存的命脉。创业企业不断投资于信誉建设，通过培训、奖励、提升及处罚、降职等措施来建设员工信誉。天长日久，员工就拥有企业信誉意识；创业企业针对经营者的道德风险专门设立信誉监督机制来加强对其道德监督，使其经营信息在公司内部流通，以防止他们利用信息优势破坏投资者的权益，把企业经营者的信誉和他们的收入水平及职位直接挂钩。通过这些措施，企业内部就会形成人人讲信誉、经营讲信誉的良好风气。

3. 积极承担社会责任，参与地方建设

企业是社会的细胞，公众要求企业承担社会责任。因此创业企业规避信誉风险，就要在担负起改善公众生活、建设美好社区、进行慈善活动责任的同时，融入地方习俗，参与地方文化建设。公众通过企业行为知晓具有维护同质企业信誉、负社会责任的企业，是值得顾客信赖的企业。这就提高了企业信誉，规避了企业的信誉风险。

（五）人力资源风险的管理措施

1. 创业者风险的管理

为了避免创业者风险破坏性后果的出现，应该通过阅读财务报表、观察创业者行为等措施，建立预警机制，做到防患于未然。

预警机制包括：一是创业初期可以采取创业者独自决策，但是随着企业的成长，应该改个人决策为群体决策，避免最坏的结果；二是借鉴科学的决策程序。例如，希望集团董事长刘永好曾说过，他们决定投资某一个项目之前，会先找相关领域的专家来进行论证，如果专家提出了相反的意见，能将他们的投资项目推翻，认为不应该投资该项目，希望集团认为这种结论能帮助他们规避投资风险，所以会对这些专家给予奖励。这种决策程序就能在很大程度上避免创业者决策的随意性，保证投资项目的科学合理。

2. 创业团队风险的管理

完善团队要素是构建优秀团队的基础，优化团队管理则是提高团队运行效率的加速

器。管理创业团队可从以下几个方面入手。

（1）管理手段综合化。团队管理手段是多样化的，有沟通、协调、任务分配、目标设定、激励、教导、评价、适当批评、建议、授权、开会、奖惩等手段，可以根据具体情况综合采用。

（2）管理内容阶段化。团队的构建要经历一个较长的过程（一般为3~5年），要根据每一阶段的团队特点来确定不同的管理内容。在形成期，团队共同的目标、成员之间的关系、共同规范尚未形成，此时的管理内容在于让成员快速融入团队，要让成员理解个人的目标和团队目标的相互依存性。在凝聚期，日常事务能正常运作，但主要的决策与问题仍需要领导者的指示。此时的管理内容是挑选核心成员，培养核心成员的能力，建立更广泛的授权与更清晰的权责划分。在开放期，允许成员提出不同的意见与看法，目标由领导者制定转变为团队成员的共同愿景。此时的管理内容是培养团队自主能力。在成熟期，团队爆发出前所未有的潜能，创造出非凡的成果，并且能获得很高的顾客满意度。此时的管理内容是保持成长的动力，避免老化。

（3）绩效评定科学化。在团队中，必须科学合理地对成员进行绩效评定。一般来讲，对团队绩效的测评可以遵循如下程序，即首先要确定对团队层面的绩效测评维度和对个体层面的绩效测评维度，然后在测评维度的基础上，分解测评的关键要素，最后考虑如何用具体的测评指标来衡量这些要素。

3. 关键员工流失风险的管理

（1）防范关键员工流失。建立组织的共同愿景，从"他们的公司"变成"我们的公司"；为关键员工设计职业生涯规划，让关键员工清楚地看到自己在组织中的发展道路，对未来充满信心和希望，还可以为其提供内部创业机会；用培训和开发来激励关键员工，这样可以为关键员工提供不断学习、发展的空间，能够吸引、保留和开发关键员工人力资源；建立动态的绩效评估体系，提供有竞争力的薪酬水平；工作内容激励，有意识地丰富关键员工的工作内容；实施感情管理，共同创造，相互信任和尊重，共享成果。

（2）关键员工流失的风险控制。关键员工流失的风险控制是在风险事故发生后，为了将损失降到最低而采用的一系列制衡和约束措施。这些措施主要包括以下几种。

① 做好招聘工作。招聘是管理核心员工的第一步，在引进人才时不仅要看他们是否具有与岗位相匹配的技能，还要注意考察他们的职业道德和团队合作意识。如果对重要岗位的人员选聘不当，将会给企业带来隐患。

② 契约约束。企业可以与关键员工在合同中阐明责任、权利和义务，一旦出现问题可诉诸法律。如果双方事先签订"竞业禁止"协定，要求员工在离开企业后的一段时间内不得从事与本企业有竞争关系的工作。企业还可以在合同中规定如果员工离开企业，需要继续为本企业保守商业秘密、技术秘密等，同时规定相应的补偿措施。

③ 建立人力资源信息系统，从企业内外搜集相关信息，加强信息管理。企业内部信息包括在职人员信息、离职人员信息、人才储备信息、员工工作动态跟踪信息等。通过这些信息，企业可以了解关键员工离职率及离职原因，从而有针对性地采取措施。例如，根

据以往的平均离职率预测这一阶段的离职人员数，提前挑选后备人员进行培训，这样就降低了离职发生时岗位长期空缺给企业带来的损失；在关键员工离职时通过问卷调查总结他们离职的原因，以发现管理上存在的不足，改善用人、留人政策。企业外部信息主要包括同业人员信息、同业人才需求和供给信息等。通过对人才供给状况的了解，企业可以快速有效地为关键员工流失后的空缺岗位补充优秀人才。从同业人员信息中可以了解其他企业的薪资福利情况和行业平均薪资水平，企业可以依此审视自己的薪酬政策是否合理。

④ 工作管理与非工作管理相结合。关键员工离开企业的这段时间是以往管理活动中的空白，对核心员工的管理不应仅限于 8 小时之内的工作时间。例如，在春节放假期间为几位高层经理及全家安排出国旅行。企业有意识地安排这样一些活动，一方面体现了对员工的体恤和奖励，另一方面减少了企业与关键员工在非工作时间中的信息不对称程度。

⑤ 建立工作团队，通过工作分担机制进行适当分权。例如，实行定时采用技术小组或团队的形式，不能让某一个关键员工在较长时间内拥有或控制企业的关键技术和重要权力，注意各技术开发人员的相互协调。通过建立这一机制，每个成员都不可能单独完成整个项目和掌握全部技术，就能有效降低伴随关键员工流失而带来关键技术泄露的风险。

对某些掌握大量客户和业务的职位和部门，应建立相互监督制约的工作分担机制，获取客户和业务的某些重要环节和关键权力公司统一管理。例如，进行客户关系管理，将客户的各种信息统一录入公司数据库，并对客户进行后续的服务和维护。同时，企业在与客户联系的过程中应反复向客户阐明这样一个观点：你不是在和某人打交道而是在与企业交往。企业可以定期地举行一些客户联谊活动或以企业的名义向客户发送问候邮件，以突出企业的形象，削弱个人的色彩，避免因某个关键员工离职而造成大量重要客户流失。

随着中国加入世界贸易组织（World Trade Organization，WTO）和市场竞争的加剧，企业间的人才战愈演愈烈。从大量企业成败的案例中可以看出，能否有效地保留、管理、开发企业的关键性人力资源是企业提升核心竞争力、获得优势的关键。对管理者而言，需要结合企业内外环境的变化和本企业的实际情况，对关键员工的风险管理进行长期的系统工程建设。

（六）管理风险的管理措施

1. 管理者方面

首先要加强领导者自身的品德修养，从而增强企业凝聚力和激励力，同时着力弥补其他方面如资源劣势等方面的不足，提升管理的效率和效果；同时要扩展知识，对技术创新涉及的知识方法等有一定程度的理解，增强与技术创新人员的沟通，从而对创新活动的组织更为科学；还要全面提升管理层人员的素质和能力，在管理人员中尤其要注重协作沟通能力的提高，刻意培养管理创新意识和创新能力。

2. 组织结构方面

中小企业应在组织效率和灵活性上充分发挥自身先天优势；积极利用多种渠道与社会组织加强内外信息沟通和交流；注重知识经验的有效识别和积累，加强企业知识管理，建立知识储备库；扩大企业开放程度，利用各种社会力量，与高校、科研院所建立密切关系，增强组织对创新方向的把握。

3. 企业文化方面

要致力于良好的企业文化的培养，除了凝聚力、向心力的形成和培养，尤其应该塑造创新精神和团队精神，真正把创新作为企业生存和发展的根本所在，树立朝气蓬勃、齐心向上的企业精神，为一切创新活动创造良好的环境。

4. 管理过程方面

应该遵循对技术创新管理的科学性，减少管理人员的随意性。首先要设立正确的创新目标，最大限度地利用现有条件制订科学合理的计划，其中包括对风险的预测及建立相应的防范规避机制；同时，组织的过程管理要以计划为依据，充分挖掘企业各种资源，使现有资源的效用发挥到最大，注意组织结构的适时调整。领导过程要以现有目标为前提，加强对参与创新人员的适当激励，保持创新团队的士气；最后，控制环节除了一般的信息准确及时、控制关键环节、注意例外处理等方面，应突出关注控制的经济效益，要关注采取行动的效率和效果。

（七）法律风险的管理措施

（1）必须强化风险意识。企业家必须认识到，法律风险一旦发生，会给企业带来严重的后果，但事前是可防可控的。

（2）必须完善工作体系。建立健全法律风险防范机制，要与加快建立现代企业制度、完善法人治理结构有机结合起来，使法律风险防范成为企业内部控制体系的重要组成部分。

（3）必须加快以企业总法律顾问制度为核心的企业法律顾问制度建设。中国企业法律顾问制度建设与国外特别是欧美国家相比还存在较大的差距。截至 2022 年，全国企业法律顾问队伍已超过 20 万人，但大多数企业法律顾问专业人才仍相对短缺，有的企业甚至连一名专职的法律顾问都没有。

（4）必须突出合同管理、知识产权管理和授权管理。加强合同管理是防范企业法律风险的基础性工作，要建立以事前防范、事中控制为主，事后补救为辅的合同管理制度。

（八）政策风险的管理措施

政策风险防范主要取决于市场参与者对国家宏观政策的理解和把握，取决于投资者对市场趋势的正确判断。由于政策风险防范的主要对象是政府管理当局，因此有其特殊性。

1. 反向性政策风险的防范

对于反向性政策风险的防范主要是理顺国家政策与企业资产重组运作内在机制之间的关系。由于政策风险对于市场经济发展及合理的资产重组起着阻碍作用，因此应慎重地制定政策。对于地方政府来说，在制定政策时应尽量与中央政府保持协调一致，以减少反向性风险。中央政府在制定政策时，应根据市场经济体制的要求，制定其配套的改革政策，以实现资产重组的法治化。

2. 突变性政策风险的防范

对于突变性政策风险的防范主要取决于国家监管部门，其防范措施主要有以下两方面。

（1）加强日常监管。在市场运行过程中进行日常监管，可以防微杜渐，防患于未然。出现异常情况时及时做出判断，对违章事件及时查处，以保持良好的资产重组的市场环境。

（2）提高市场监管水平。根据市场的运行和变化，运用市场控制手段，把握市场供求结构和行业平衡，完善资本市场，减少突变性风险，使企业的资产重组在一个平衡、协调的市场中进行。

 风暴眼

你会因为创业风险而放弃创业选择吗？

【延伸阅读】

科技创业的挑战与机遇：从管理到 AI 革命

模块总结

创业前通过进行前期的创业市场调查，才能了解市场的供求状况现状及其发展趋势经营模式和风险。通过市场调研制订相应的创业计划并实施创业，运用科学的方法，有目的地、有系统地搜集记录整理有关市场营销的信息和资料，并进行市场分析，这样能大大提高创业成功率。

创业机会主要是指具有较强吸引力的、较为持久的有利于创业的商业机会，创业者据此可以为客户提供有价值的产品或服务，并同时使创业者自身获益。创业机会来源于个人的兴趣和爱好、顾客未被满足的需要、新的环境变化、新的发明创造、竞争对手的缺陷、新的知识和技术的产生。

评价创业机会是不是一个好的创业机会，需要先进行初步简单的评价，再进行系统的评价。首先要知道一个有价值的创业机会需要具备的特征：具有吸引力，持久性，及时性，依附于购买者或终端用户创造或增加价值的产品、服务或业务。

识别创业机会可以从市场、效益、创业团队、个人和竞争优势五个方面进行评价，但在具体评价时不一定全部指标都用，可以根据创业项目的实际情况，选择最重要的指标进行评估。

学习评测

模块五

双创实践

实训一　构思创业项目

以小组为单位，每个小组成员提出创业构想，并尝试从三个方面介绍自己的创业项目：一是创业项目的来源是什么？二是创业项目的目标客户是谁？三是创业项目的竞争优势是什么？

实训二　评估创业项目

以小组为单位，对每个小组成员提出的创业项目进行评估，最终选择一个可行的项目，作为小组后期共同实施的创业项目。

课后反思

学号：　　　　　姓名：　　　　　日期：　　　年　　月　　日

（1）针对其他小组及教师的意见，对创业项目进行修改完善。

_____

_____

_____

_____

（2）学习完本模块内容，将你的思考和感悟记录下来，并与同学分享。

_____

_____

_____

_____

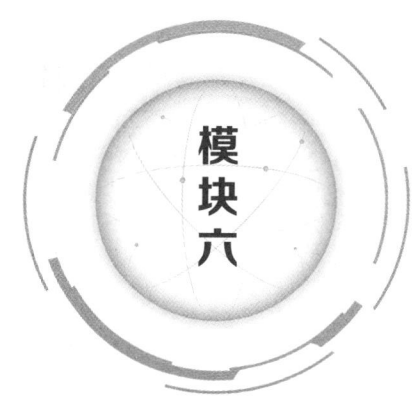

模块
六

谋篇布局——构建商业模式

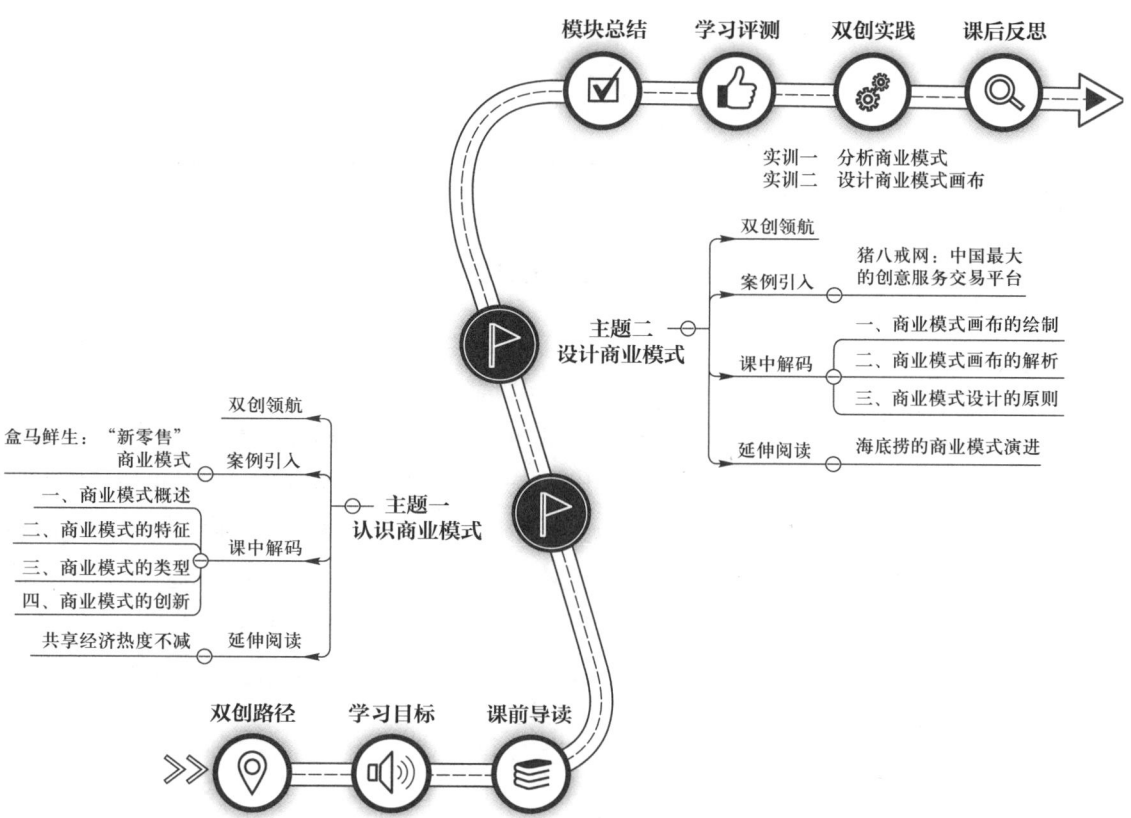

学习目标

● 知识目标

（1）了解商业模式的定义、特征及类型。

（2）了解商业模式在企业经营中的重要地位。

（3）掌握商业模式在当今时代的创新特点。

（4）掌握商业模式的设计方法。

（5）熟悉商业模式画布的九大因素。

● 能力目标

（1）能够熟练运用商业模式画布解剖企业的运营模式。

（2）能够运用创新创业思维和行为准则开展活动，具备分析问题、解决问题，勇于挑战、勇于创新的能力。

● 素质目标

（1）具备全面认识互联网时代的商业环境的意识，具有探索分析不同商业模式的积极性和主动性。

（2）涵养开拓创新、敢于实践的创业品格和创新精神。

（3）树立科学的商业模式思维，增强表达能力、沟通能力和团队合作意识。

课前导读

　　商业模式是一个企业得以运转的底层逻辑和商业基础，如果没有弄清楚一个企业的商业模式就开始运作一个企业，那就是无源之水，无本之木。完善的商业模式可以让一个企业更加科学合理，有的放矢地去运营。如果一个企业没有弄明白自己的商业模式是什么，而一直依靠外在的资本注入运作，那就相当于这个企业没有自力更生的生存能力，这在竞争激烈的商业市场上是没有生存空间的，更别提达到持续盈利的目的。因此，商业模式是一个企业健康发展的根本前提，是一个企业最高级别的竞争方式。在任何一个想要长久发展的公司都是缺一不可的。

　　本模块将重点介绍商业模式的基本知识及商业模式设计与创新的思路和方法。

主题一　认识商业模式

【双创领航】

▶ 思想化育

当今企业的商业竞争不是产品之间的竞争，而是商业模式之间的竞争。

——彼得·德鲁克

▶ 学理依循

早在 2006 年，时任北京大学汇丰商学院副院长魏炜和清华大学金融与国际贸易系副主任朱武祥就发表了《商业模式这样构建》一文，初步提出商业模式概念体系，人称"魏朱商业模式模型"。这些年魏炜通过在此方面的不懈研究，使他享有"中国商业模式研究第一人"之称。他指出，真正能够盈利、价值增长率能达到两三倍甚至更高的企业，都是商业模式非常独特的企业。

【案例引入】

盒马鲜生："新零售"商业模式

互联网时代，电子商务的发展对于传统零售业的冲击是巨大的，电子商务改变了人们的消费观念，网购的流行使得传统零售业不得不转型升级。但是，线上购物也存在一定的局限性。由于物流配送受时间、地点等因素的影响，顾客在线上进行交易时，存在很多不便。所以，电商企业在尝试努力变革的情况下，如何有效解决传统企业和电商企业面临的问题，成为时下热点。

2016 年 1 月 13 日，我国第一家盒马鲜生在上海张扬路 3611 号浦东金桥国际商业广场开业。盒马鲜生是一家支付宝会员生鲜体验店，也是"新零售"模式的典型代表，其采用"线上电商＋线下门店"经营模式，门店承载的功能较传统零售进一步增加，集"生鲜超市＋餐饮体验＋物流配送"为一体。盒马鲜生分为线上与线下两部分业务：线下开设门店，以场景定位的方式销售来自 103 个国家、超过 3 000 种的商品；线上依托其实体店，提供三千米以内、半小时送达的快速物流配送服务。消费者可以在门店直接消费，也可以在手机软件"盒马 App"下单配送到家。"鲜"是盒马鲜生的首要特色，强调为顾客提供最新鲜的食材，满足顾客每一餐的需求；其次是"所想即所得"，由于线上线下保持商品的质量、库存的一致性，方便为顾客提供快捷送达服务；再次是一站式购物，通过线上扩大品类，尤其是吃的方面，盒马鲜生具备巨大的商品竞争力；最后是"让吃变成一种娱乐"，盒马鲜生的受众群体集中在"80 后""90 后"消费者，店内设置大量的分享、DIY（自己动手做）、交流等元素，体现消费者的价值，塑造了新的生活方式。

新零售是顺应消费升级趋势，利用大数据、人工智能等新兴技术，实现"人、货、场"的最佳匹配，从而达到提高消费体验和经营效率的零售业发展模式之一。所谓的"新"商业模式在时间的打磨下总会变"旧"，但是商业模式在现实世界里的尝试与应用会对未来生活和消费方式产生重大影响，进而衍生或引导出新的消费需求，或转变原有的消费习惯，这些才是推动一个行业不断前进和发展的根本动力。盒马鲜生满足的是当代消费者对"品质生鲜"的"即食"需求，这种需求是从"普通生鲜"到"品质生鲜"的商品升级需求，以及伴随着"即买即时"和"快速配送"的服务升级需求，为了满足上述需求而创新出来的一种对商品、服务、生产、流通与销售全过程的升级改造。

◎案例启示

成功的商业模式不一定是技术上的创新，很可能是对企业经营某一环节的改造，或是对原有经营模式的重组、创新，甚至是对整个游戏规则的颠覆。商业模式的创新贯穿于企业经营的整个过程中，存在于企业资源开发、研发模式、制造方式、营销体系、流通体系等各个环节。每个环节的创新都可能塑造一种崭新的、成功的商业模式。

◎思考探究

你认为盒马鲜生的商业模式能够获得成功的关键因素是什么？

【课中解码】

随着各国政府纷纷推出鼓励创业的政策，大量的创业成功故事出现在媒体上，似乎只要坐在咖啡厅中与好友讨论一番就足以设想出一个商业模式并让它在现实中运营起来。然而，现实可能不尽如人意，创业者发现，只有经过反复锤炼的痛苦过程，商业模式才有可能落在实处。在企业的产品和服务进入市场之前，还有更多的工作要做。首先需要的是一个满足真实市场需求的业务概念，以及能够实现价值的商业模式。管理大师彼德·德鲁克在20世纪50年代就指出顾客对于企业的基本意义。他常常向创业者提出以下五个重要问题。

（1）我们的使命是什么？

（2）我们有哪些顾客？

（3）我们的顾客对价值有哪些看法？

（4）我们提供哪些结果？

（5）我们的计划是什么？

德鲁克的这五个问题就是商业模式的基础。如果创业者不能很好地回答这些问题，那么他所做的一切将很可能只是在浪费时间。使命要回答的是我们为什么要做事，是这家企业未来将要实现的长远目标；顾客是可能为企业所创造的价值付费的人，可以是组织，也可以是个人；顾客对价值的看法是一个很难回答的问题，它要求创业者潜心在市场上理解顾客所遇到的实际困难，解决这些问题或困难就是顾客所看重的价值；结果告诉我们是否走在正确的道路上，创业者应当清楚自己的工作将导致怎样的结果，创业者不是在预测未来，他们是在创造未来，找出实现未来目标的方法；对于创业者，计划也不是传统的商业计划，那些用大量的商业词汇堆积起来的厚厚的商业计划书已非必需，因为现实环境已悄然发生变化。创业者的计划总是与行动联系在一起，是一系列小的实验，能够帮助他们获得反馈用于修正自己的行动来满足顾客的需求。

一、商业模式概述

（一）商业模式的定义

什么是商业模式？创业者如何使用商业模式？首先，一家企业必须通过与竞争对手的差异化或满足市场中尚未得到满足的需求来创造价值。其次，企业必须通过将产品货币化来实现价值。也就是说，创业者必须知道如何在经营活动中盈利。所有这些活动都是在一个价值网络中发生，价值网络的构成包括合作伙伴、供应商和价值链上与企业有生意往来的其他成员。

由此，我们认为商业模式是指为实现各方价值最大化，把能使企业运行的内外各要素整合起来，形成一个完整的、高效率的、具有独特核心竞争力的运行系统，并通过最好的实现形式来满足客户需求、实现各方价值（各方包括客户、员工、合作伙伴、股东等利益相关者），同时使系统达成持续盈利目标的整体解决方案。用一句话来阐述就是：商业模式描述并规范了一个企业创造价值、传递价值及获取价值的核心逻辑和运行机制。

（二）商业模式的组成部分

商业模式最核心的三个组成部分——创造价值、传递价值、获取价值是三个环环相扣的闭环（图6-1-1），三者缺一不可，少了任何一个，都不能形成完整的商业模式。

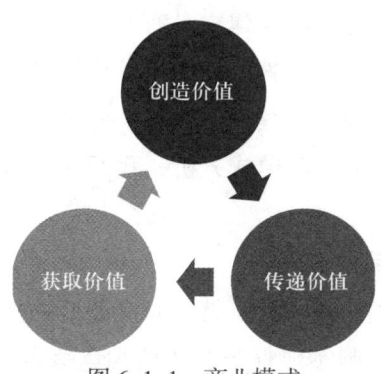

图6-1-1　商业模式

（1）创造价值是基于客户需求，提供解决方案。

（2）传递价值是通过资源配置，活动安排来交付价值。

（3）获取价值是通过一定的盈利模式来持续获取利润。

一个成熟的商业模式背后都会潜藏一定的商业要素，任何人在操作的过程中，只有匹配了这些要素才能够确保创业项目成功的可能性，从而形成机制。

二、商业模式的特征

长期从事商业模式研究和咨询的埃森哲公司认为，成功的商业模式具有以下三个特征。

1. 成功的商业模式要能提供独特价值

有时候，独特的价值可能是新的思想，而更多的时候，它往往是产品和服务独特性的组合。这种组合需要可以向客户提供额外的价值，或者使得客户能用更低的价格获得同样的利益，又或者用同样的价格获得更多的利益。

2. 成功的商业模式是难以模仿的

企业通过确立自己的与众不同，如对客户的悉心照顾、无与伦比的实施能力等，来提高行业的进入门槛，从而保证利润来源不受侵犯。例如，直销模式（仅凭直销一点，还不能称其为一个商业模式），人们知道其如何运作，但直销的背后的一整套完整的、极难复制的资源和生产流程是难以模仿的。

3. 成功的商业模式是脚踏实地的

企业要做到量入为出、收支平衡。这个看似不言而喻的道理，要想年复一年、日复一日地做到，却并不容易。现实当中的很多企业，不管是传统企业还是新型企业，对于自己的盈利从何处来、为什么客户看重自己的产品和服务，乃至有多少客户实际上不能为企业带来利润（反而在侵蚀企业的收入）等关键问题，都不甚了解。

三、商业模式的类型

一个品牌的崛起，需要建立具有竞争力的认知。然而，一个好的认知，同样需要一套科学的商业模式。一个品牌，如果只有认知没有模式，就无法打造成真正的大品牌。好认知，可以让品牌实现可持续性的成长；好模式，可以让品牌运营和盈利持续提升。根据目前市场上成功企业的商业模式分析，我们总结出以下 12 种比较成功的商业模式。

（一）资源控制模式

资源控制模式的最大特点就是对产业链的上游进行控制。也就是说，对产品的原材料进行控制，通过控制实现整个企业核心竞争力的提升和企业的盈利。要想采用这个模式，就必须考虑清楚以下四个问题。

（1）你想控制的资源，是否在顾客心智中有优势地位？

（2）是否不易被替代？

（3）是否有能力做到控制？

（4）是否适合商业化运营？

也就是说，你想控制的资源最好是独一无二的，没有或者很少有其他资源能够替代。如果你的资源轻而易举就被另外一个资源替代，那你控制这个资源的意义并不大。有些企业对资源的控制力不从心。因为其中涉及很多诸如区域行政干涉的问题，所以没有能力做到控制的时候，这个模式需要慎用，必须做到把你的资源转化为现金流才行。

案例链接：
为什么华为可以保持长时间的技术领先

案例链接：
娃哈哈在内部机制上的学问

（二）技术控制模式

技术控制模式比较适合技术领域的企业或者大型企业。资源控制型的中小型企业不太适合采用这种模式。如果想将技术控制模式做好，就必须真的掌握核心技术。例如，格力适合采用这个模式，因为格力掌握了空调领域的核心技术。除此之外，公司还需要持续研发新技术的能力、建立技术输出的商业生物链带，要坚信利润远大于投入等。

（三）渠道控制模式

了解渠道控制模式，需要从两大板块看：一是传统渠道，二是互联网渠道。

1. 传统渠道

要做好传统渠道控制模式，首先要让所有经营客户有利可图，其次要将费用投入与经销商经营结果挂钩，最后鼓励经销商自觉进行百店、千店建设。

2. 互联网渠道

互联网渠道有以下三个方面需要好好把握。

（1）大数据供求连接。不懂大数据就做不好互联网渠道。

（2）智能化购物体验。在顾客购物的环节里，必须要应用人工智能，了解顾客的需求，甚至让人工智能比顾客还了解自己，只有做到这个程度，才能成立这种渠道。

（3）一对一客户管理。传统渠道对客户是进行批量管理的，但是，在新零售和互联网渠道中，对用户都是一对一管理的，这也得益于互联网技术的发展。

把以上三点做好，互联网渠道同样会做得很好。

（四）客户控制模式

客户控制模式，不是对客户采取一些强行的行为约束，而是把他的心留住，其中的利益驱动就变得很重要。

客户控制模式要考虑顾客的购买理由、顾客的重复消费和关联消费、顾客成为推销员为你宣传及是否形成顾客大数据为品牌的发展服务。

例如，拼多多为什么运营短短两年就拥有4亿多的用户？实际上其就是在社群里采用了拼团模式，通过利益驱动，让大家给平台介绍客户拿红包。"找朋友去帮我砍价，我就能以更低的价格拿到这个商品"，通过这样的游戏规则让这些顾客成为该平台的宣传人员。最后一点是顾客大数据发展至关重要。如果你采用客户控制模式，你就要知道你的顾客是谁？他们有什么样的行为路径、消费习惯、生活方式？客户购物的时候，他的痕迹是什么？购买的具体数量、金额是多少？如果不掌握这些数据，那么这个模式毫无意义。因此，形成大数据是这个模式的关键所在。

（五）轻资产模式

"轻资产运营"是国际著名管理顾问公司麦肯锡特别推崇的战略，以轻资产模式扩张，与以自有资本经营相比，可以获得更强的盈利能力、更快的速度与更持续的增长力。

首先要明白的是，资产的轻重是个相对的概念，就一个企业或一项投资而言，我们平时耳熟能详的厂房、设备、原材料等，往往需要占用大量的资金，属于重资产。轻资产主要是企业的无形资产，包括企业的经验、规范的流程管理、治理制度、与各方面的关系资源、资源获取和整合能力、企业的品牌、人力资源、企业文化等。因此，轻资产的核心应该是"虚"的东西，这些"虚"资产占用的资金少，显得轻便灵活，所以"轻"。

关于轻资产模式，我们必须要了解一个核心要点：把企业涉及重资产的这一部分通过外包或合作的方式完成，而不是自己做。做好轻资产模式，必须回答清楚以下四个问题。

（1）是否具备支撑你发展的生物链合作伙伴？

轻资产模式注定是跟别人合作的，所以如果合作伙伴能力不强或合作伙伴数量不够，轻资产模式是无法做下去的。

（2）生物链的核心环节你是否有所掌控？

（3）是否有能力建立合作伙伴的多赢机制？

对轻资产而言，涉及与别人合作，一定要分享利益。以携程为例，这些年的发展一直很好，因为携程不管跟航空公司、酒店还是火车站合作，利益的分成机制都非常相似，即把足够多的利益让渡给对方，当然也有一些自身利益在里面。

利益分配必须有一个合理的安排。如果携程的规则只是盈利，只是"我吃饺子，你喝汤"，可能就不会有今天的携程。

（4）是否有助于加速品牌的成长和盈利？

轻资产模式很关键的一点就是为企业发展提速，否则我们为什么要采用轻资产模式。

总之，考虑是否采用轻资产模式的时候，回答清楚以上四个问题是非常关键的。

（六）众筹众包模式

严格来讲，众筹众包由众筹模式和众包模式组成，但其背后的逻辑比较相似。

怎么理解众筹众包呢？例如，一位地产商有600亩旅游地产，地段很好，但是自己想不出好的创意，一直处于亏损状态。后来，他想到把600亩地切成20块，以30亩为单位对外招商，欢迎大家入驻，但必须以旅游和娱乐为主，这样很快就把20块地全部租出去。这就是非常典型的众筹众包模式。

众筹众包，必须找到很多合作伙伴一起做，如果你的创意不行，合作伙伴没有兴趣参与这个游戏，那么这个模式也做不长久。在利益层面，能否给合作伙伴一个很好的回报也很关键。尤其在众筹的过程中一定要注意，凡是涉及钱的事情不要轻易去做众筹，有涉嫌非法集资的风险。使用话语权带动参与众筹众包的合作伙伴跟你一起奋斗是创业成功的关键。如果你没有能力做主角，那么这种模式的创业可能会让你血本无归。

（七）价值转移模式

案例链接：火爆的馒头

价值转移模式要想取得成功，就要有足够吸引人且有流量的主打产品，最好还要有与之相搭配的其他产品，当然，要注意流量产品不会影响品牌定位。商家如果能够设计出一个确保此产品组合持续盈利的机制，就给这种模式的成功奠定了良好的基础。

（八）抱团竞争模式

案例链接：佳能抱团

抱团竞争模式要想取得成功的话，应该注意以下四个问题。

（1）抱团的理由是否足够充分？

例如，佳能抱团竞争的理由非常充分。自己研发技术需要3年时间投入约200万美元，而其他厂家现在只用20万美元向佳能购买技术，瞬间就能拥有技术，这个理由足够充分。

（2）抱团后是否能够增强生物链的垄断性？

同样在佳能的故事里，佳能谈到未来打印机的研发，将同样把技术以10%的价格分享给其他厂家。这个条款实际上就是增强佳能的垄断性，佳能要垄断技术。

（3）是否具备抱团竞争的条件和机制？

抱团后必须解决合作伙伴的合作意向，然后通过一些机制把合作意向锁定，这个很关键。

（4）通过抱团竞争是否能够增强品牌的认知？

抱团后要考虑能否强化自身的品牌定位，如果抱团后反而削弱了品牌定位，那么这个模式是不适用的。例如，早期的伊利（全称内蒙古伊利实业集团股份有限公司）和蒙牛（全称内蒙古蒙牛乳业集团股份有限公司）实际上是竞争对手，却共同打造了"中国乳都"呼和浩特这个概念，这个概念很明显对伊利和蒙牛的品牌定位都起到了强化作用。

（九）平台经济模式

案例链接：微信——合格的平台经济模式

随着移动互联网时代的到来，我们周围诞生了很多平台公司。举一个最典型的例子，我们每天接触的微信就是一个大平台，它的模式就是非常典型的平台经济模式。要想做好平台经济模式，有三个关键词很重要，分别是流量、共享和数据。

平台经济模式的起源就是流量，如果没有流量，就没有平台经济模式。做平台经济模式一定要有共享意识，要把这个平台共享出去，这一点很关键。做平台经济模式必须形成一个庞大的大数据，然后把这个大数据变成一个盈利的工具。一个大平台不用担心无法获得利润，它可能前期会花费很多的资金，但是发展的后期都会连本带利地收回来。

（十）孵化器模式

孵化器模式要想取得成功，就必须回答清楚以下四个问题。

（1）是否具备资金、技术和渠道等资源整合能力？

例如，海尔为什么能够做成一个孵化器？因为经过20多年的积累，这些能力它都具备，所以海尔敢于尝试这个模式。

（2）是否有超强的创业孵化流程和能力？

企业要采用孵化器模式，必须有和孵化器所匹配的相关流程和相关能力，如创业团队的培训能力和融资能力。

（3）是否有渠道找到符合孵化条件的人和项目？

很多孵化器模式的企业经常会举办创业大赛，找到优质的项目和相关的创业人才。

（4）是否建立利益分配及风险规避的机制？

我们经常讲平台经济靠流量，孵化器靠股权，也就是说股权的设置在孵化器模式中很重要。很多人并不太懂股权激励，所以对其不太重视。但是需要意识到的是，在股权激励方面需要学习的东西非常多。

总体来看，一个孵化器模式要想成功，"独立品牌、各自为战、共享资源、生态生存"这16个字至关重要。

（十一）基于广告的盈利模式

基于广告的盈利模式需要在特定的网页、服务、App或者其他产品中创建广告，有策略地把广告投放在高流量的渠道。

（1）优点。通过广告获取收益是最简单的盈利模式之一，这也是许多公司把广告作为一种收入来源的原因。

（2）缺点。只有获得上百万的用户，才能支撑起一家依靠广告获得收入的公司。大部分人很讨厌广告，这就导致广告的点击率很低，进一步降低广告收入。

> **知识窗**
>
> ### 广告的常见计费模式
>
> **按千次展示收费**
>
> 按千次展示收费（cost per mille，CPM）的广告只要曝光就收费，不管点击、下载或注册等后续流程，此种类型适合想要扩大知名度做品牌广告的广告主。早期门户网站的展示类广告以及开屏广告一般都采用这种模式。
>
> **按点击收费**
>
> 在按点击收费（cost per click，CPC）计费模式下，不管展示多少次广告，只要用户不产生点击，广告主是不需要付费的，只有用户点击时才开始计费。这种形式有利于广告主，因为首先加大了媒介作弊的难度，其次可以检测每个平台的流量质量。目前这种形式常见于竞价排名广告及信息流广告。

按用户行动收费

在按用户行动收费（cost per action，CPA）计费模式下，具体的用户行动内容是多种多样的，可以是下载、安装、购买、注册等形式，具体是指哪种行动需要在广告洽谈的时候，由广告主和流量主协商好，只有用户产生协商好的行动，广告主才付费。

（十二）订阅盈利模式

订阅盈利模式是指向用户提供需要长期付费的产品或服务，通常是按月或者按年收费。订阅模式是让用户能有规律地享受产品或服务，用户提前付费或定期付费，企业除能获得持续稳定的现金流外，用户也能通过该模式节省时间或金钱，从传统的报纸订阅到互联网早期的 RRS（rapiad reasponse service）服务（一种通过订阅实时推送内容的技术），再到现在的自媒体（微博、今日头条、优酷等）关注，通过将周期缩短并且利用隐性收入模式，互联网将原先单纯的销售产品或服务转变为通过用户之间的链接提高对产品的黏性，最终实现盈利。

（1）优点。如果你的公司发展平稳长久，那么订阅盈利模式可以带来经常性收入，甚至可能因为用户不取消订阅而收益，这是订阅盈利模式的一个小秘密。

（2）缺点。订阅盈利模式依赖大量的用户，所以保持高的留存率非常关键。

风暴眼

商业模式就是盈利模式吗？

四、商业模式的创新

商业模式创新可以改变整个行业格局，让市场重新洗牌。这种创新由来已久，无论是物美还是分众传媒，或是京东和携程网，都是商业模式创新造就成功的典范案例。1998年至今，成功晋级《财富》500强的企业中，有大部分认为他们的成功关键在于商业模式的创新。由此可见，商业模式创新的力量比技术创新的力量要大得多。

（一）重新定义顾客

顾客需求不断发生变化，企业根据这种变化重新定义顾客，选择新的细分顾客，提供特别的、更新、更快、更好、更全的产品和服务给顾客，可以帮助企业更好地满足顾客需求，实现潜在的利润，从根本上创新企业的商业模式。例如，中国民营航空公司——春秋航空股份有限公司，避开了与大航空公司的竞争，做出了特别的顾客定义，抓住了观光度假旅客和中低收入商务旅客的需求，仅仅对顾客提供基本的服务，如在飞机上仅提供一瓶矿泉水等，以此来实现降低机票价格"省之于旅客，让利于旅客"，首先创造了国内"廉价航空"商业模式。

（二）改变提供产品/服务的路径

改变提供产品/服务的路径就是要改变分销渠道，如戴尔消除了分销商的环节，创造了直销商业模式。戴尔通过电话、邮件、互联网及与顾客面对面接触，根据顾客的要求定制计算机。通过直接接触，特别是互联网，戴尔能够掌握第一手的顾客需求和反馈信息，为顾客提供"一对一"的服务。围绕直销，戴尔打造了整合采购、装配、输出的高效地运转链条，将计算机送到顾客手中。戴尔的直销模式，去除了中间商所赚的利润，极大地降低了成本，取得了巨大的竞争优势。

（三）改变收入模式

一些连锁餐饮企业的主要收入来源不是餐费，而是店铺租金，通过赚取租金差额来获得大量利润。改变交易方式可以考虑：采用信用交易、推行消费信贷、采用批发还是零售交易、是否实行竞标等；计费方法方面如选择不同的计费单位，是否分期付款、折扣、捆绑定价等。例如，百度创造了"竞价广告"的商业模式，依据客户购买的关键字，以纯文本的方式把广告安置在相关搜索页面的右侧空白处，只有点击广告时才付费，使搜索引擎变成企业推广的利器。

（四）改变对顾客的支持体系

国内顾客支持做得比较成功的莫过于海尔，其依靠庞大而有效的信息化组织保障，建立了闭环式的服务体系，服务创新每次都走在行业的前列。例如，顾客拨打"海尔全程管家365"的热线就可以预约海尔提供的先设计后安装、清洗、维护家电的全方位服务。增值的服务已经成为海尔商业模式中不可缺少的部分，提到海尔，人们就会联想到优质服务。

（五）发展独特的价值网络

例如，在全球家电产业链中，格兰仕自定位为"全球名牌家电制造中心"，为国外知名企业进行微波炉贴牌生产，不断积攒实力，实现了超大规模和专业化生产，极大地降低了产品成本。在国内，格兰仕以自有品牌为主，专注于研发和制造，将物流外包给专业公司，采用区域独家代理的经销商制度。格兰仕在价值链中选取了合理的定位，发展出独特的价值网络，创造了"低成本设计"的商业模式，使微波炉的全球市场占有率排名第一。

成功的商业模式不一定是技术上的创新，而可能是对企业经营某一环节的改造或对原有经营模式的重组、创新，甚至是对整个游戏规则的颠覆。商业模式的创新贯穿企业经营的整个过程，贯穿企业资源开发、研发模式、制造方式、营销体系、流通体系等环节。每个环节的创新都可能塑造一种崭新的、成功的商业模式。

【延伸阅读】

共享经济热度不减

主题二 设计商业模式

【双创领航】

▶ 思想化育

好的商业模式是一场无限游戏。

——张瑞敏

▶ 学理依循

魏炜等学者所著《超越战略——商业模式视角下的竞争优势构建》一书中有一章叫"商业模式设计三十六计"。第一条就是你在设计商业模式的时候一定要考虑到，能够为所有的利益相关方创造增量价值，这是非常重要的。很多企业、创业公司的商业模式被人攻击，一个很重要的原因就是很多模式没有创造增量价值。

【案例引入】

猪八戒网：中国最大的创意服务交易平台

2006 年 10 月 9 日，猪八戒网络有限公司在重庆成立。猪八戒网是目前中国最大的服务交易平台，类似淘宝网或天猫，差别在于买卖双方交易的并非实体商品，而是创意和服务。目前，猪八戒网为 20 余个国家和地区的 20 000 多家大、中、小型客户提供创意服务解决方案，服务交易品类涵盖创意设计、网站建设、网络营销、文案策划、生活服务等多个领域。

价值体现

猪八戒网为服务的供求双方提供了一个自由交易的平台，对于买方来说，企业和个人可以在猪八戒网得到低成本、高效益的服务；对于服务商来说，无论是个人、团队还是企业，都可以在猪八戒网上找到目标客户，在自由的工作环境、灵活的工作时间中利用自己的特长赚取报酬，同时还能加深对市场的了解，积累客户资源。

市场机会

一方面由于文化创意项目规模小、个性化需求强，在网上很难找到合适的人才和团体去实施；另一方面社会上空有创意本领的人，由于信息不对称、渠道不顺畅等因素难以施展才华。此外随着移动互联网的发展，移动互联网领域相关的任务会不断增加，参与者能随时随地发布、接受并完成任务。

盈利模式

初始，猪八戒网采取最原始的抽佣商业模式，客户设计一个 LOGO 悬赏 500 元，网站只能靠抽取其中 20% 的佣金来维持一个团队的生计。接着，中央电视台新闻联播报道了猪八戒网众包模式之后，对猪八戒网的发展带来了较大影响。一方面，众包模式一经报道之后，便涌现了许多竞争对手争先模仿，猪八戒网面临巨大的生存压力；另一方面，中央电视台的报道无疑对猪八戒网的企业品牌起到了宣传作用，让全国更多的人知道并尝试使用猪八戒网。2015 年 6 月，猪八戒网获得赛博乐集团和重庆市北部新区下属国有企业投资 26 亿元，完成 C 轮融资，至此，该企业经历了 7 次改版，成为中国市场占有率最高的服务众包平台（2015 年交易额 75 亿元，市场占有率超 80%），估值也超过一百亿元。猪八戒网平台也正式宣布免佣，成为中国商业模式创新的榜样企业。

竞争优势

公司要想在市场竞争中占据有利地位，必须能向客户提供有价值的、竞争对手无法提供的产品或服务，这些可以借助市场先行者、品牌效应、技术优势或者成本策略等方式。猪八戒网能在威客市场"后发制胜"的首要竞争秘诀便是树立了自己的诚信品牌。

◎案例启示

猪八戒网的出现，为千万创业者提供了更好的创业扶持，从线下到线上，拓宽了自身业务，成为以智力成果为主要交易内容的诚信网站，为人们解决实际问题的同时，也获得越来越广泛的社会认可。

◎思考探究

你认为猪八戒网为什么能够成功？它的商业模式有什么特点？

【课中解码】

既然当今企业之间的竞争，已经不是产品和服务之间的竞争而是商业模式之间的竞争，那么到底该如何设计商业模式呢？

年轻的初创者们都想知道，有没有一种方法可以帮助创业者用一些既定的要素对商业模式进行设计，当然有，而且不止一种。众多的学者们早就发现商业模式在经营中的重要作用，并一直试图找到一种方法，利用它去完成对商业模式的设计，目前常采用的方法有"魏朱商业模式模型"、商业模式六要素说和商业模式画布。本书以商业模式画布为例，就商业模式设计进行讲解。

一、商业模式画布的绘制

商业模式画布由瑞士学者亚历山大·奥斯特瓦德（Alexander Osterwalder）和比利时学者伊夫·皮尼厄（Yves Pigneur）最早在《商业模式新生代》一书中提出，是一种可以帮助创业者进行经营分析的工具，被称为九宫格画布，由九个基本构造块（元素）组成（图 6-2-1）。

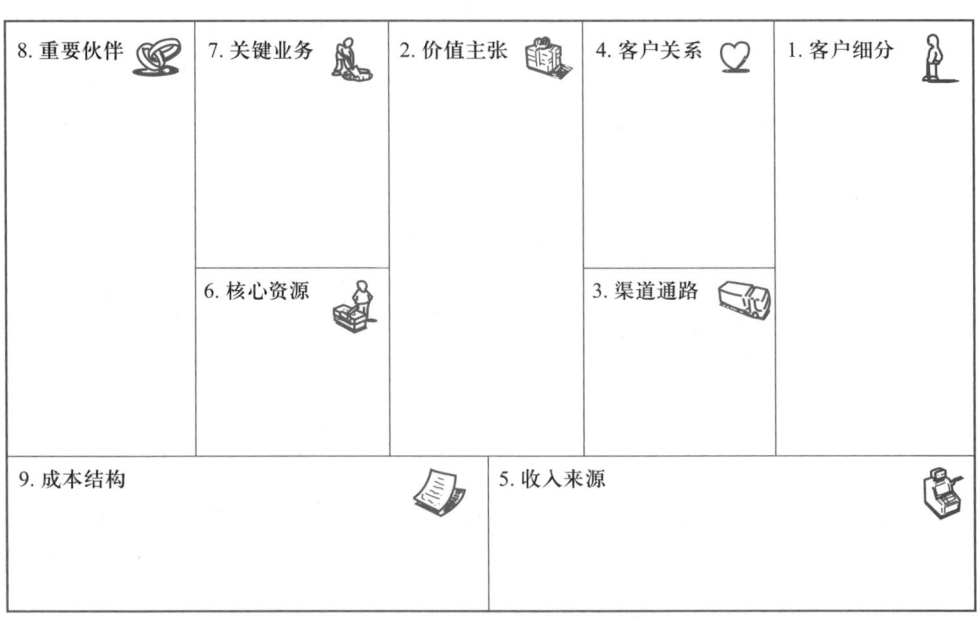

图 6-2-1　商业模式画布的结构

　　每个基本构造块都由一个方格表示，每个方格都代表成千上万种可能性和替代方案，你要做的仅仅是按图索骥，找到最佳的组合。因此，我们只需按照一定的顺序填充即可。

　　商业模式画布包括"基础设施——如何提供？"（重要伙伴、关键业务、核心资源）；"提供物——提供什么？"（价值主张）；"客户——为谁提供？（客户关系、客户细分、渠道通路）；"财务——获取利润"（成本结构、收入来源）四个维度（图 6-2-2）。要了解目标用户群，确定他们的需求（价值定位），想好如何接触他们（渠道），怎么盈利（收益流），凭借什么筹码实现盈利（核心资源），能向你伸出援手的人（合伙人），以及根据综合成本定价。

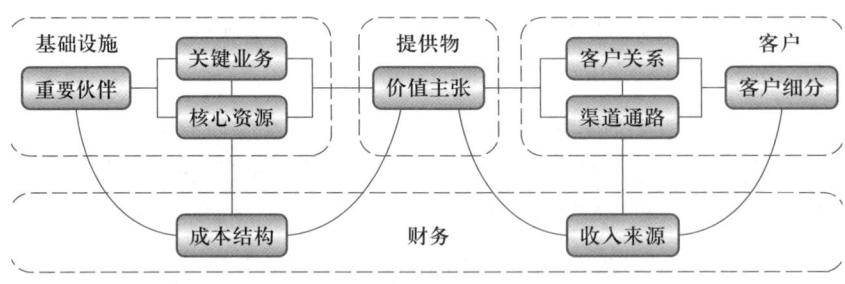

图 6-2-2　商业模式画布的四个维度

二、商业模式画布的解析

（一）客户细分

　　客户细分构造块用来描绘一个企业想要接触和服务的不同人群或组织。在以客户为中心的商业时代，我们要明确以下两点：（1）谁是我们最重要的客户？（2）我们正在为谁创造价值？

什么是用户画像?

企业在定义产品和服务的功能时,首先要明确其使用者。任何一类产品不可能是针对所有人,也不可能是针对某一个人,一定是针对某一个或某几个特定人群。这些人群就是我们的目标群体,找到这类用户,第一件事就是要对用户进行画像。用户画像和目标人群分类帮助我们在脑海中建立并累积用户的形象,这个形象越具体、越生动,就越有作用。用户画像示例如图6-2-3所示。

用户画像的分类维度

(1)基本属性。对真实用户的性格、喜好、行为、需求等特征挖掘提取,如性别、年龄、收入、学历、职业、居住地、住房类型、家庭结构等。

(2)心理属性。经过验证,创建出具有相似特征用户群体心智模型,如兴趣爱好、心理需求、生活价值观、消费态度、媒体态度、品牌认知等。

(3)行为属性。对用户的群体特征、心理认知、行为和需求进行细分,去定义用户画像,如休闲娱乐、生活方式、信息获取、消费方式、使用行为等。

我们来看一个插座创新研究项目的用户画像分类。插座是家庭电器化的产物,因为墙面插孔不够多,电器位置不合适,电线不够长,所以出现了插座这个产品。项目组人员以具体使用情景为切入点,让用户在场景中演绎真实使用情况,包含他们的工作情况、兴趣爱好、消费方式等,搜集了用户的基本属性、心理属性和行为属性,了解不同人群使用插座的需求与痛点及完整的使用行为地图。最终,将目标人群的用户画像分为四类:持家安全控、前卫小资派、基础使用族和技术达人。

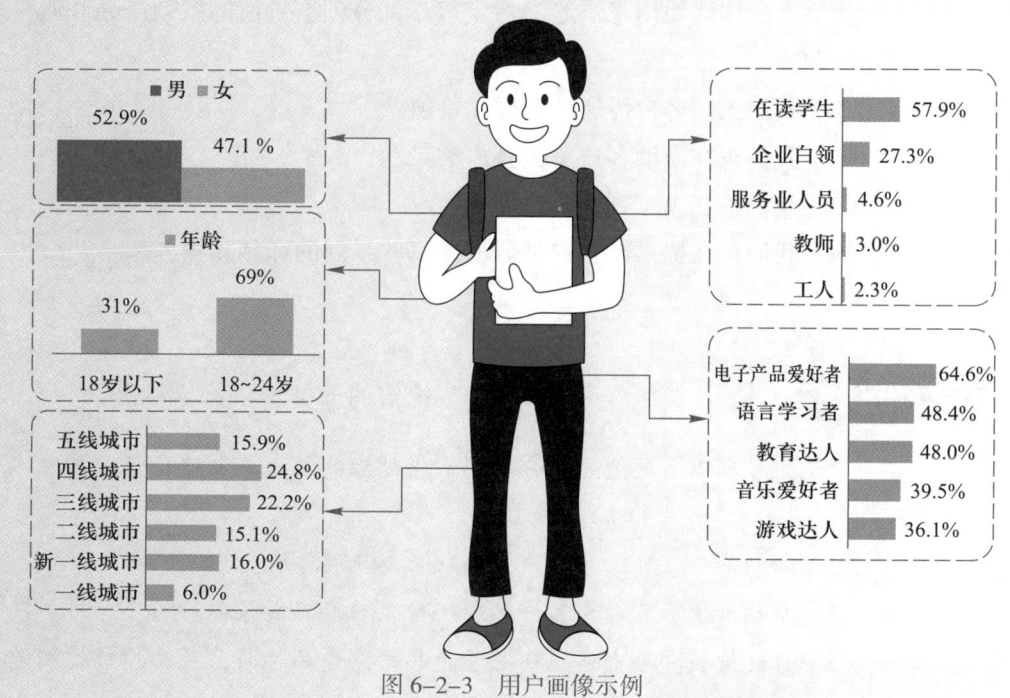

图6-2-3 用户画像示例

用户画像发挥着什么样的作用

（1）帮助产品定位。做产品的用户研究，可以通过市场数据推论到产品的定位人群，但是知道了定位人群大概是什么样的人，仍然不知道他们和其他类型的人的需求差异。实际上只有通过用户画像，真正了解用户是什么样的人，他需要什么，才能够确定产品的定位，包括功能定位、市场定位，这些应该从用户的角度出发。

（2）团队交流沟通。团队在沟通产品的方向和设计概念时，如果基于产品来说，很容易陷入一种难以达成一致的状况，对产品的定位也没有办法进行有效的沟通。实际上用户画像就是一个比较好的沟通机制，因为这代表一个人的形象。不管是研发、设计还是运营，都是要把产品做好，卖给这样的一群人。

（3）达成共识。当有了用户画像这个工具后，对于目标比较容易达成一致。当大家有争论的时候，可以把用户画像作为一个中间的、沟通的渠道来向大家展示，我们销售对象是这样的。

（4）衡量设计效率。当我们有了目标用户的画像，会清晰地知道要找谁测试产品设计，而不是盲目地在大街上随便抓一群人，或者不考虑用户特点随机抽取一群人来测试。随机抽取一群人来测试，可能不能准确验证产品功能概念能不能被接受，只有把产品给目标用户去测，才能够有效地验证设计是否可行。

（5）产品助力。用户画像可以助力市场营销和销售规划等工作，是一个比较有用的工具。

（二）价值主张

价值主张构造块用来描绘为特定客户细分创造价值的系列产品和服务。主要回答以下四个问题。

（1）我们该向客户传递什么样的价值？
（2）我们正在帮助客户解决哪一类难题？
（3）我们正在满足哪些客户需求？
（4）我们正在提供给客户细分群体哪些系列的产品和服务？

> **知识窗** 　　　　　　　　　　　价值的分类
>
> 价值主张可以通过迎合细分人群需求的独特组合来创造价值，价值本身可以分类成以下几种。
>
> （1）新颖价值。可以为客户提供从未感受的体验。
> （2）个性价值。可以为客户定制个性化的产品或服务。
> （3）性能价值。集中体现在电子产品的竞争品牌商，产品指标控制是核心用户。
> （4）价格价值。更廉价但质量更好的产品，是大众所追求的。
> （5）便捷价值。提供更加方便的服务体验。

（6）品牌价值。属于长远规划的产品或服务所达到的价值体现。

（7）设计策划价值。产品或服务的设计包装营销等一系列价值体现。

（8）最好的价值。通过产品或服务帮客户把某些事情做好而简单创造的价值。

（三）渠道通路

渠道通路构造块用来描绘公司是如何沟通、接触其客户细分而传递其价值主张。需要考虑的问题包括以下五个方面。

（1）你如何接触你的客户？

（2）通过哪些渠道可以接触我们的客户细分群体？

（3）我们的渠道如何整合？

（4）哪些渠道最有效？哪些渠道成本效益最好？

（5）如何把我们的渠道与客户的例行程序进行整合？

知识窗　　　　　　　　　　**各阶段的渠道通路梳理**

在渠道通路的步骤思考路径上，创业者可以从五个阶段进行考量。

认知阶段的渠道通路梳理

这一阶段的重点是，让客户知道并了解我们，不断通过各渠道扩大客户群体对我们的产品或服务的认知度。

分析评估阶段的渠道通路梳理

分析评估阶段的工作是，引导和帮助客户群体对我们的产品或服务进行分析评估，最终获得客户群体对产品或服务价值主张的认可。

销售阶段的渠道通路梳理

销售阶段是最常见的阶段，也是距离客户最近的阶段，此阶段的渠道梳理工作在于如何更好地让客户购买我们的产品或服务。

价值输出阶段（体验阶段）的渠道通路梳理

销售出去产品或服务并非最终目的（很多老板认为是最终目的），产品和服务的价值主张的实现，也就是客户最终体验的结果，这才是企业应当关注的问题。例如，饭店销售菜品，最重要的是菜品的味道和环境服务体验，而非单纯销售菜品。

售后阶段的渠道通路梳理

售后阶段也需要渠道吗？这是很多创业者的问题。售后阶段常见的形式有：电话回访（随机回访、调研回访、体验回访等）、上门检验、微信回访（网页回访）等。不同方式所接触的客户数量、资源消耗各不相同，因此，售后阶段也需要慎重梳理渠道通路。

（四）客户关系

客户关系构造块用来描绘公司与特定客户细分群体建立的关系类型。需要考虑以下四个问题：

（1）你如何建立客户关系？

（2）客户希望我们与之建立和保持何种关系？

（3）我们已经建立哪些关系？这些关系成本如何？

（4）如何把客户关系与商业模式的其余部分进行整合？

（五）收入来源

收入来源构造块用来描绘公司从每个客户群体中获取的现金收入（包括一次性收入和经常性收入）。需要回答以下五个问题：

（1）你如何用商业模式盈利？

（2）什么样的价值能让客户愿意付费？

（3）客户是如何支付费用的？他们更愿意如何支付费用？

（4）每个收入来源占总收入的比例是多少？

（5）你如何用商业模式盈利？

（六）核心资源

核心资源构造块用来描绘让商业模式有效运转所必需的最重要因素。需要重点考虑以下三个问题：

（1）我们的价值主张需要什么样的核心资源？

（2）我们的渠道通路需要什么样的核心资源？

（3）我们的客户关系如何建立？收入来源在哪里？

（七）关键业务

关键业务构造块用来描绘确保其商业模式可行，企业必须做的重要事情。重点考虑以下三个问题：

（1）我们的价值主张需要哪些关键业务？

（2）我们的渠道通路需要哪些关键业务？

（3）我们的客户关系如何建立？收入来源在哪里？

（八）重要伙伴

重要伙伴构造块用来描绘让商业模式有效运作所需的供应商与合作伙伴的网络。重点考虑以下四个问题：

（1）谁是我们的重要伙伴？

（2）谁是我们的重要供应商？

（3）我们正在从伙伴那里获取哪些核心资源？

（4）合作伙伴都执行哪些关键业务？

知识补给：互联网企业的三种盈利模式

（九）成本结构

成本结构构造块用来描绘运营一个商业模式所引发的所有成本。主要回答以下三个问题：

（1）什么是我们商业模式中最重要的固有成本？

（2）哪些核心资源花费最多？

（3）哪些关键业务花费最多？

三、商业模式设计的原则

（一）搜集资料尽量详尽

在制定商业模式时，搜集资料是必经的一个环节，在搜集资料的过程中，应该尽量详尽，不要漏掉看似很微小的信息，因为很多巨大的商业机会可能就潜藏在看似很小的信息中。

（二）不要被固有的观念和逻辑框住

在现今的互联网时代，很多独角兽公司之所以发展迅猛，甚至跨界打劫，就是因为创造出了不同以往的商业模式，而这种创新的商业模式之所以会诞生，就是抛开了以往任何固有的观念和逻辑，去掉了习惯思维的枷锁和束缚之后创造出来的，因此要想创造出创新的商业模式，抛开束缚，大胆想象是一个基本的前提。

（三）切忌轻易否定

任何一个创新的概念和想法都不要被轻易否定，运作最小试错原理，小步快跑，用最小的成本换取可行性，创业公司规模小且灵活是运用这个方法的最好时期，很多商业模式不是画出来的，是试出来的。只有真正地经历流程，才能知道现实中是否可行，所以不要轻易否定和放弃看似不乐观的创意，现实才是检验真理的唯一标准。

风暴眼

你认为商业模式画布的九个构造块中最重要的是哪一个？

【延伸阅读】

海底捞的商业模式演进

模块总结

　　我们身边有各种各样成功企业的案例，它们都有各自的商业模式。任何一家企业的商业模式都是不可复制的，它具有唯一性。时空因素、人为因素、社会环境因素，造就了每个企业的唯一性。如果商业模式去照搬、生搬硬套，一定会弄出东施效颦似的笑话，给企业造成不可估量的损失。

　　只有分析、学习、借鉴这些优秀的商业模式，我们才会打开思路，活学活用，开发出适合自己的商业模式。商业模式开发是企业战略设计的基础。开发的商业模式是独创的、唯一的。开发是对商业模式设计的更高要求。

　　同时，我们应该认识到商业模式设计是一个反复试错、修改的过程。大学生创业者刚开始创业时，对商业模式的认识是模糊的。企业对如何盈利及未来能否持续地盈利，都没有十足的把握。这好比摸着石头过河。随着不断地试错，对盈利模式会自觉地调整和设计，商业模式才逐渐清晰完整。

学习评测

模块六

双创实践

实训一　分析商业模式

　　找到一家与自己所学专业相关的企业，并分析该企业的商业模式的优劣势。

实训二　设计商业模式画布

　　以小组为单位对之前选择的创业项目进行商业模式设计，完成商业模式画布的制作。请按照以下步骤进行。

　　（1）复习商业模式画布的结构。

　　（2）学习和参考优秀的商业模式设计范本。

　　（3）小组成员共同讨论完成每一构造块的内容。

　　（4）综合考虑各构造块之间的协调。

课后反思

　　学号：　　　　　姓名：　　　　　日期：　　年　　月　　日

　　（1）任选一家企业，通过查阅资料，了解其目前的商业模式，分析这种模式可加以改进的地方。

_____

_____

_____

_____

　　（2）学习完本模块内容，将你的思考和感悟记录下来，并与同学分享。

_____

_____

_____

_____

　　党的二十大报告提出的"优化民营企业发展环境，依法保护民营企业产权和企业家权益，促进民营经济发展壮大。完善中国特色现代企业制度，弘扬企业家精神，加快建设世界一流企业。支持中小微企业发展"的新部署新要求，无疑为有志创业的大学生注入了一针强心剂。此外，《关于进一步支持大学生创新创业的指导意见》则聚焦大学生创新创业实际需要，从教育、资金、服务、空间、成果等方面提出了涵盖大学生创新创业全链需求的各项举措，为大学生创新创业保驾护航。

　　党的十八大以来，党中央高度重视大学生创新创业工作，国务院和地方各级人民政府通过不断释放一系列的政策红利，为资金短缺、资源有限的创业大学生纾难解困。然而，扶持政策不是"万能药"，对于已经投身创业行动的同学们而言，要想取得成功，必须在实践中不断提高资源整合、优化和合理配置的能力，强化风险识别、防控和应对的本领，制订并实施科学合理的创业计划，借大赛"东风"推动项目落地，合法合规创办企业、科学健康经营企业的同时切实履行企业社会责任，唯此，创业之舟方能行稳致远。

模块七

持筹握算——掌握创业资源

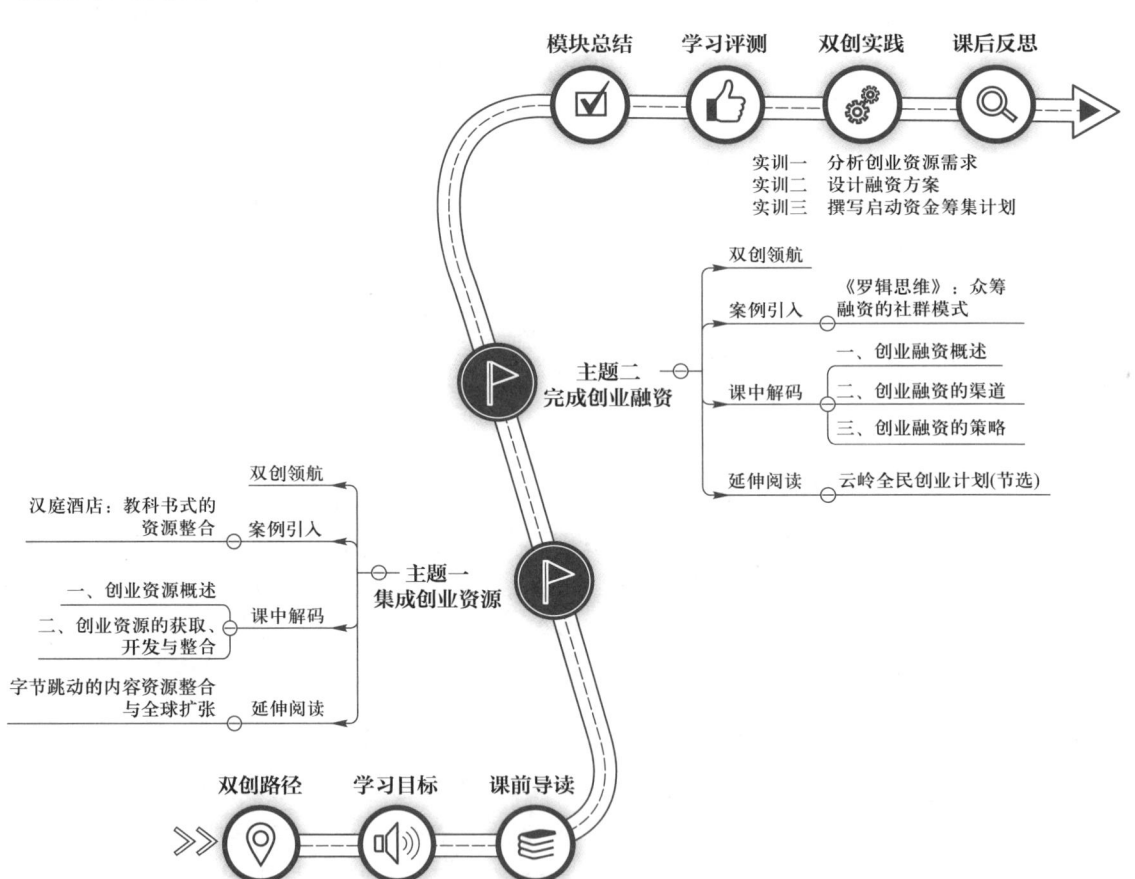

双创路径

模块总结　学习评测　双创实践　课后反思

实训一　分析创业资源需求
实训二　设计融资方案
实训三　撰写启动资金筹集计划

主题二　双创领航
完成创业融资

案例引入　《罗辑思维》：众筹融资的社群模式

课中解码　一、创业融资概述
　　　　　二、创业融资的渠道
　　　　　三、创业融资的策略

延伸阅读　云岭全民创业计划(节选)

汉庭酒店：教科书式的　双创领航
　　　　资源整合　案例引入

主题一　集成创业资源

一、创业资源概述　课中解码
二、创业资源的获取、
　　开发与整合

字节跳动的内容资源整合　延伸阅读
与全球扩张

双创路径　学习目标　课前导读

● 知识目标

（1）了解创业资源的内涵、分类，以及创业资源的获取、开发及整合的路径方法。

（2）理解创业融资的内涵、渠道及策略。

● 能力目标

（1）能掌握获取、开发及整合创业资源的有关技能。

（2）能根据创业的具体情况找到合适的融资渠道，选择合适的策略。

● 素质目标

（1）全面认识创业资源在创业过程中的重要性，合理合法精准获取有效资源。

（2）形成整合思维习惯，树立管理创业资源的意识。

· 课前导读 ·

在这个竞争激烈的时代，资源的争夺愈演愈烈，作为刚刚开始创业的大学生，创业初期能够掌握的创业资源不多，这就要求大学生创业者能够快速、高效地找到足够的资源来支撑自创企业的发展。那么创业资源有哪些？我们又该如何获取创业资源、开发创业资源、整合创业资源呢？

创业资源中的重中之重就是融资，创业者在融资时，是选择股权融资还是债权融资方式？怎么融？融多少？这些都是创业者应该掌握的创业知识技能。借助创业融资与管理，找到最优的融资方式，获取创业资金，通过整合创业资源，构建共赢机制，这些都是创业成功的有力保障。

本模块将重点介绍创业资源的获取、开发与整合，以及创业的融资管理等知识技能。

主题一　集成创业资源

【双创领航】

▶ 思想化育

给我一个支点，我就能撬起整个地球。

——阿基米德

▶ 学理依循

俗话说："巧妇难为无米之炊。"创业需要资源。资源与创业者的关系就如同柴米油盐加主料与菜的关系。如果将创业比作做菜，创业资源就是做菜的原料。如果不能获取资源，即使看到了商业机会，也只能"望机兴叹"。因此，在创业的过程中，应该积极拓展资源的获取渠道，只有做到沟通合作，发挥资源的杠杆效应，做到资源共享，才能合作共赢、走向成功。

【案例引入】

汉庭酒店：教科书式的资源整合

汉庭酒店（华住酒店集团的创始品牌）的创始人季琦，是携程"四君子"之一。

先后成功创办了携程旅行网、如家快捷酒店两家纳斯达克上市公司后，季琦更懂得怎样去玩转"会员制"，更懂得怎样去管理酒店，所以当他第三次创业——创办汉庭酒店的时候，显得得心应手。

如果现在你经营一家酒店，总投资 500 万元，但生意一般。突然有一天汉庭找到你，告知他们有大量的会员，如果你跟他们合作，可以将其海量会员系统导入你们店里。听到汉庭这样说你当然很高兴，那样你经营的酒店不就客似云来。别人能源源不断地给你注入资源流量、给你送顾客，简直求之不得。然后汉庭又告诉你，你这个酒店的管理水平有欠缺，用他们的会员，必须使用他们的管理体系，进行标准化、统一化的管理，如果你跟他们合作，你什么都不用管，就当甩手掌柜，等着分取利润就好。

这时候你会发现，你用 500 万元投资建设的酒店，因为要用汉庭的会员，因为要用其管理体系，然后你又顺便挂上汉庭的牌子，一不小心你就变成汉庭旗下的酒店。然后一旦你挂上汉庭的招牌，使用其管理体系，你会发现每一天的客流量都可能是汉庭的品牌带来的。然而对于汉庭来说，用这种方式能迅速在全国开起数千家分店，本来需要去找房子然后将其装修为酒店，现在不需这样操作，直接整合已经存在的酒店，这样不仅扩张速度更快，并且投资减少。因此，你会发现你住过的汉庭酒店，几乎每家的装修及布局都不尽相同，原因正在于其大多是直接整合的那些已经存在的酒店。

◎案例启示

虽然汉庭没有自建酒店，但在我国上百座城市运营着上千多家酒店，为全球上亿会员提供酒店商旅服务。本来你投资500万元想开家单店，一不小心变成连锁酒店后却赢得远高于从前的利润。对于汉庭来说，几千家现有的酒店则直接为其节省了几百亿元的投入。多方共赢，这就是资源整合的魅力。

◎思考探究

大学生创业所需资源有哪些？如何获取这些资源？

【课中解码】

前文介绍过的蒂蒙斯创业过程模型指出创业过程是商业机会、创业团队和创业资源三个要素相互匹配和平衡的结果。创业的一个前提条件就是资源。但是在创业初期就拥有全部的创业资源是很难的，大量创业事实也表明，对资源的拥有权并非关键，关键是对其他人的资源的控制和影响，即有效的资源整合。

一、创业资源概述

（一）创业资源的定义

资源是指一切可被人类开发和利用的物质、能量和信息的总称，它广泛地存在于自然界和人类社会中，是一种自然存在物或能够给人类带来财富的财富，如土地资源、矿产资源、森林资源、海洋资源、石油资源、人力资源、信息资源等。

创业与生产活动一样需要运用资本、土地、人力、知识等生产要素。创业实际上是一种资源组合活动，即通过资源的有效组合实现创造价值的目标。对于创业者来说，只要是对其创业项目和创业企业的发展有所帮助的要素，都可以归入创业资源的范畴。因此，可以对创业资源做如下定义：创业资源是指对创业项目和创业企业发展具有支持作用的各种要素的总和。这当中最基本的要素是人力资源、资金资源，除此之外还包含诸如技术支持、销售渠道、咨询机构、潜在顾客甚至政府机构在内的多种内容。

（二）创业资源的内涵

创业资源是指新创企业在创造价值的过程中需要的特定的资产，包括有形与无形的资产，它是新创企业创立和运营的必要条件，主要表现形式为：创业人才、创业资本、创业机会、创业技术和创业管理等。创业者获取创业资源的最终目的是组织这些资源，追逐并实现创业机会，提高创业绩效和获得创业的成功。

大学生在创业之初，一定要明确自身需要哪些资源，尤其是核心资源，并进一步明确自身所拥有的资源。

（三）创业资源的分类

如果我们把创业比喻成建一座房子，那么各种创业资源就是这座房子的基础及构成它的各种材料，没有这些创业资源的支持，房子将倒塌而不复存在。每种创业资源都对创业企业有一定的"支撑"作用。因此，为了强化对创业资源的理解，我们有必要对创业资源进行分类。基于不同的角度可以对创业资源进行多种分类。

1. 基于创业资源存在形态分类

（1）有形资源。有形资源是具有物质形态的，价值可用货币度量的资源，如组织赖以存在的自然资源、建筑物、机器设备原材料、产品、资金等。具体包含金融资源、实物资源和组织资源三大类。

① 金融资源。企业物质要素和非物质要素的货币体现，具体表现为已经发生的能用会计方式记录在账的，能以货币计量的各种经济资源，包括资金、债权等。

② 实物资源。企业从事生产经营活动所需要的一切生产资料，实物资源的构成状况可按其在生产经营过程中的作用划分为劳动对象和劳动手段。

③ 组织资源。组织是一种为了实现既定的目标，按一定规则和程序而设置的多层次岗位及其相应人员隶属关系的权责角色结构。组织资源主要包括企业的战略规划、员工开发、评价和报酬系统等。

（2）无形资源。无形资源是具有非物质形态的，价值难以用货币精确度量的资源，如人力资源、信息资源、政策资源、市场资源、品牌资源、科技资源。无形资源往往是使有形资源更好地发挥作用的重要手段，是撬动有形资源的重要杠杆。

① 人力资源。人力资源是企业资源结构中的关键性资源，是企业技术资源与信息资源的载体，是其他资源的操作者，决定着所有资源效力的发挥水平。人力资源包括创业者与创业团队的知识、能力、经验，也包括组织及其成员的专业智慧、判断力、视野、愿景，还包括创业者的人际关系网络，其中初期的创业者是最关键的人力资源，因为一方面创业者能从混乱的市场看到机会，整合资源发起创业，另一方面创业者自身的价值观、信念更是整个创业过程的基石。

② 信息资源。企业对于信息的搜集能力和对信息反应的灵敏度，决定了企业能否立足于市场。这一点对于创业企业尤为重要，不管是创业之前的项目选择、商业决策，还是企业创立之后的运营管理，都需要收集关于创业项目的各种信息。信息资源主要包括市场信息（服务对象、顾客需求和偏好等）、项目信息（创业者要做什么，有什么具体要求等）、资金信息（创业过程需要多少资金，如何去筹集等）、政府法规信息（国家对于创业项目所有具体的规定要求及相关优惠政策等）。

③ 政策资源。近年来，政府会采取一系列系统的创业扶植政策，以支持创业教育与培训、提升创业技能，通过资金扶持、减免税费、财政补贴、社会保障等鼓励创业，为创

业者提供信息与管理咨询及专业化服务，提供金融支持、项目支持等。

④ 市场资源。主要包括营销网络与客户资源、行业经验资源、人脉关系。凭什么进入这个行业？这个行业的特点是什么？盈利模式是什么？是否有起码的商业人脉？市场和客户在哪里？销售的途径有哪些？

⑤ 品牌资源。品牌是一个名称、名词、符号或设计，或者它们的组合，其目的是识别某个销售者或某群销售者的产品或服务，并使之同竞争对手的产品和服务区别开来。品牌资源又可细分为产品品牌、服务品牌和企业品牌三大类。

⑥ 科技资源。主要包括解决实际问题有关的软件方面的知识，为解决这些实际问题而使用的设备、工具等硬件方面的知识。科技资源的专有性主要表现为与企业相关的专门知识、商业秘密、专利和著作权等。

2. 基于创业资源的来源分类

（1）自有资源。自有资源是指创业者或创业团队自身所拥有的可用于创业的资源，如自有资金、自有技术、自己获得的创业机会信息、自建的营销网络、控制的物质资源或管理才能等。自有资源可以内部培育和开发，企业可通过一定的方式在内部开发无形资产、培训员工、促进内部学习，从而获取有益的资源。

（2）外部资源。外部资源是指创业者从外部获取的各种资源，包括从朋友、亲戚、商业伙伴或其他投资者那里筹集的投资资金、经营空间、设备或其他原材料等，或通过提供未来服务、机会等换取的资源。外部资源是实现企业成长的重要来源。企业受自有资源"瓶颈"的影响，需要吸取适合本企业发展的新鲜资源，其中的关键是拥有资源的使用权并能控制或影响资源的部署。自有资源（特别是技术和人力资源）的拥有状况会影响外部资源的获得和运用。

3. 基于对企业成长作用分类

按照对企业成长的作用，可以将资源分为要素资源和环境资源（图7-1-1）。

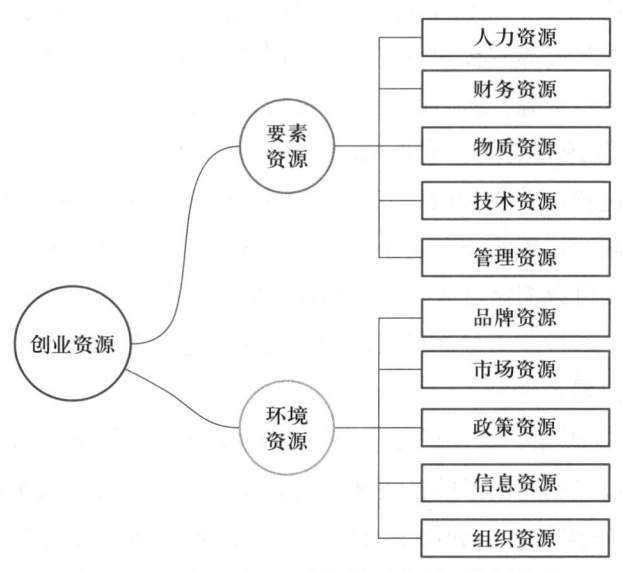

图 7-1-1　基于对企业成长作用的创业资源分类

（1）要素资源。直接参与企业日常生产、经营活动的资源，如人力资源、财务资源、物质资源、技术资源与管理资源。

（2）环境资源。未直接参与企业生产，但是可以极大地提高企业运营有效性的资源，如品牌资源、市场资源、政策资源、信息资源与组织资源。

二、创业资源的获取、开发与整合

（一）创业资源的获取

创业资源的获取是指创业企业或创业者通过各种可能的途径获得所需的关键资源和重要资源的过程。

1. 创业资源的获取途径

创业资源主要可以通过市场途径和非市场途径获取。

（1）通过市场途径获取创业资源。通过市场途径获取创业资源包括购买、联盟、资源并购。

① 购买。购买是指利用财务资源通过市场购入的方式获取外部资源，主要包括购买厂房、设备等物质资源，购买专利和技术，聘请有经验的员工及通过外部融资获取资金等。需要注意的是，诸如知识，尤其是隐性知识等资源虽然可能会附着在非知识资源之上，通过购买物质资源（如机器设备等）得到，但很难通过市场直接购买，因此，需要新创企业通过非市场途径去开发或积累。对新创企业来说，因为资金资源较为有限，所以大部分新创企业并不能以市场途径获取大部分资源。

② 联盟。联盟是指通过联合其他组织，对一些难以或无法自己开发的资源实行共同开发。这种方式不仅可汲取显性知识资源，还可汲取隐性知识资源，但前提是联盟双方的资源和能力互补且有共同利益，而且能够对资源的价值及其使用达成共识。通过联盟的方式共同研究、开发和获取技术资源也是创业者经常采用的方式，尤其是对高科技企业来讲，通过与高等院校和研究机构的联盟，可以在不增加设备投入的同时，得到企业发展所需要的技术资源，从而保持企业可持续发展的后劲。

③ 资源并购。并购是指两家或者更多的独立企业、公司合并组成一家企业，通常由一家占优势的公司吸收一家或者多家公司。并购的内涵非常广泛，一般是指兼并和收购，企业并购的过程实质上是企业权利主体不断变换的过程。并购是一种资本经营方式，企业通过并购可以缩短进入一个新领域的时间，从而及时把握商业机会，实现创业目标。

（2）通过非市场途径获取创业资源。通过非市场途径获取创业资源主要包括资源吸引和资源积累。

① 资源吸引。发挥无形资源的杠杆作用，利用新创企业的商业计划和创业团队的声誉，通过对创业前景的描述来获得或吸引物质资源、技术资源、人力资源和资金等。

② 资源积累。利用现有资源，在企业内部通过培育形成所需的资源。主要包括自建企业的厂房、设备，在企业内部开发新技术，通过培训来增加员工的技能和知识，以及通

过企业的自我积累获取资金等。显然，创业者的自有资源往往是通过非市场途径获取的。因为起步阶段的创业者往往囊中羞涩，很难通过购买的方式获取创业所需的各种外部资源，所以非市场途径通过社会关系，用最小的代价获取创业资源成为创业者的首选，甚至无偿获取创业资源也并非不可能。

2. 创业者资源获取的影响因素

（1）社会网络。社会网络是多维度的，能够提供企业正常运转所需的各种资源，也是新创企业最重要的资源获取来源之一。社会网络是隐性知识传播的重要渠道，它能通过促进信息（包括技能、特定的方法或生产工艺等）的快速传递而协助组织学习，同时可以大大降低企业的交易成本，帮助获取与企业需求相匹配的资源，因此对于创业资源的获取具有重要意义。

研究表明，社会网络的关系强度、信任关系，以及网络规模对创业资源的获取有正向影响。由于大学生花费大部分时间在学校内学习，因此他们很少有机会接触社会，这就造成大学生的社会网络中几乎没有政府网络、商业网络。因此，大学生创业者应注意加强关系网络的维护和利用。关系网络的主体通常以家庭、亲戚、朋友为主，与这些关系的频繁、密切接触，能使大学生创业者更易获取资金、技术、人力等运营资源和有益的创业指导和建议。

不同的社会网络和网络地位为人们之间的沟通与协作提供了不同的渠道。在社会网络中处于优势地位的创业者，有较好的社会关系网络，能有针对性地对不同对象传递商业创意的不同方面，能有目的地获取不同资源所有者的不同理解和信任，最终能成功地从不同网络成员中获取所需的不同资源，从而为自己的创新创业提供基础。

（2）创业者与创业团队先前的工作经验。创业者与创业团队先前的工作经验分为创业经验和行业经验两大类。其中，创业经验是指创业者先前创建过新的企业或组织，在此过程中所获得的感性和理性的观念、知识和技能等。它提供了诸如机会识别与评估、资源获取和公司组织化等方面的信息。行业经验是指创业者在某行业的工作经历，它提供了有关行业的规范和规则、供应商和客户网络、雇佣惯例等信息。

创业过程本身就是一个知识转移的过程。从先前创业经验中转移来的知识能够提高创业者有效识别和处理创业机会的能力，有助于创业者发现、获取创业资源。拥有创业经验的创业者有一种"创业思维定势"，驱使他们寻求和追求那些最好的机会。在不确定的时空条件下，先前的创业经验提供了有利于对创业机会做出决策的隐性知识，这种隐性知识可以通过创业者转移到新创立的组织。因此，创业者拥有较多的创业经验就更容易获得可取的特定机会，并能从更多的途径获取创业资源。此外，先前的创业经验还提供了帮助创业者克服新企业面临新困难的知识。这些都能够帮助创业者规避风险，增强他们的资源获取能力。

（3）创业者的管理能力。创业资源获取的关键往往取决于企业的软实力。创业者的管理能力是企业软实力的主要表现，其管理能力越高，获取资源的可能性越大。创业者的管理能力可以从其沟通能力、激励能力、行政管理能力、学习能力和外部协调能力等多方面予以衡量。

良好的沟通能力可以使创业团队表现出坚强的凝聚力，拥有更强的行动力，从而使创业团队更容易获取必要的外在资源。团队激励与合作有助于企业综合能力的提升，产生团队外溢效果，使创业团队能够获取必要的资产和资源。较强的行政管理能力有利于创业者将各种资源进行较完美的匹配与组合，使企业的正常运作更有效率，企业因而会根据成员的要求和组织发展的需要，去吸引更多的人力资源和其他无形资产。学习能力则可以使创业者不断地提升自身的管理能力，使创业者了解外部市场的变化和新创企业内部的需求，对其做出理性判断，并运用一定的方式获取企业所需的资源。外部协调能力是创业者个人才能的对外应用，创业者的外部协调能力越强，与合作者（如供应商、销售商等）达成一致的可能性就越大，创业者就可以利用外部资源为企业服务，为企业创造良好的发展环境。

（4）创业者的资源整合能力。资源整合能力是指创业者在创业过程中，以人为载体，在资源整合过程中表现出的对资源的识别、获取、配置和利用的能力。创业资源在未整合之前大多是零散的、一般性的商业资源，要发挥其最大的效用，使其转化为竞争优势，为企业创造新的价值，就需要新创企业运用科学的方法对不同来源、不同效用的资源进行优化配置，充分整合有价值的资源，发挥"1+1＞2"的放大效应。

知识窗　　　　　创业资源获取技巧

沟通与合作

管理就是沟通、沟通、再沟通；经营就是合作、合作、再合作。在获取资源的过程中，与各方沟通是必不可少的，因此创业者及其团队必须与各方建立顺畅的沟通机制，应派出有一定沟通能力的团队成员负责与各方沟通，这是获取创业资源成功的关键因素。有研究结论很直观地证明了沟通的重要性，即"两个70%"，同样适用于创业者获取资源。

第一个"70%"是指企业的管理者，实际上有70%的时间用在沟通上。开会、谈判、谈话、做报告是最常见的沟通形式，撰写报告实际上是一种书面沟通的方式，对外的各种拜访、约见也都是沟通的表现形式。

第二个"70%"是指企业中70%的问题是由沟通障碍引起的。例如，企业常见的效率低下的问题，实际上往往是有了问题后，大家没有沟通或不懂得沟通所引起的。另外，企业执行力差、领导力不高的问题，归根到底都与沟通能力欠缺有关。

无论是人与人之间，还是企业与企业之间的良好感情的建立，都是双方持续不断地顺畅沟通的结果。创业者获取资源、整合资源的过程就是与新创企业内、外部资源供给者充分沟通的过程。在企业外部，创业者需要与投资者、银行、媒体、同行从业者、消费者、供应商等通过沟通建立联系，获得信任，消除利益分歧，争取对方的扶持与帮助，取得共赢的结果；在企业内部，创业者需要通过顺畅沟通，鼓舞士气、吸引人才、留住人才，进而提升企业运营绩效。

识人与用人

公司发展最需要的是人才，服务器3年就报废了，办公楼可能是租的，这些都没有真正的价值可言，人才才是公司真正的核心竞争力。

信息的获取与利用

商场如战场。知己知彼，百战不殆。初期应获悉机会，了解市场，制定策略；后期应搜集资源信息和战略情报。

（二）创业资源开发

针对不同类型的资源有不同的开发方法。

1. 信息资源开发

创业者信息收集的途径与手段如下。

（1）收集市场信息的直接手段。要想了解新产品、新服务在顾客中的反馈，最简单有效的方法就是收集他们对产品和服务的感受，从中得到建议与意见，即顾客调查法。

（2）收集市场信息的间接手段。在互联网上查找统计年鉴、到超市咨询日营业额、去餐厅去询问顾客人均消费等；通过查看政府公开文件、行业研究报告，甚至聘请商业信息公司代为调查，从而获得关于产品或市场的信息。

（3）信息收集途径。信息收集渠道可以是同行创业者和同行企业、专业信息机构、商业信息机构、政府管理部门、新闻媒体等。

2. 资金资源开发

创业企业面临的最重要的问题之一就是资金资源的短缺，更新设备、引进技术、开发产品、开拓市场、扩大规模、并购重组、对外投资等都需要一定规模的资金，那么创业者如何筹集资金？创业者可行的筹资途径有自我融资、亲朋好友融资、天使投资、政府资助、风险投资等。

3. 人力资源开发

创业的整个过程都需要人来推动企业运营，因此人力资源成为创业中的关键因素。大学生创业者在创业之前，在校期间可以通过各种机会，为自己积累工作经验，如到世界500强公司进行暑期实习，参与学校的勤工助学和社会实践活动，或者在保证学习时间的情况下在校外公司兼职。这些都是增长知识的极好机会。总之，创业者应当在平时注意储备自身的社会资源。此外，在创业过程中还有一些可供利用的人力资源，如管理咨询公司、银行、律师事务所、海关等机构的专业人士。大学生创业者在对公司各项业务不太熟悉的情况下，可以充分利用好"外脑"，开发创业所需的人力资源。

4. 社会资源开发

创业者在创业活动中可能会用到社会资源，从来源看，社会资源可以分为政府部门资源、金融部门资源和中介部门资源，以下简单介绍如何开发这几种资源。

（1）政府部门资源开发。在创业活动中，最为重要的社会资源是政府政策法规，特别是政府为了鼓励创业颁布的一些政策法规，因为这些政策法规可能关乎新创企业的建立和发展，它对新创企业能否快速发展、能否顺利设立起到至关重要的作用。近几年来，随着党中央与国务院高度关注创业企业的发展，各级政府不断出台各种类型的扶持政策，明确要求各级机关给予创业者扶持，尤其对大学毕业生创业群体提供免收行政费用的优惠政策，同时为创业者提供税收优惠、银行商业贷款贴息等鼓励政策。因此，创业者在创业之前，应当积极收集各级政府有关鼓励创业的政策法规，充分利用政策扶持，推动新创企业发展。

（2）金融部门资源开发。创业者在创业过程中要注重开发金融部门资源，目前在中央和各级政府引导下，越来越多的金融机构参与到扶持中小企业、创业企业中来。例如，政府为大学生创业者组织的小额贷款项目推介会，提供助业贷款的同时还推出一定的优惠政策。再如，各地实施"大学生创业小额贷款"项目等，为有创业意向的大学生提供创业资金。

对于这些融资机会，创业者应当学会事先合理测算自身的资金需求，选择合适的金融产品。虽然各地金融机构对创业贷款的支持力度逐渐加大，但是银行作为风险回避者，仍然会对创业项目进行适当的筛选。因此，创业者在面对金融机构的融资考察、答辩前，应该完整并细致地整理出创业项目的思路、创新点、盈利前景、团队人员等项目信息，做到有问必答、答必释疑，将项目的真实信息呈现出来，不必担心金融机构的质疑，以诚信打动金融机构。

（3）中介机构资源开发。中介机构中有大量专业人士，常年从事税务、法律、贸易等事务，他们积累了大量宝贵经验，对于企业管理中的许多问题有着独到的见解，创业者通过与中介机构的专业人士进行交流与沟通，能够听取专业人士的指导性意见，以及学习到解决问题的方法。同时，随着管理咨询行业在中国的迅速发展，创业者在遇到无法解决的管理难题时，可以借助第三方管理咨询机构的力量，如让其帮助企业构建科学管理体系，建立符合自身需要的企业制度，打造企业品牌等。

（三）创业资源整合

创业资源不在于拥有，而在于整合。创业者的资源整合能力决定竞争力。创业者在整合资源过程中可以参照以下几个方法原则。

1. 寻找可以被整合的资源提供者

创业者想要整合资源，首先必须找到可以被整合的资源提供者，并将其作为目标对象。创业者可以通过两种逻辑去寻找：第一种是找到拥有大量资源的个别的潜在资源供给者，如各级政府、世界 500 强的大公司等；第二种是尽可能多地搜寻潜在的资源供给者。

2. 识别利益相关者及其利益

商业世界中所有的活动都是围绕着利益进行的，所以想要整合各方资源，需要创业者仔细分析潜在资源供给者真正关注的利益所在。尽管从表面上观察，不同企业、不同机构各自的目的不同，利益诉求也不同，但是从内部分析，其实各机构之间的利益有着紧密的

联系。创业者需要做的是发掘其共同利益诉求,与各资源供给者建立紧密的利益关系,将他们纳入创业者的利益网络中,成为利益相关者。

3. 构建共赢的机制

资源通常与利益相关,创业者之所以能够从家庭成员那里获得支持,就是因为家庭成员不仅仅是利益相关者,更是利益整体。既然资源与利益相关,创业者在整合资源时,就一定要设计好有助于资源整合的共赢利益机制,借助共赢利益机制把潜在的和非直接的资源供给者整合起来,借力发展。

4. 发挥资源杠杆的效应

新创企业要想获得大规模的增长,就必须找到非常具体的能直接带来业务增长的杠杆。杠杆效应是以最少的付出谋取最多的收获的法则。创业者要在创业过程中训练自己形成杠杆效应的能力,发现一种未被充分利用的资源,并进一步发掘这种资源能够用于哪些特殊方面,说服那些资源所有人让渡使用权,这个过程就意味着创业者没有被当前拥有的资源限制,能够使用独创性的方式,以最小资源成本获取最大收益。杠杆资源效应体现在以下方面:利用一种资源换取其他资源;创造性地利用别人认为无用的资源;能够比别人有更长时间占用资源;借用他人或其他公司的资源来达成创业者自身的目的;用一种富裕资源弥补一种稀缺资源,产生更高的附加值。

对于创业者来说,最容易产生杠杆效应的资源主要有人力资本和社会资本等非物质资源。创业者的人力资本由一般人力资本与特殊人力资本构成,一般人力资本包括受教育背景、以往的工作经验及个性品质特征等。特殊人力资本包括产业人力资本(与特定产业相关的知识、技能和经验)与创业人力资本(如先前的创业经验或创业背景)。调查显示,特殊人力资本会直接作用于资源获取,有产业相关经验和先前创业经验的创业者能够更快地整合资源,更快地实施市场交易行为,而一般人力资本使创业者具有知识、技能、资格认证、名誉等资源,也提供了同窗、校友、教师及其他连带的社会资本。

相比之下,社会资本有别于物质资本、人力资本,是社会成员从各种社会结构中获得的利益,是一种根植于社会关系网络的优势。在个体分析层面上,社会资本是嵌入、来自并浮现在个体关系网络之中的真实或潜在资源的总和,它有助于个体开展目的性行动,并为个体带来行为优势。在外部联系人之间,社会交往频繁的创业者所获取的相关商业信息更加丰富,从而有助于提升创业者对特定商业活动的深入认识和理解,使创业者更容易识别出常规商业活动中难以被其他人发现的顾客需求,进而更容易获得财务和物质资源,这正是其杠杆作用。

5. 建立顺畅的沟通机制

信任是企业之间合作的基本前提。长期、稳定的合作,是企业发展的重要资源。蒂蒙斯认为,成功的创业活动必须对商业机会、创业团队和创业资源进行最适当的匹配,并且还要随着事业的发展而不断进行动态平衡。创业过程由机会启动,在创业团队建立以后,创业者就应该设法获得创业所必需的资源,这样才能顺利实施创业计划。为了合理获取、利用资源,创业者往往需要制订设计精巧、用资谨慎的创业战略,而创业团队则是实现创业目标的关键组织要素，为此，创业者或创业团队必须具有高超的领导力和沟通能力，能够适应市场环境的变化，而沟通能力是其中尤为重要的一种能力。

人际沟通能力是指通过情感、态度、思想、观点的交流，建立良好协作关系的能力。有效性和适当性是评价人际沟通能力的重要指标。有效性，即沟通行为有助于个人目标、关系目标实现的程度；适当性，即沟通行为与情境和关系保持一致的程度。

沟通技巧是指参与沟通的人具有收集和发送信息的能力，能通过书写、口头与肢体语言等媒介，有效与明确地向他人表达自己的想法、感受与态度，亦能较快并正确地解读他人的信息，从而了解他人的想法、感受与态度。沟通技巧涉及许多方面，如简化运用语言、积极倾听、重视反馈、控制情绪等。虽然拥有沟通技巧并不意味着一定会成功获取创业资源，但缺乏沟通技巧一定会使创业者遇到许多麻烦和障碍。

🔍 风暴眼

资源的整合仅仅对创业者有意义吗？

【延伸阅读】

字节跳动的内容资源整合与全球扩张

主题二　完成创业融资

【双创领航】

▶ 思想化育

好风凭借力，送我上青云。

——曹雪芹

▶ 学理依循

正所谓"有条件要上，没有条件创造条件也要上"，创业是创业者对自己拥有的资源或通过努力对能够拥有的资源进行优化整合，从而创造出更大社会价值或经济价值的过程。创业者遇到的机会，往往不可能万事俱备，资源的整合有时可以看成一个"借"字，凿壁借光，就是要善于借助别人的力量、资金、智慧、声望，甚至社会关系，来扩充自己的力量，强健自己的手脚，提高自己的创业能力。

【案例引入】

《罗辑思维》：众筹融资的社群模式

《罗辑思维》是知名传媒人罗振宇、独立新媒创始人申音、资深互联网人吴声合作打造的知识型视频脱口秀。《罗辑思维》每周更新一期，视频中罗振宇分享个人读书所得，启发独立思考，其中既有丰厚的知识积累，又具有独特的表达风格，逐渐赢得大批拥趸，并由此衍生出微信语音、图书杂志出版（含纸质、电子版）、线下读书会等多种互动形式。

《罗辑思维》发布了两次"史上最无理"的付费会员制：普通会员会费200元，铁杆会员会费1 200元。买会员不保证任何权益，却筹集了近千万元会费。《罗辑思维》的选题由专业的内容运营团队和热心"罗粉"（罗振宇的"粉丝"）共同确定，用的是"知识众筹"，主讲人罗振宇说过，自己读书再多积累毕竟有限，需要找来自不同领域的"高手"一起参与。众筹参与者名曰"知识助理"，为《罗辑思维》每周五的视频节目进行策划选题，然后由罗振宇来讲述。人民大学学生李源因为对历史研究极透，被罗振宇在视频中多次提及，彻底火了一把。

《罗辑思维》首先利用自身的内容产品黏性来影响并聚合志趣相投的粉丝，然后通过限额会员制（收取会费）形成基于共同价值观的交流社群，再以社群为品牌提供社会化推广合作的基地。《罗辑思维》则作为品牌和社群的中间件，将二者衔接起来，最终形成三方共赢的"自商业"模式。现在，《罗辑思维》正在给会员组织相亲，女会员把照片和个人情况发上去，在社群中互动，征集意中人。《罗辑思维》也做服务，如有会员从单位辞职后想找下一份工作，可以很快通过社群发散到外部并找到工作。《罗辑思维》还做行动召集，如会员想去哪里旅游、哪家企业愿意给社群出资、社群帮谁提高知名度等，很快就可以组织起来。

◎案例启示

从案例中可以看出，喜爱就"供养"不喜爱就观望，大家愿意通过众筹为一个自己喜欢的自媒体节目提供资金。这似乎也在证明众筹模式在内容生产和社群运营方面的潜力。

◎思考探究

假如你看好了一个创业项目，手里却没有资金，你该怎么办？

【课中解码】

在经济社会中，资金对任何一个企业来说都非常重要，被誉为企业的"血液"，是企业的"生命线"。无论对企业还是个人来说，没有资金只能寸步难行。那么，对于创业者来说，如何在合适的时候获得所需的资金，这是一个现实的问题。要解决这个问题，需要掌握创业融资的内涵、渠道和方式，以找到最优的融资模式解决资金问题。

一、创业融资概述

（一）创业融资的定义

融资主要是指资金的融入，也就是资金来源，具体是指通过一定的渠道，采用一定的方法，以一定的经济利益付出为代价，从资金持有者手中筹集资金，满足资金使用者在经济活动中对资金需要的一种经济行为。

（二）创业融资的内涵

广义的融资是指资本在持有人之间流动，以余补缺的一种经济行为；狭义的融资主要是指资本的融入，即通常说的资本来源。创业融资是指创业者为了将创意转化为现实，通过不同的渠道，采用不同的方式筹集资金以建立企业的过程。

（三）创业融资的作用

案例链接：
创业融资
实例

任何企业的生产经营都需要资金的支撑，对于新创企业来说，无论是进行产品研发还是产品的生产和销售，都需要投入大量的资金，如何有效融集资金是创业者极为关注的问题。创业者通过合理选择融资渠道和融资方式，降低资金成本，将创业企业的财务风险控制在一定范围内。通过对企业不同发展阶段融资需求特点的分析，创业者可以做出科学的融资决策，使得创业企业实现可持续发展。

二、创业融资的渠道

融资的主要渠道有三种：债权融资、股权融资及其他融资。狭义的融资是指股权融资，广义的融资是指资金的来源，借来资金就是债权融资，用股权换取资金就是股权融资。债权融资和股权融资是最常见的两种融资渠道。资金如果既不是借的，又不是用股权换取的，就是其他融资渠道获取的，如政府融资等。

（一）债权融资

1. 35 种债权融资方法

债权融资简单理解就是借钱。那么，借钱还需要学习吗？这里所讲的借钱不是打个欠条把钱借来那么简单。

如表 7-2-1 所示，先考虑资金来源，再考虑融资方式。以从买方借钱为例，分别有抵押融资、质押融资、信用融资、项目融资、担保融资、条件融资及其他融资方式共 7 种融资方式。买方、卖方、政府、机构、社会共 5 种来源，每种来源均有 7 种融资方式，共计35 种债权融资方式。

表 7-2-1　债权融资方式与来源表

方式	来源				
	买方	卖方	政府	机构	社会
抵押融资					
质押融资					
信用融资					
项目融资					
担保融资					
条件融资					
其他融资					

2. 常见的 9 种债权融资方式

在 35 种债权融资方式中被广泛使用的主要是以下 9 种。

（1）买方抵押融资。买方抵押融资就是通过抵押的方式从买方借钱。例如，共享单车的押金，从消费者的角度，你交的押金就是在帮助企业融资。骑共享单车的人还没有购买骑车服务，需要先支付押金。买方为什么愿意支付押金？因为付了押金，自行车开了锁，你就暂时拥有这辆车的使用权，所以消费者愿意付押金。这个时候自行车就是抵押物。

（2）买方信用融资。买方信用融资就是通过信用的方式从买方借钱，这种方式也比较常见。例如，充值，从消费者角度，你充的值也是在帮助企业融资；各种学习平台，平台还没有提供服务，买方就先充值付款。买方为什么愿意充值付款？因为充值有优惠，更重要的是相信平台会提供相应的服务，相信平台的信用。这个平台只是依靠信用就从买方获取了资金。

（3）买方担保融资。买方担保融资就是通过担保的方式从买方借钱。例如，付费会员，依据会员卡提供会员服务，先收取总金额后，再一点点地提供服务，像银泰365会员，2017年推出国内首家会员制的百货商城，年费365元，会员可以在银泰商城及App合作商圈的品牌商家购物享受九折优惠。当年"双十一"期间就获得了50万付费会员。

案例链接：银泰365会员

（4）卖方信用融资。卖方信用融资就是通过信用的方式从卖方借钱。例如，上游垫资，以超市为例，供货企业垫资买货送到超市去卖，超市卖完了再付钱给供货企业。

（5）政府项目融资。政府项目融资就是通过项目从政府借钱。政府为什么愿意借钱？引入符合当地政府产业规划的企业，使得政府的招商、引资工作变得方便，并且形成稳定税源。因此符合当地政府产业规划的企业可以考虑这一融资方式。甚至有的产业从国家到地方，都受产业政策青睐，如机器人产业中的智能机器人项目往往能获得政府的巨额补贴。

（6）机构抵押融资。机构抵押融资主要是指通过将不动产抵押给银行等机构，获得融资的方法。当然现代社会也有其他机构的动产抵押。

（7）机构信用融资。例如，银行机构对3年以内的创业企业提供创业低息贷款，纯信用不需要抵押物或者质押物的信用贷款，这就属于机构信用融资。除了企业能从银行机构获得信用融资，创业者个人也能从银行机构获得信用融资，创业者个人从银行申请信用卡，就是从银行机构获取的信用融资。当然申请的信用卡不能套现，套现是违法的。创业者个人可以刷卡购买创业所需的各种物资设备，然后利用账单日和还款日的时间差，先盈利再还款。信用卡融资风险较大，建议大学生不要用这种方式进行融资。

案例链接："创业贷"

（8）社会信用融资。向亲朋好友借钱就是一种简单的社会信用融资。向亲朋好友借钱，应该是很多创业者采取的方法。这种方法有优势也有劣势。优势是成功概率高、投资和利息条件更优惠，而且能够更快地获取资金。劣势是容易出现纠纷，父母可能会插手公司。如果创业失败，就可能对他们有负罪感。向父母借钱时不要超出他们的损失承受能力。你当然希望可以借到足够创一番事业的钱，但要考虑如果创业失败，可能会给家人带来很大的麻烦。

（9）社会其他融资。非股权众筹就是社会其他融资，比较典型的例子是文化企业向小学生的家长众筹小剧场的演出，家长付款，买票请亲朋好友观看自己的孩子演出，家长并不拥有企业的股权，所以是非股权众筹。

案例链接："火热的众筹"

（二）股权融资

1. 股权融资融的量

股权有三个关键节点：绝对控制权、相对控制权和否决权（图7-2-1）。

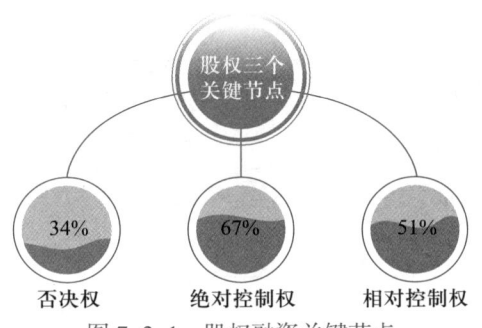

图 7-2-1　股权融资关键节点

《中华人民共和国公司法》第四十三条规定："股东会议作出修改公司章程、增加或者减少注册资本的决议，以及公司合并、分立、解散或者变更公司形式的决议，必须经代表三分之二以上表决权的股东通过。"三分之二换算成百分数约 66.67%，所以占有超过 67% 的股权就有绝对控制权。

必须经过代表三分之二以上的表决权的股东通过，换句话说，如果自己拥有了超过三分之一的表决权，那么别人无论如何都无法获得三分之二以上的表决权股东通过，也就是说决议无法通过，因此只要拥有 34% 的股权就具有否决权，自己不满意的决议都可以让它不通过。

相对控制权的股权占有量为 51%，体现少数服从多数的原则，超过半数即可。因此融资要融多少，我们要把握好绝对控制权、相对控制权、否决权三个关键节点，千万不要让股权平均，创业者想要在融资后，仍然能够控制公司，首选能够拥有绝对控制权 67% 的股权。创业者如果有可能最好通过公司章程拿下公司"一票否决权"。

2. 内部融资与外部融资的选择

内部融资可以实现内部治理，股权激励可以激励内部员工，让其看到希望。

股权激励的典范就是华为技术有限公司（以下简称华为），那么华为是通过哪种激励方式成功的？华为没有上市，但是华为的股东和员工谁能获得股份？谁不能获得股份？是公司定的还是个人定的？不是公司定的，是个人的态度决定的。给谁股份是由公司人力资源部决定的，但是要不要股份是由个人态度决定的，华为让员工自己选择，也就是你是愿意做一名劳动型员工？还是做一名奋斗型员工。如果你要做一名劳动型员工就不给你股份，一切按照《中华人民共和国劳动法》执行。如果你要享受额外的股权权益，你就选择做一名奋斗型员工，这个时候你就要自觉加班加点，自觉把公司的事业当作自己的事业，不计较私利，你的精神境界要比劳动型员工高。为什么华为这么有活力，而且这种活力能保持数十年，正是因为部分华为员工都有股权，股权让员工升华了。

对外融资，可以促进企业飞速发展。对外融资的一般流程如表 7-2-2 所示。

表 7-2-2　对外融资的一般流程

轮次	融资金额	出让股权比例
种子轮	10 万 ~ 50 万元	5% ~ 20%
天使轮	100 万 ~ 600 万元	5% ~ 30%

知识补给：融资的基本轮次

轮次	融资金额	出让股权比例
A 轮	600 万 ~ 1 200 万元	20% 左右
B 轮	1 200 万 ~ 3 000 万元	10% ~ 15%
C 轮	3 000 万 ~ 5 000 万元	10% ~ 15%
D/E……轮	……	……
IPO	首次公开募股（initial public offering），上市	

一般来说，第一轮机构投资算 A 轮融资。有的创业者、创业企业没有经历或者不需要经历种子轮、天使轮，直接就进入 A 轮融资。有的企业在 C 轮融资后还有 D 轮、E 轮，每一轮出让的股权比例都在 5% ~ 30%。像那些出让 50%、90%、100% 股权的都可以看作不属于股权融资，基本上算是出售企业。股权融资外部融资可融到的金额可以参考表 7-2-3。

表 7-2-3　部分知名企业融资金额

公司	轮次	上市披露融资金额 / 美元
陌陌	B 轮	1 800 万
58 同城	C 轮	4 500 万
京东	C 轮	9.61 亿
迅雷	D 轮	3 750 万
途牛	D 轮	5 000 万
智联招聘	E 轮	651 万

如表 7-2-3 所示，京东 C 轮融到 9.61 亿美元，58 同城 C 轮融到 4500 万美元，而智联招聘到 E 轮也只是融到 651 万美元，因此，融多少金额、要融多少轮其实并没有绝对的标准。

风暴眼

产品没有做出来，可不可以融资？企业没有收入，可不可以融资？企业没有利润，可不可以融资？

3. 股权融资的方式

（1）个人融资。向个人（如天使投资人）融资，投资人最关注的是你是不是一个有潜力的人。天使轮关注的是人和理想，个人融资流程很简单，甚至只是喝杯咖啡，洽谈签订合同这么简单。

（2）机构融资。机构融资一般情况下是在不缺钱的时候去融资。当然不同阶段关注点不同：A轮关注产品，B轮关注数据，C轮关注收入，上市关注利润。机构融资流程就很复杂，一般要经历五个步骤才能完成投资（图7-2-2）。

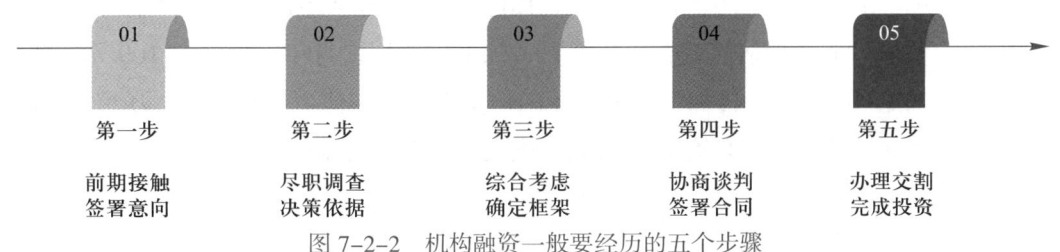

图7-2-2　机构融资一般要经历的五个步骤

怎么找到投资机构和投资人？首选熟人推荐，如以前的合作伙伴、学长、朋友等。有熟人背书肯定是最好的选择，如果没有熟人，那么参加创新创业大赛、创业训练营，以及入驻孵化器都是比较好的选择。

知识窗

增资扩股还是割股套现？

股权融资采用的形式是增资扩股还是割股套现？增资扩股是总股数增加，割股套现是总股数不变，股东割让股数。以初始股数1 000万股，出让10%的股权，融资200万元为例。

假设是增资扩股，公司总股数增加X股，扩股$X/（1\,000万+X）=10\%$，计算得出$X=111$万股。假设是割股套现，公司总股数不变，股东割让股数Y股，割股$Y/1\,000万=10\%$，计算得出$Y=100$万股。

若采用割股套现的方式，假如股东小王原来持股60%，即600万股，现在需要割让60万股，可以套现120万元。若采用增资扩股的方式，现在企业获得200万元，对应投资人获得111万股，假如最大的股东小王原来持股60%，即600万股，那么小王现在身价1 080万元，但是只有0元进自己的口袋。企业获得了资金，个人获得了身价。

对比增资扩股和割股套现，创业者希望采用哪种形式？有的创业者希望很早就割股套现，把股权变成自己手里的现金。但是，投资人、投资机构投资后是希望你把钱用在发展企业上，去赚更多的钱，而不是着急变现。因此，通常在上市前的各轮融资，大多数情况下采用的是增资扩股的方式。不论是增资扩股还是割股套现，股权都是被稀释的。因此，有的创业者希望在很高回报时割股套现，就会做个长线投资者，耐心等待前几轮的增资扩股，直到上市时割股套现。

4. 设计合理的股权结构

什么样的股权结构才是合理的？在早期，如下的股权结构是相对合理的：一人占有绝对多数股权，第二梯队占有 10% ~ 20% 股权，第三梯队占有少量股权。另外，一定要预留股权。

5. 估值的计算

企业的估值到底要怎样计算才合理？估值不等于现在值，估值是谈判数据和信任的结果，投资者和被投资者讨论达成一致的结果。创业者怎样在谈判中为自己争取更多的筹码？通常也是有方法的。例如，你已经有 10 万名用户，按照每个新用户获取成本 30 元来估值，那至少估值就有 300 万元，加上这些用户每年至少带来 100 元的消费，那么估值增加 1 000 万元，再加上未来一年的倍增效益，估值再增加 2 000 万元，这样合计估值 3 300 万元。像这样有理有据地估值，成交的可能性是很高的。

（三）政府融资

政府融资的原理是政府挑选出来一批其觉得要支持、要扶持的企业，并进行结构性的减税。减税的方式可以是前置的奖励，也可以是企业做到一定的阶段或达到一定的标准之后的后置的奖励，这个是政府融资的内涵。

1. 项目奖励

项目奖励就是企业可以申请的各类的项目，如科技研发项目、跟高校一起合作去科技局或者科技厅申请一些技术成果转化的项目等。项目前期会有一笔资金，过程中会有一笔资金，完成之后还有一笔资金。这些资金可以帮助企业做研发，覆盖一些研发成本、人员成本，助推企业投入研发，使其创造出更有竞争力的产品。这就是比较典型的项目奖励。

2. 人才奖励

人才奖励一般向科技型企业倾斜，一般奖励企业的创始人。创始人可以同时享受项目奖励和人才奖励。除了创始人，企业的一些核心技术人员也可以享受或者申报人才奖励。

3. 资质奖励

例如，申请高新技术企业、知识产权等资质都可以获得相应的资质奖励。首先政府积极地鼓励企业去申请政府、协会和组织认可的一些资质。获得这些资质可以帮助企业提高竞争力，对企业在研发、市场、发展成长方面有一定帮助。企业拿到资质以后，政府会给予奖励。

4. 科技贷款

为了和债权融资里的贷款区分开来，我们把科技贷款划归在政府融资类别里。科技贷款大部分形式都是信用贷款，而且很多的信用贷款只需基准利率，如果企业拿到基准利率的科技贷款，同时申请到项目奖励、人才奖励或资质奖励，科技贷款的利率部分还能被政府以某些方式去贴息贴掉，科技企业就享受到无息贷款，这是科技贷款的终极模式。科技贷款是政府基于扶持方向，帮助一些类型的民营科技创新型企业更好地发展。因此，企业要用好科技贷款，这部分通常会被企业忽略掉，或者没有用好用满。

三、创业融资的策略

案例链接：
巧融资成
就创富
奇迹

创业者在创业融资的时候应该采取什么样的融资策略是创业者应该掌握的技能。我们可以通过债券融资、股权融资、外部融资、内部融资四个象限进行分析，从而帮助创业者进行融资方式的选择，具体如图7-2-3所示。

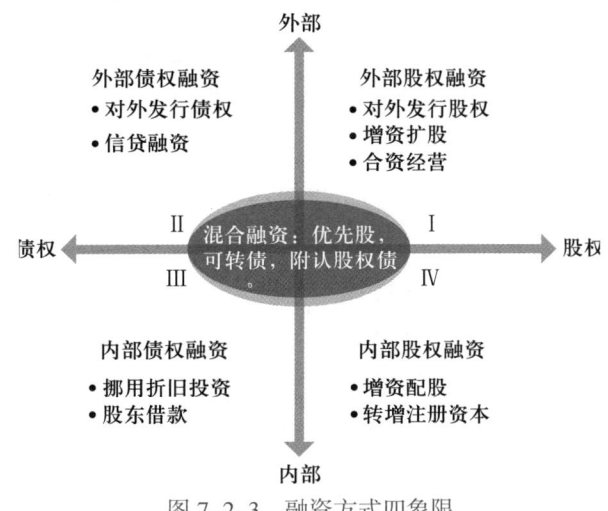

图 7-2-3　融资方式四象限

（一）找到最优的融资方式

1. 以融资成本作为标准

以融资成本作为标准，优选原则：先内后外，先债后股。顺序依次是，内部债权融资、内部股权融资、外部债权融资、外部股权融资。要想融资成本最低怎么选择？答案是内部举债，内部借款相当于左手借右手的钱，融资成本最低。第一象限的外部公募资金成本最高，如果在股市上融资1亿元，1 500万元将被各类中介机构瓜分，真正落到企业口袋的只有8 500万元。

2. 以分散风险作为标准

以分散风险作为标准，优选原则：先股后债，先外后内。顺序依次是，外部股权融资、内部股权融资、外部债权融资、内部债权融资。要想风险最低怎么选？如果选择第一象限增资扩股，企业吸收的外部股东越多，风险越分散，抗风险的能力越强，风险大家扛，"疼痛"被分散。如果选择第三象限内部债权融资，风险负担倍增，没有人能替你分担风险，不能分散"疼痛"。

　**风暴眼**

大学生创业者融资难的因素主要有哪些？

（二）大学生创业首选的融资方式

股权融资要用自己的股权交换资金，相当于"砍腿换车"。企业有了资金后，发展速度更快，相当于有了"车"，但是损失了股权，相当于失去了"双腿"。债权融资，不管是买方、卖方还是政府、机构、社会，凡是借钱就相当于寅吃卯粮（透支）。今天用了明天的钱，都是要还的。因此两种方式都有弊端，砍了"腿"，太痛苦；还钱时也很痛苦。如果有既不砍"腿"又不还钱的融资方式就好了，有没有这种好的融资方式？其实是有的，如奖金补贴。如果能够获得奖金补贴，那么首先不用损失股权，其次奖金补贴是奖励性质的资金，是不用还的。因此，大学生创业建议大家首选这种融资方式。这种融资方式，本质上是项目融资的一种，如果做出了产品原型，有好的团队，参加合适的"双创"比赛，就很有可能获得奖金和补贴。一般来说，高校都会组织学生参加一些创新创业类的赛事。

1. 竞赛奖金

全国性的大赛有"挑战杯"全国大学生系列科技学术竞赛、中国国际"互联网+"大学生创新创业大赛（现更名为中国国际大学生创新大赛）等，一些大型企业也会面向社会和大学生开展各种创业大赛（如微软"创新杯"、联想公益创业计划、百度的互联网创业俱乐部等）。因此，关注"双创"赛事，积极参加各类合适的比赛，同样是获得奖金很好的途径，大赛创业日渐成为大学生创业的重要渠道。

2. 政府补贴

如何才能获得补贴？关注最新匹配、提前做好准备是关键。例如，工信部的创新创业基金，每年1 500万元，必须是工信部所属的7所学校，学校匹配才有可能获得补贴。再如，科技型中小企业技术创新基金、中小企业国际市场开拓基金、利用高新技术更新改造项目贴息基金、国家重点新产品补助基金、电子信息产业发展基金等都是需要符合条件的，相匹配的项目才有可能申请到补贴，通常这类补贴申请，时间短，要求精准，因此最好提前了解往年情况，有备无患。归国留学人员可以申请10万~30万元的创业补贴，同样需要关注地方政策，未雨绸缪。

【延伸阅读】

云岭全民创业计划（节选）

模块总结

大学生创业者在创业之前，要清楚自己有哪些资源，还缺乏哪些资源，以及如何通过整合创业资源，帮助自己实现创业梦想。

大学生创业者在创业过程中，面临的主要问题就是创业融资，创业融资时要根据掌握的知识，对比各种融资方式的优劣，选择适合自己的融资方式去解决资金问题。

学习评测

模块七

双创实践

实训一　分析创业资源需求

以小组为单位，分析各自的创业项目，搜索、分析该项目所需要的具体资源及获取方式，包括数量、规格、类型等。再以小组为单位进行讨论、达成一致，完成以下创业资源需求分析表的填写并进行小组汇报。

创业资源需求分析——任务书

项目名称	项目所需资源分析	资源获取和整合方式
资源类型		
人力资源		
财务资源		
物质资源		
技术资源		
管理资源		
品牌资源		
市场资源		
政策资源		
信息资源		
组织资源		

学号：　　　　姓名：　　　　　　　　　　时间：　　　年　　月　　日

实训二　设计融资方案

　　以小组为单位，通过模拟创业融资，总结融资渠道选择所涉及的关键要素和一般规律，最终明确选择融资渠道。具体步骤如下。

　　（1）各小组根据之前的创业项目选择融资渠道。

　　（2）制定具体的融资方案。

　　（3）完成以下创业融资方案表格的填写。

　　（4）小组派代表上台分享。

　　（5）活动点评。

项目名称：　　　　　　　　　创业融资方案——任务书

融资渠道	选择原因	可行性分析

学号：　　　　　姓名：　　　　　　　　　时间：　　　年　　月　　日

实训三　撰写启动资金筹集计划

　　为创业项目的资金制订一个完整的筹集计划并完成以下筹集资金计划表的填写。

筹集资金计划　　　　　　　单位：元

资金用途	支付给谁	金额数量	资金来源	资金性质（股权还是债券）	可筹数量	资金到位时间

学号：　　　　　姓名：　　　　　日期：　　年　　月　　日

（1）一位留学归国的科学家拥有多项国际医药技术的重大专利，他准备在国内投身创业，将专利转化成产品。请你帮他分析其现在可以利用的资源，以及可以通过哪些途径获得资源。

_____

_____

_____

（2）通过网络搜索与信息整理，向同学介绍两位天使投资人及他们的投资案例，深入思考这个项目获得天使投资的原因，以及它给你带来的启示。

_____

_____

_____

（3）学习完本模块内容，将你的思考和感悟记录下来，并与同学们分享。

_____

_____

_____

_____

模块
八

雷厉风行——践行创业计划

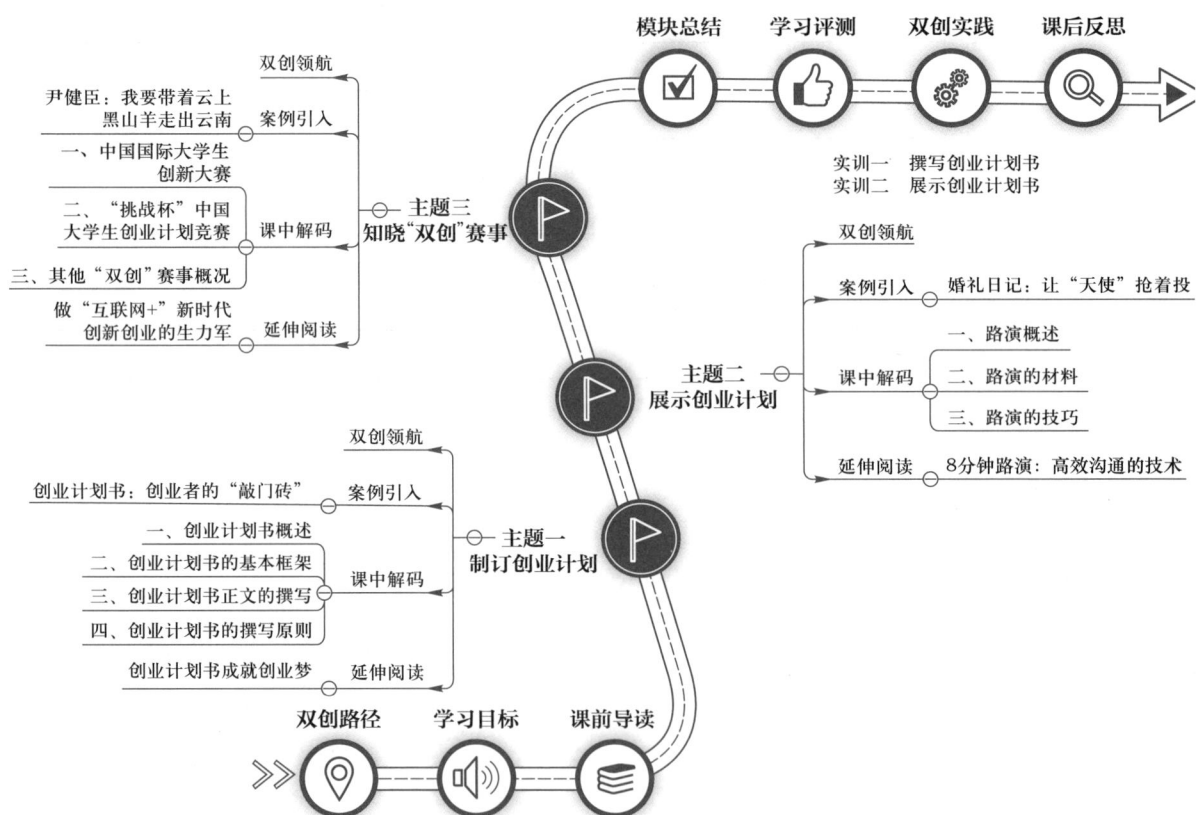

双创路径

双创领航

尹健臣：我要带着云上
黑山羊走出云南　　　案例引入

一、中国国际大学生
创新大赛

二、"挑战杯"中国
大学生创业计划竞赛　课中解码

三、其他"双创"赛事概况

做"互联网+"新时代
创新创业的生力军　　延伸阅读

主题三
知晓"双创"赛事

模块总结　学习评测　双创实践　课后反思

实训一　撰写创业计划书
实训二　展示创业计划书

双创领航

案例引入　婚礼日记：让"天使"抢着投

一、路演概述

课中解码　二、路演的材料

三、路演的技巧

主题二
展示创业计划

延伸阅读　8分钟路演：高效沟通的技术

双创领航

创业计划书：创业者的"敲门砖"　案例引入

一、创业计划书概述
二、创业计划书的基本框架
三、创业计划书正文的撰写　课中解码
四、创业计划书的撰写原则

创业计划书成就创业梦　延伸阅读

主题一
制订创业计划

双创路径　学习目标　课前导读

学习目标

● 知识目标

（1）理解创业计划书和路演课件（PPT）的作用、基本内容及格式。

（2）了解创新创业类赛事的基本情况和比赛要求及规则。

● 能力目标

（1）能够撰写创业计划书及制作路演材料。

（2）能够面对投资人或评委从容地展示创业计划。

● 素质目标

（1）知晓互联网创业趋势，主动适应创业环境变化，树立科学的创新创业观。

（2）培养开拓创新、实践检验真理的职业品格和行为习惯，培养勇于试错的精神品质。

（3）培养全局思维，提升团队协作和社交能力。

课前导读

　　一份好的创业计划书是吸引更多的合作伙伴加入、在创业比赛中打动评委、在融资中打动投资人的"敲门砖"。在完成创业计划书撰写后，创业者还要合理对其进行推介，其中最好的方法就是路演。一场准备充分的商业路演就是创业者的精彩舞台。通过路演，创业者可以把创业想法和做法便捷快速地介绍给投资人，成功吸引他们的投资。

　　如今，我国有许多大学生创业类竞赛项目，这些都是大学生创业计划落地的重要平台，当代大学生应借助这些平台，展示自己的创业项目，拥抱"互联网 +"时代，共筑创新创业梦想。

　　本模块将重点介绍创业计划书的撰写、项目路演及创新创业类重要赛事的相关知识。

主题一 制订创业计划

【双创领航】

▶ **思想化育**

谋先事则昌，事先谋则亡。

——刘向

▶ **学理依循**

"宜未雨而绸缪，毋临渴而掘井"，做事或创业如果没有预定目标，就像无的之矢，要么无所事事、得过且过，要么思路不清、忙而无序，最终大事难成。韩愈在《进学解》中有云："业精于勤，荒于嬉，行成于思，毁于随。"做任何事情都需要有规划，做事或创业更是如此，不能随波逐流、盲目跟风，只有经过深思熟虑和综合分析，才能做出切实可行的创业计划，才更容易取得创业成功。

【案例引入】

创业计划书：创业者的"敲门砖"

山东小伙孙德才从海口经济学院摄影专业毕业后有着一份不错的工作和收入。一次偶然的机会，他在新闻上看到重庆要举办市长峰会，觉得重庆的发展前景非常好，肯定有许多创业的机会，于是毫不犹豫地选择来渝发展。

来到重庆后，孙德才先后做过推销员、电视编导，还有过一次做折扣券自助打印机的创业失败经历，但这些经历都是他后来成功的重要经验。他始终没有气馁，在重新考虑了20个创业项目以后，他和朋友到电影院看 3D 电影，感觉戴着眼镜看始终不方便，进而发现 3D 行业充满着商机。有了创业的想法以后，他立即着手技术方面的调研，发现完全可以实现，于是写出 5 份详细的计划书，想通过引进风险投资实现再次创业。

他的创业项目马上引起了天使投资的兴趣。虽然当时项目还停留在创业计划书上，完全没有实际运作，但天使投资方面看中了项目前景，很快便决定注入资金帮助项目启动，第一期 100 万元资金很快到位。后来，天使投资累计对这个项目投资 500 万元，超过了当初他们设想的投资额。天使投资不仅给他带来了资金上的帮助，还带来了资源上的帮助，如介绍成熟的业态，帮助公司迅速增强实力。

谈到怎样打动投资方或客户时，孙德才称，投资者在向他人阐述自己产品的新颖及个人想法时，即使再深奥的东西，也要用最简练、通俗的语言去阐述。可见，一份好的创业计划书的魅力之大。

◎案例启示

创业的道路是艰辛的，在过程中不可避免地会遇到种种困难，甚至失败，但是任何时候，我们都不应气馁，要像案例中的孙德才一样，具有敏锐的观察力和行动力，即使是尚未落地的项目，也能够向投资人精准而高效地展现自己的创业计划，这也是其创业成功的制胜法宝。

◎思考探究

什么样的创业计划书能够得到投资人的青睐？

【课中解码】

创业计划书的撰写是创业行动的重要实践环节，把创业想法落在纸上，迫使团队检查团队运作构思是否可行，改正不切实际的想法，降低试错的代价，可以大大提高创业者的成功率。创业计划书的撰写需要掌握必要的知识，如创业计划书的基本框架、撰写方法、撰写原则等。

一、创业计划书概述

（一）创业计划书的定义

创业计划书是对创办企业的基本思想以及与企业创建有关各种事项进行总体安排的文件。创业计划主要通过创业计划书来实现。

创业计划书也称商业计划书，它是项目创始团队在创业准备阶段，集思广益、头脑风暴、讨论提炼整理出来的创业构想。从本质讲，创业计划书是风险投资商用投资的支票换来的企业创始人对投资商投资本企业达成的一个承诺。公司在投资之后，会做什么业务，年收入多少，来年利润多少，占有什么市场，何时能够做到何种规模等，都会在计划书中体现。另外，创业计划书不是一个简单的计划，而应该是一个指导创业团队运行企业或项目的管理工具。

（二）创业计划书的意义

写好创业计划书意义重大，由搜狐 A 轮学堂的一项关于《股权融资商业计划书这么写，快速打动你的投资人！》的报道显示，投资公司每天都会接到大量的创业计划书，其中，仅仅有 0.5% ~ 1% 的项目才会最终得到投资（图 8-1-1）。可见，一份好的创业计划书，不仅仅有助于创业者头脑中的创意和想法逻辑化、结构化，更是争取与投资商面谈机会的一块"敲门砖"。

创业计划书除了有利于创业者厘清思路、说服投资人，还有利于创业者付诸行动，做出最后的抉择及吸引更多的人才加入团队，激励团队为共同的目标而努力。

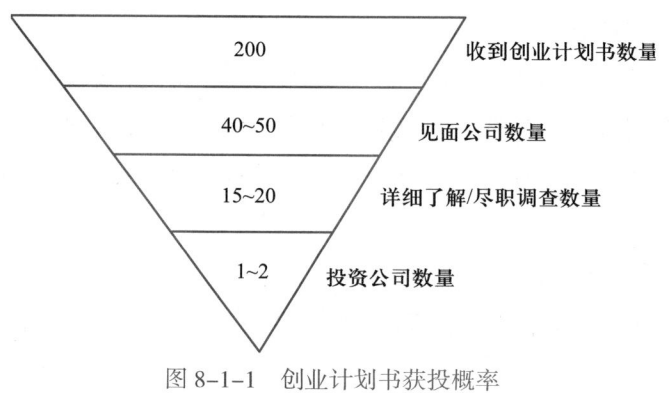

图 8-1-1　创业计划书获投概率

（三）创业计划书的主旨

一份成功的创业计划书是以清晰介绍公司的基本情况，描绘出公司的宏伟前景，最终吸引投资人兴趣和进一步了解你的团队和公司为标志的。其中，最关键的三点一定要写清楚。

（1）公司为客户创造什么价值？

（2）项目为投资人带来什么回报？

（3）你怎么做到这些？

（四）创业计划书的分类

（1）按照行业特点，创业计划书可分为传统产业类创业计划书和高新科技类创业计划书。前者主要面向生产消费品行业，如制造业、建筑业、采掘业、种植业、运输业、冶炼业等，后者主要面向现代科学技术装备行业，如航天航空、生物技术、微电子、新材料、信息通信等。

（2）按照编写的作用，创业计划书可分为争取风险资金投入、争取他人合伙、争取政府支持和创业规划指导等类型的创业计划书。

（3）按照服务类型，创业计划书可分为专利性创业计划书、产品性创业计划书、服务型创业计划书和概念性创业计划书。

（4）按照详细程度，创业计划书可分为略式创业计划书和详式创业计划书。

二、创业计划书的基本框架

知识补给：
创业计划书
通用模板

为了帮助大学生梳理好自己的创业项目，我们需要撰写一份完整的创业计划书，并在其中体现创业项目的特点和亮点。

一份创业计划书应该包含封面、摘要、目录、正文、附件五个部分（图 8-1-2）。

下面，我们一起来学习创业计划书的撰写方法。

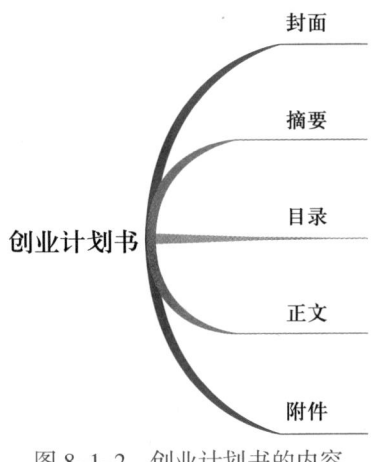

图 8-1-2　创业计划书的内容

（一）封面

创业计划书如同人的"脸面"，因此封面设计应内容完整、版式美观，给投资人留下较好的印象的同时，也能让人迫不及待地打开翻看。封面可以融入的元素有公司（项目）的名称、标志标识（Logo）、项目图片、撰写时间等信息。

（二）摘要

摘要是对项目所属行业、主营产品／服务、项目企业宗旨、优势、发展策略等进行概要性介绍。摘要应具有独立性、简明性，应能够最大限度激发读者的兴趣，语言简明，思路清晰，切忌行文含蓄，晦涩难懂。摘要的文字一般不要太多，400字左右即可。

（三）目录

目录是创业计划书的各个主要章节的导引，能够让读者快速掌握整个创业计划书的大致内容，并通过其上标明的各部分的标题和页码方便找到相应的内容出处。

（四）正文

正文是创业计划书的主体，详细介绍了投资人比较关心的相关问题，如项目概述、公司介绍、市场分析、竞争分析、产品与服务、盈利模式与营销策略、战略规划、财务与融资、创业团队、风险对策等内容（图 8-1-3）。正文内容是创业计划的详细展开，要有充足的数据作为支撑，推理合乎逻辑、突出重点、实事求是。

（五）附件

附件是对正文中涉及的相关数据、资料、佐证材料的补充，如详细的报表、团队成员简历、推荐信等。

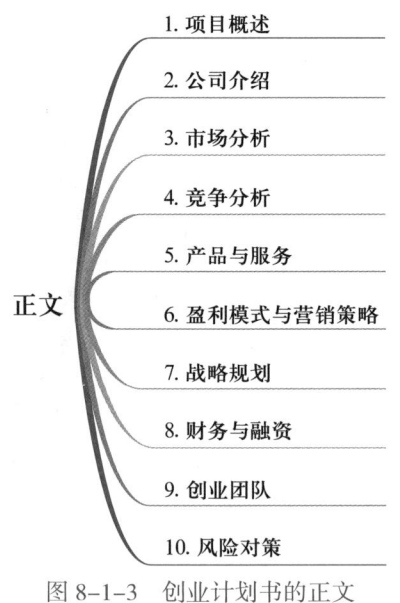

正文

1. 项目概述

2. 公司介绍

3. 市场分析

4. 竞争分析

5. 产品与服务

6. 盈利模式与营销策略

7. 战略规划

8. 财务与融资

9. 创业团队

10. 风险对策

图 8-1-3 创业计划书的正文

三、创业计划书正文的撰写

（一）项目概述

项目概述也称执行概要，是对项目的战略定位、市场分析、目标客户、产品服务、商业模式、竞争优势、运营状况、团队优势、预期利益、融资需求的概述。

（二）公司（项目）介绍

公司（项目）介绍主要包括三个方面，即公司介绍、公司发展史及公司目前股权结构。

公司（项目）介绍要以简洁的语言对公司进行总体性介绍，可以以时间轴的方式记录公司发展的重大时刻，对于股权结构比较复杂或者有机构投资者为股东的公司，有必要列示公司当前的股权结构。重点说明企业未来的主要目标，产品和服务的知识产权及可行性，这些产品和服务所针对的市场及当前的销售额，企业当前的资金投入及管理团队与资源。

（三）市场分析

对生产的产品或提供的服务所属市场的基本状况、竞争格局、市场容量、市场定位、核心盈利点等进行全面深入分析。尤其是对痛点的分析，并要根据当下行业状况，分析其发展的趋势，突出对行业的理解和认知，不要简单地罗列数据，可利用分析工具——PEST（宏观环境的分析模型）对政治（politics）、经济（economy）、社会（society）和技术（technology）进行分析。

（四）产品服务

对项目中生产的产品或提供的服务的基本信息、独特优势、目前处于何种阶段、未来发展状况预测等内容进行客观、准确、简明地描述，尤其注意几个问题。

（1）产品服务的基本信息是什么？

（2）有什么样的核心技术？

（3）目前的执行情况如何？

（五）营销策略

主要介绍企业所针对的市场、营销战略、竞争环境、竞争优势与不足，主要产品的销售金额、增长率和产品或服务所拥有的核心技术、拟投资的核心产品的总需求等。

（六）财务融资

一般是对创业前三年的财务情况进行分析、预测，对项目实施所需资金的筹集和使用情况及企业融资方式、资本结构等进行详尽说明，并给出投资建议，即对投资人阐明企业期望的投资和退出方式。

（七）核心团队

重点介绍团队成员的特长、职务、企业组织结构，要展示团队的战斗力和独特性及与众不同的凝聚力。

（八）风险分析

对企业可能面临的各种风险（如竞争风险、不可抗风险）进行科学预测和评估，包括技术风险、市场风险、管理风险、财务风险及其他不可预见的风险，并提出有效应对策略和措施。

（九）发展规划

企业在经过初步发展之后，下一步该如何选择及实现可持续发展，发展规划要做到深耕化、多元化和全球化。

风暴眼

创业计划书是不是内容、篇幅越多越好？

四、创业计划书的撰写原则

一份好的创业计划书不在乎有多少篇幅，更注重的是呈现效果。因此，掌握一定的撰写原则很有必要。

（一）开门见山，简洁动人

创业计划书的阅读者大多惜时如金，因此撰写的创业计划书要开门见山地切入主题，用真实、简洁的语言描述你的想法，不要浪费时间去讲与主题无关的内容，让阅读者能够迅速链接项目或企业的概况和项目的可行性，没有说服力的计划书是没有吸引力的。

（二）注意逻辑，自信真实

尽可能地搜集更多真实可信的资料、数据，对于市场前景、竞争优势、回报分析等要从多角度加以分析和总结，对于可能出现的困难或问题要有足够的认识和预估，同时准备多位顾客的事前采购协议，帮助投资者强化项目可行性认识，注意前后文基本假设或预测要相互呼应和一致。

知识补给：创业计划书的信息搜集

（三）脉络清楚，条理分明

尽可能按照如何实现营业循环和盈利来设计创业计划书，这样能够增强条理性。投资者往往会在创业计划书看了一半的时候，向你提问前面或后面的问题，甚至是你没有想到的新问题。如果没有成熟的思考脉络，就很可能无言以对。

知识补给：创业计划书的市场调研

（四）诚信保密、美观大方

创业计划书中设计的核心机密可适当进行规避，或者另外签署保密协议，保障自己的核心机密不外泄。应适当"修饰"创业计划书，提升阅读者对其"第一印象"，否则，过于简略粗糙的创业计划书会让阅读者对创业者和团队的能力素养产生误判。

📋 知识窗　　　　　　　　　　保密协议范本

本创业计划书属商业机密，所有权属于 ××（团队名称）。该计划书所涉及的内容和资料只限于已签署投资意向的投资者使用。收到本计划书后，收件人应即刻确认，并遵守以下规定。

（1）若收件人不希望涉足本计划书所述项目，请按上述地址尽快将本计划书完整退回。

（2）在没有取得 ××（团队名称）的书面同意前，收件人不得将本计划书全部和 / 或部分地予以复制、传递给他人，影印、泄露或散布给他人。

（3）应该与对待贵公司的机密资料一样对待本计划书所提供的所有机密资料。

本创业计划书不可用作销售报价使用，也不可用作购买时的报价使用。

创业计划编号：　　　　　　　　　　授方：

签字：

公司：

日期：

【延伸阅读】

创业计划书成就创业梦

主题二　展示创业计划

【双创领航】

▶ **思想化育**

纸上得来终觉浅，绝知此事要躬行。

——陆游

▶ **学理依循**

子曰："不患人之不己知，患其不能也。"一个好的项目之所以通过路演来呈现，因为其打开了外界了解企业的最重要和最直接的一扇窗户，当阳光洒进来，新创企业的点、线、面如抽丝剥茧，一层层渐次展开，企业的融资之路已经成功一半。

【案例引入】

婚礼日记：让"天使"抢着投

天津姑娘琰琰留学回国后在北京找了份培训教师的工作。不久，琰琰和自己的另一半结婚了，整场婚礼的所有东西都是由她 DIY 制作完成。婚礼过后，琰琰把整个过程写成一篇文章并发布在互联网上，没想到，那篇文章让她变成一个新娘网络红人，并收获了第一批 1 500 个新娘粉丝，同时实现了创收。琰琰发现，自己对结婚产业产生了浓厚的热情，于是，在家人的支持下，她决定辞职创业。在之后的 8 个月，她通过 80% 原创文章和 20% 的新娘投稿吸引粉丝，使她在微信公众号平台积累了 2 万多名新娘读者，入驻了北京附近独立的婚礼策划师和 500 多个相关的婚礼商家。

后来正逢深圳卫视《合伙中国人》栏目制作，琰琰参加了节目，并通过路演的方式向五位投资人介绍自己的项目——婚礼日记。琰琰对自己的创业项目侃侃而谈，她服务和教导新娘办好一生中最重要的婚礼仪式的初衷和热情打动了在场的所有人，引来多位天使投资人"抢着投"，最终，琰琰获得了现场 200 万元的融资。

◎案例启示

琰琰通过商业路演的平台，用满满的热情诠释了自己的创业项目，机会总会留给有准备的人，融资成功的背后一定有对项目的反复推敲和演练。创业者如果能够从事自己真正喜欢和热爱的事情，成功的胜算将会大大增加。

【课中解码】

精彩的路演会给投资人留下深刻的印象，甚至吸引投资人投资。路演可以使创业者少走弯路，节约时间和精力，同时也是各类创业比赛的首选方式。为降低路演成本，近年来，线上路演也逐渐普遍起来。线上路演可以突破时空条件的约束，远程实现投融资双方的交流，从而降低交通等成本，同时，网络技术提高了传统意义上路演的效率和质量，使投资方和项目方可以一对一互动，不受时间地点限制。

一、路演概述

（一）路演的定义

路演是指通过现场演示的方法，引起目标人群的关注，使他们产生兴趣，最终达成销售、项目合作、融资等目的，是一种在公共场所进行演说、演示产品、推介理念及向他人推广自己的公司、团体、产品、想法的方式。

（二）路演的形式

路演主要是以举行推介会为基本形式。在推介会上，公司向投资者就公司的业绩、产品、发展方向等做详细介绍，充分阐述上市公司的投资价值，让准投资者们深入了解公司的具体情况，并回答机构投资者关心的问题。

随着网络技术的发展，这种传统的路演被搬到互联网上，出现了网上路演，即借助互联网的力量来推广。网上路演现已成为上市公司展示自我的重要平台和推广股票发行的重要方式。

> **知识窗**　　　　　　　　　　　　　路演推介的几种形式
>
> **参观型推介会**
>
> 企业邀请投资人到企业内部来参观，使投资人在参观企业的过程中感受公司的文化、产品的好坏，从而产生投资的兴趣。此种推介会适合具有创新能力及有影响力的企业。
>
> **活动型推介会**
>
> 活动型推介会是指企业通过举办沙龙的方式来吸引投资人。这种形式的路演有利于培养企业与投资者之间的关系，具有可观的长期效果，适用于企业文化和精神很突出，能够吸引和影响投资人的企业。

二、路演的材料

路演前需要准备好以下资料：路演脚本（含提问预案）、路演课件、创业计划书等。

（一）路演脚本

一般来说，路演留给创业者上台演讲的时间较短，有些只给 5 分钟，再加几分钟的投资人提问。在短短的 7~8 分钟路演中，如何才能给投资人留下深刻印象，吸引投资人的关注？

机会是留给有准备的人的，想要完成出色的路演，首先必须写好路演脚本。为了确保内容与时间的匹配，路演之前需要与路演组织方确认路演时长，然后按照时间设计路演脚本。例如，如果是 5 分钟的路演，我们的平均每分钟语速为 100~150 字，那么演讲字数在 500~750 字。

注意要梳理演讲内容并标注重点，做到详略得当。在语言表述上应该力求简洁明了，切忌废话连篇、表述不清。

路演脚本还需要准备提问环节投资人可能问到的问题。创业者可以在路演前进行角色互换，假设创业者自己是投资者，想一想有哪些问题是投资者提问概率较大的，提前准备这些问题的答案。

（二）路演课件

路演课件是创业计划书的精简版，是创业团队的敲门砖。好的路演课件要满足逻辑清晰、观点鲜明，文字凝练、视觉美观这四大要点。路演课件的内容与创业计划书类似，但其重点内容包括回答 5 个"W"和 2 个"H"，即"Why——为什么要做""What——要做什么""When——什么时候做""Where——在哪儿做""Who——谁来做"和"How——怎么做""How much——财务融资如何"。将上述问题讲清楚，能让投资人全面了解创业项目。

路演课件的编写具体包含以下内容。

1. 封面

第一页 PPT 为封面，要将项目名称放在显著的位置，并能够用体现项目定位和亮点的一句话描述项目情况，引人入胜，一下子吸引现场投资人的注意力。

例如，××电视——打造年轻人的第一台智能电视。

2. 正文

正文需要突出以下五大部分。

（1）第一部分。标明行业背景和市场现状、市场发展趋势、市场空间（1~2 页）。要描述在目前的市场背景下发现的痛点，或需求点/机会点，并说明目前正是做这件事情的最正确的时间。

注意：行业市场分析要具体且有针对性，与所要做的事要紧密相关，避免空泛论述；在分析这个痛点时，如已有解决相关痛点的产品或服务，可能需要简要分析已有的产品或服务存在的不足，表明当前的商业机会。

（2）第二部分。表明项目要做什么（1 页）。该部分讲清楚项目要做的事情即可。

注意：不要追求大而全，要专注聚焦，表明你就想做一件事，且就想解决这件事中的某一个关键问题；切忌盲目跟风，追随投资热点。

（3）第三部分。如何做及做的现状（6 页左右）。该部分主要讲明白以下几点：讲清楚你有什么样的解决方案，或者什么样的产品，能够解决第一部分发现的痛点，或者你的方案或产品是什么，提供了怎样的功能；清晰阐述产品将面对的用户群（目标用户群定位）；说明你的产品或解决方案的竞争力，为什么这件事情你能做而别人不能做？或者为什么你能比别人干得好？你的特别的核心竞争力是什么，你与众不同的地方是什么？例如，是否具备科研成果转化背景或拥有有价值的知识产权等；说明你未来将如何盈利，即你的商业模式；客观、真实地进行横向竞品对比分析；产品的研发、生产、市场、销售等相关策略，目前已经达成的里程碑，即产品、研发、销售等关键环节的进展。

（4）第四部分。介绍项目团队（1~2 页）。该部分讲清楚团队的人员组成、分工和股份比例。团队要有合理分工，需要介绍团队主要成员的背景和特长，并强调个人的能力适合该岗位，团队的组合适合创业项目。说清楚你们团队的优势，要让听众相信项目由这个团队来做，会更可信、更容易成功。

（5）第五部分。财务预测与融资计划（1~2 页）。该部分介绍需要的资金，释放多少股份，用这些钱干什么？达成什么目标？财务的预测。注意：针对较为成熟的项目可进行3~5 年的财务预测；如果之前有融资，还要介绍之前的融资情况。

在制作路演课件时要注意一点，动画效果不要太多，否则在路演现场会干扰演讲节奏。

3. 封底

封底即结束语句，可用绚丽的图片作为背景，并用一两句话突出使命、价值观、产品，做到前后呼应。

三、路演的技巧

掌握必要的路演技巧能大大提升创业者的路演效果。

（一）演讲技巧

建议路演的演讲者在路演前反复进行计时演讲排练，至少20 遍；如果计划在路演过程中插入视频展示或产品展示，则更要严格把控演讲时间，把握展示时机和时间，确保视频和产品的展示不会干扰正常的演讲节奏和气氛。如果是统一使用主办方的计算机，则必须提前到路演现场进行设备调试，确保所有内容播放正常。

（二）台风技巧

路演过程不必太过拘谨，也不一定要穿黑色西装并戴领带，只要符合自己的个性或公司的业务特色，同时自己感觉舒服就好。

路演时要有激情，采用适当的肢体语言。不应照本宣科，甚至背对听众。演讲过程中声音要响亮清晰，不能太快，否则听众听不清楚也就不会留有太好的印象。

不要用很多时间介绍产品 / 技术特色，因为技术陈述一般很枯燥，而且大多数投资人不是专业技术背景，不容易理解，简明通俗地介绍就好。

在回答投资人提问的环节，切记不要急于辩驳投资人的提问，而应正确理解投资人的问题，并简明扼要地给予答复，如果有些问题不能简单答复，可以说明会后沟通。

综上，每一次路演都是一场历练，路演的目的是让听众对公司的业务、产品服务留下深刻印象，即便没有投资合作，或许也可以带来其他潜在的资源合作。路演无处不在，不仅在路演活动上，还在每次遇到合作伙伴、潜在客户时。清晰地、充满激情地讲好团队的梦想、公司的业务和优势是推广公司的基本功。

🔍 风暴眼

路演表现得非常优秀就一定能够得到投资吗？

【延伸阅读】

8 分钟路演：高效沟通的艺术

主题三　知晓"双创"赛事

【双创领航】

▶ 思想化育

扎根中国大地了解国情民情，在创新创业中增长智慧才干，在艰苦奋斗中锤炼意志品质，在亿万人民为实现中国梦而进行的伟大奋斗中实现人生价值，用青春书写无愧于时代、无愧于历史的华彩篇章。

——习近平

▶ 学理依循

创新是当今时代驱动社会经济蓬勃发展的核心力量，创业则是将创新理念转化为现实生产力的桥梁。经过十年的连续打造，十届赛事的积累，中国国际"互联网＋"大学生创新创业大赛（现更名为中国国际大学生创新大赛）已成为我国深化创新创业教育改革的重要载体和关键平台，成为覆盖全国所有高校、面向全体大学生、影响最大的高校双创盛会，培养了一大批有理想、有本领、有担当的源源不断的青春力量。"双创"赛事不仅是一场智慧与激情的碰撞，更是一次梦想与现实的交融，为广大青年才俊、创新团队及有志之士搭建了一个展示自我、交流思想、共谋发展的广阔舞台。

【案例引入】

尹健臣：我要带着云上黑山羊走出云南

尹健臣是云南楚雄人，就读于云南经济管理学院 17 级财会金融学院会计专业。出生在国家重点扶持的贫困县双柏的尹健臣，从小跟随父亲到各山区了解当地农户的发展现状及学习相关养殖知识，他发现：单一品种的养殖推广模式存在发展慢、效率低、抵御市场突变的能力较弱等关键问题，随后他深入实践，发现云南山地众多，并不是所有地区都适合养牛，在 2016 年时，他提出"优质种羊"计划，并参与云南省畜牧兽医科学院优质黑山羊新品种项目的品种培育。

"云上黑山羊"是云南省畜牧兽医科学院通过比对全球各地不同山羊种群的基因，经过 22 年 5 个世代的研究，培育出的中国第一个肉用黑山羊新品种。该品种也在 2019 年通过国家畜禽遗传资源委员会审定。

"云上黑山羊"是以本地云岭黑山羊为母本、埃及努比亚黑山羊为父本，通过人工培育技术成功培育出的新品种。"云上黑山羊"对比传统意义的黑山羊具有明显的优势：产肉量高，死亡率低，成长周期短。"云上黑山羊"这一新品种的成功培育不仅是科技创新的重要一步，还成为脱贫攻坚的重要里程碑。

2020 年，尹健臣成立了双柏建垠生物科技有限公司，在黑山羊种源的节点上，创立立体农业生态圈帮助农民实现增收，解决农村家庭收入单一、农产品附加值低的根本问题及种源企业存在的跨界资源整合、推广难、行业广等行业难题。

教育部等十二部委主办的第六届中国国际"互联网+"大学生创新创业大赛（现更名为中国国际大学生创新大赛）总决赛于 2020 年 11 月 17 日至 21 日在华南理工大学举行，大赛共有来自全球的 513 个项目进入金奖争夺赛。尹健臣带着自己的团队和项目"建垠生物——国内黑山羊种源保护传承与开发的开创者"冲出省赛，参加国赛。最终，他们以小组第一的优异成绩斩获第六届中国国际"互联网+"大学生创新创业大赛金奖。

"经过多年实践，我们认为黑山羊更适合云南山区养殖，而我们也希望将'云上黑山羊'带到全国各地……"尹健臣在路演中说，通过参加创业比赛，他真的做到了把云南的黑山羊推广到更远的地方。

◎案例启示

创业梦是美好的，创业路是艰辛的，创业后的社会价值更是令人欣慰的，尹健臣将家乡的"云上黑山羊"带到全国各地，为家乡创造更多的财富，更实现了自己的创业梦，这就是他和他的团队前进的原动力。

◎思考探究

我们作为在校大学生，如何通过专业学习，借助何种平台，实现创业梦和人生价值？

知识补给：教育部认可的56项大学生学科竞赛清单

【课中解码】

创新创业类比赛是大学生展示创新创业成果的重要舞台，是鼓励大学生面向社会主义建设，将专业知识与社会热点相结合、理论与实践相结合并运用到社会生产实践领域，促进科技成果转化和生产力发展的重要平台。同时，创新创业类比赛还可以提升学生的团队合作意识、科研和自学能力、创新能力和素养，增强社会责任和创业能力，是大学生职业生涯中的一条重要道路。

我国目前影响最广并且认可度较高，获奖较难的大学生创新创业类比赛主要有三项，分别是：中国国际"互联网+"大学生创新创业大赛（现更名为中国国际大学生创新大赛）和"挑战杯"全国大学生系列科技学术竞赛（分为"大挑"和"小挑"，每隔一年轮流举办），它们同是"双创"主题下的重点赛事但又各自有所侧重。前者旨在深化高等教育综合改革，激发大学生的创造力，注重推动赛事成果落地转化。后者有两个并列项目，一个是"挑战杯"全国大学生课外学术科技作品竞赛（简称"大挑"），以"崇尚科学、追求真知、勤奋学习、锐意创新、迎接挑战"为赛事宗旨，注重学术科技创新、发明创造本身；另一个是"挑战杯"中国大学生创业计划竞赛（简称"小挑"），是将学术成就、科技成果转化并实现产业化、商业化的竞赛，注重市场与技术服务的完美结合，商业性更强。

一、中国国际大学生创新大赛

2015 年，教育部创办中国"互联网+"大学生创新创业大赛（图 8-3-1a），该赛事于 2020 年的第六届更名为中国国际"互联网+"大学生创新创业大赛。2024 年，教育部发布了关于举办中国国际大学生创新大赛（2024）的通知，并更新了赛事徽标（图 8-3-1b）。大赛深入贯彻落实党的二十大精神，传承和弘扬红色基因，聚焦"五育"融合创新创业教育实践，开启创新创业教育改革新征程，力图激发青年学生创新创造热情，打造共建共享、融通中外的国际创新盛会，为教育强国建设支撑引领中国式现代化作出更大贡献，让青春在全面建设社会主义现代化国家的火热实践中绽放绚丽之花。

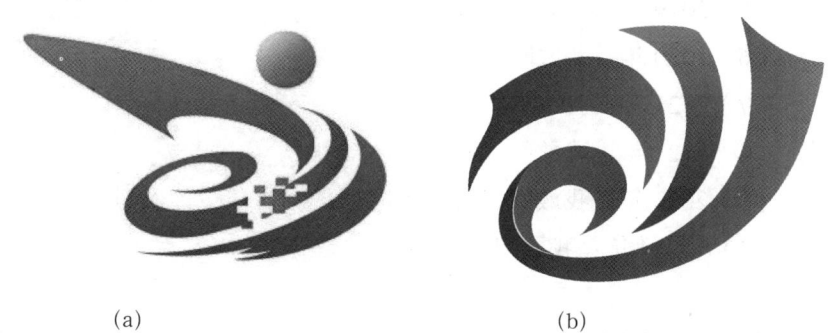

(a)   (b)

图 8-3-1　中国"互联网+"大学生创新创业大赛标志（a），中国国际大学生创新大赛（2024）标志

案例链接："青年红色筑梦之旅"活动

第三届中国"互联网+"大学生创新创业大赛时，习近平总书记给"青年红色筑梦之旅"的大学生回信更加激发大学生创新创业的热情。经过这几年的发展，逐渐包含高教主赛道、职教赛道、青年红色筑梦之旅赛道、萌芽赛道。由于该赛事的影响力逐年扩大，定位更多元化，到 2024 年，已发展为中国国际大学生创新大赛。大赛一方面注重品牌打造，坚持以赛促教、以赛促学、以赛促创，丰富竞赛形式和内容，建立健全各级各类创新创业比赛联动机制。同时在另一方面不断加强大学生创新创业信息服务，培育创客文化，营造敢为人先、宽容失败的环境，形成支持大学生创新创业的社会氛围，各部门联动协调做好政策宣传宣讲，推动大学生用足用好税费减免、企业登记等支持政策，优化创新创业环境，调动广大青年学生的创新创业激情，激发创新创业的潜能，助力其实现人生价值、成就人生梦想。

知识窗　　　　　　　　　　创新创业大赛的由来

20 世纪 80 年代初，最先感受到知识经济脚步的美国高校迅速开展了大学生创业教育和大学生创业活动。1983 年，美国得克萨斯州大学奥斯汀分校举办首届大学生创业计划竞赛。1988 年，由美国圣路易斯大学发起的全球大学生创业大赛成功举办，面向在校的大专院校学生，大赛于 1998 年扩大为全球性大赛。1997 年，清华大学将创业计划竞赛引进中国，并于 1998 年开展活动。2015 年，全国双创氛围深厚，国务院更是出台文件指出要建设创新创业平台，增强支撑作用，支持各类创新创业大赛。为响应中央号召，伴随着高校创新创业教育的推进，各类创新创业大赛也随之迅速发展。

（一）大赛主题

每一届大赛都有相应的主题，历届大赛主题如下。

（1）2015年："互联网+"成就梦想，创新创业开辟未来。

（2）2016年：拥抱"互联网+"时代，共筑创新创业梦想。

（3）2017年：搏击"互联网+"新时代，壮大创新创业主力军。

（4）2018年：勇立时代潮头敢闯会创，扎根中国大地书写人生华章。

（5）2019年：敢为人先放飞青春梦，勇立潮头建功新时代。

（6）2020年：我敢闯，我会创。

（7）2021年：我敢闯，我会创。

（8）2022年：我敢闯，我会创。

（9）2023年：我敢闯，我会创。

（10）2024年：我敢闯，我会创。

（二）大赛内容

（1）主体赛事。包括高教主赛道、"青年红色筑梦之旅"赛道、职教赛道、产业命题赛道和萌芽赛道。

（2）"青年红色筑梦之旅"活动。

（3）同期活动。即大赛优秀项目资源对接会、大学生创新成果展、世界大学生创新论坛、世界大学生创新指数框架体系发布会等系列活动。

（三）大赛时间和赛制

大赛主要采用校级初赛、省级复赛、总决赛三级赛制（不含萌芽赛道及国际参赛项目）。校级初赛由各院校负责组织，省级复赛由各地负责组织，总决赛由各地按照大赛组委会确定的配额择优遴选推荐项目。大赛组委会将综合考虑各地报名团队数（含邀请国际参赛项目数）、参赛院校数和创新创业教育工作情况等因素分配总决赛名额。大赛一般历时7个月，每年4～5月参赛报名，6～8月初赛复赛，10月全国总决赛。

大赛设置不同的赛道和组别，参赛团队可根据项目按要求报名。参赛团队需要准备和提交的相关材料包括：项目计划书、项目展示路演课件、项目一分钟展示视频、其他资质证明材料等。

二、"挑战杯"中国大学生创业计划竞赛

"挑战杯"中国大学生创业计划竞赛（图8-3-2），俗称"小挑"，是由共青团主办的

创业类赛事，参赛要求为要有完善的创业计划书，不成立公司也能参赛。其中，重要的主旨是希望将"大挑"的科技成果向商业化转化。"挑战杯"全国大学生课外学术科技作品竞赛（图8-3-3），俗称"大挑"，创建于1989年，是由中国共青团中央牵头主办，竞赛主要内容是科技发明制作、论文及调研报告等。为遵循科技创新和创业的实践规律，"大挑"和"小挑"分别是奇数年和偶数年，每两年进行一届比赛。"大挑"和"小挑"合称为"挑战杯"全国大学生系列科技学术竞赛，被誉为中国大学生科技创新创业的"奥林匹克"盛会。

挑战杯

中国大学生创业计划竞赛

图 8-3-2　"小挑"标志

挑战杯

全国大学生课外学术科技作品竞赛

图 8-3-3　"大挑"标志

2014年，团中央在"小挑"的基础上，扩充了两项赛事，推出了"创青春"全国大学生创业大赛（图8-3-4），其中包含"挑战杯"中国大学生创业计划竞赛、创业实践赛和公益创业赛。至此，毕业3年内的创业者都可以参赛，该类赛事的影响力进一步扩大。

图 8-3-4　"创青春"全国大学生创业大赛标志

针对创新创业比赛的同质化问题，2020年，"创青春"回归为"挑战杯"中国大学生创业计划竞赛，主要针对在校大学生的实践育人，（不再举办创业实践赛、公益创业赛及各类专项赛，明确毕业生不再参赛）已创业的学生项目和计划阶段的学生项目均可参赛。

大力实施"科教兴国"战略，努力培养广大青年的创新、创业意识，造就一代符合未来挑战要求的高技能人才，已经成为实现中华民族伟大复兴的时代要求。作为学生科技活动的新载体，"挑战杯"中国大学生创业计划竞赛在培养复合型、创新型人才，促进高校产学研结合，推动国内风险投资体系建立方面发挥出越来越积极的作用。

"小挑"从2020年起重新划分了五个赛道。以2022年第十届"挑战杯"大学生创业计划竞赛为例，五个赛道分别是科技创新和未来产业、乡村振兴和农业农村现代化、社会治理和公共服务、生态环保和可持续发展、文化创意和区域合作。

（一）科技创新和未来产业

围绕创新驱动发展战略，推动数字经济健康发展，在智能制造、信息技术、大数据、人工智能、生命科学、新材料、军民融合等领域，结合实践观察设计项目。

（二）乡村振兴和农业农村现代化

围绕实施乡村振兴战略，在农林牧渔、电子商务、乡村旅游、城乡融合等领域，结合实践观察设计项目。

（三）社会治理和公共服务

围绕国家治理体系和治理能力现代化建设，在政务服务、消费生活、公共卫生与医疗服务、金融与财经法务、教育培训、交通物流、人力资源等领域，结合实践观察设计项目。

（四）生态环保和可持续发展

围绕可持续发展战略和碳达峰、碳中和目标，在环境治理、可持续资源开发、生态环保、清洁能源应用等领域，结合实践观察设计项目。

（五）文化创意和区域合作

突出共融、共享，紧密围绕"一带一路"和京津冀地区、长三角地区、成渝地区及粤港澳大湾区等经济合作建设，在工业设计、动漫广告、体育竞技和国际文化传播、对外交流培训、对外经贸等领域，结合实践观察设计项目。

三、其他"双创"赛事概况

近年来，我国的"双创"事业蓬勃发展，国家政策支持力度非常大，上到国家层面、省部级，下到州市地厅级，甚至是区县，各类创新创业比赛层出不穷。其中，中国创新创业大赛是由科技部、财政部、教育部、中华人民共和国国家互联网信息办公室和中华全国工商业联合会共同指导举办的一项以"科技创新，成就大业"为主题的全国性创业比赛。中国创新创业大赛聚集和整合各种创新创业资源，引导社会各界力量支持创新创业，搭建服务创新创业的平台，弘扬创新创业文化，激发全民创新创业的热情，掀起创新创业的热潮，打造推动经济发展和转型升级的强劲引擎。各省级科技管理部门可结合实际情况组织举办地方赛，根据大赛方案统一要求编制地方赛工作方案，并将比赛结果报送上一级组织。

知识窗

云南省"双创"赛事

　　云南省为全面实施创新驱动发展战略，激发全社会创新创业活力，大力提升创新创业水平，打造云南经济发展新引擎，自2019年首届由云南省科技厅、共青团云南省委联合有关部门，共同举办"云南省创新创业大赛"开始，到2024年已经成功举办多届。大赛设立成长企业组、初创企业组、团队组，设一、二、三等奖和优胜奖、组织奖若干名。通过报名资格审核后，经过初赛、复赛、决赛3个环节完成。在获奖企业中，根据国家大赛组委会分配的晋级名额，择优推荐参加中国创新创业大赛及"创青春"中国青年创新创业大赛全国行业总决赛。

　　截至2024年8月底，"春城创业荟"创业创新大赛已经在云南省昆明市举办了八届，大赛由昆明市人民政府主办，昆明市委组织部和昆明市人力资源和社会保障局承办。"春城创业荟"创业创新大赛聚集了全市最优质的创业创新资源和最优秀的创业创新人才，参赛项目行业广泛，创业团队人才荟萃，配套活动丰富多彩，得到广大青年创业者（含在校大学生）和企业界朋友积极响应。

风暴眼

　　各类创新创业赛事的侧重点是什么？你准备参加哪项赛事？

【延伸阅读】

做"互联网+"新时代创新创业的生力军

模块总结

　　创业计划书是一份全面说明创业构想、阐述如何实施创业构想的文件。创业计划书是给投资人看的，更是给创业团队自己看的，它能够帮助创业团队厘清思路，做好定位，加深对项目的理解。

　　创业团队在撰写创业计划书时要遵循一定的原则，掌握正确的撰写方法，并在项目路演前做好充足的准备。不论是参加创新创业类赛事还是面对投资人，一份好的创业计划书和优秀的创业路演，定能为项目的成功出线增加筹码。

　　当代大学生以各类创新创业大赛为抓手，积极创造、勇于创业，以赛促创，有利于推动自身项目落地转化成有价值的创新创业成果，实现创新创业梦想。

学习评测

模块八

双创实践

实训一　撰写创业计划书

　　同学们来自五湖四海，对自己家乡有着特殊的情怀，请以"立足家乡土地，共筑中国梦想"为主题，结合家乡资源禀赋情况，以小组为单位撰写创业计划书。

　　提示：

　　（1）复习创业计划书的基本结构和内容。

　　（2）寻找优质的创业计划书模板，结合项目进行取舍。

　　（3）学习和参考优秀的创业计划书范本。

　　（4）进行必要的行业分析和市场调研。

实训二　展示创业计划书

　　将撰写好的创业计划书编写成路演课件，以小组为单位在全班和教师面前展示和评比。

　　提示：

　　（1）复习路演课件的制作方法。

（2）编写路演脚本。

（3）学习路演的技巧，展示前进行演练。

（4）可进行小组互评、小组自评和教师评分，评选最佳展示小组。

课后反思

学号：　　　　　姓名：　　　　　日期：　　　年　月　日

（1）通过全国大学生创业服务网浏览历届优秀比赛作品，选择你最感兴趣的一份作品，分析其获奖的原因。

_____

_____

_____

（2）学习完本模块内容，将你的思考和感悟记录下来，并与同学分享。

_____

_____

_____

_____

模块
九

行稳致远——运营新创企业

双创路径

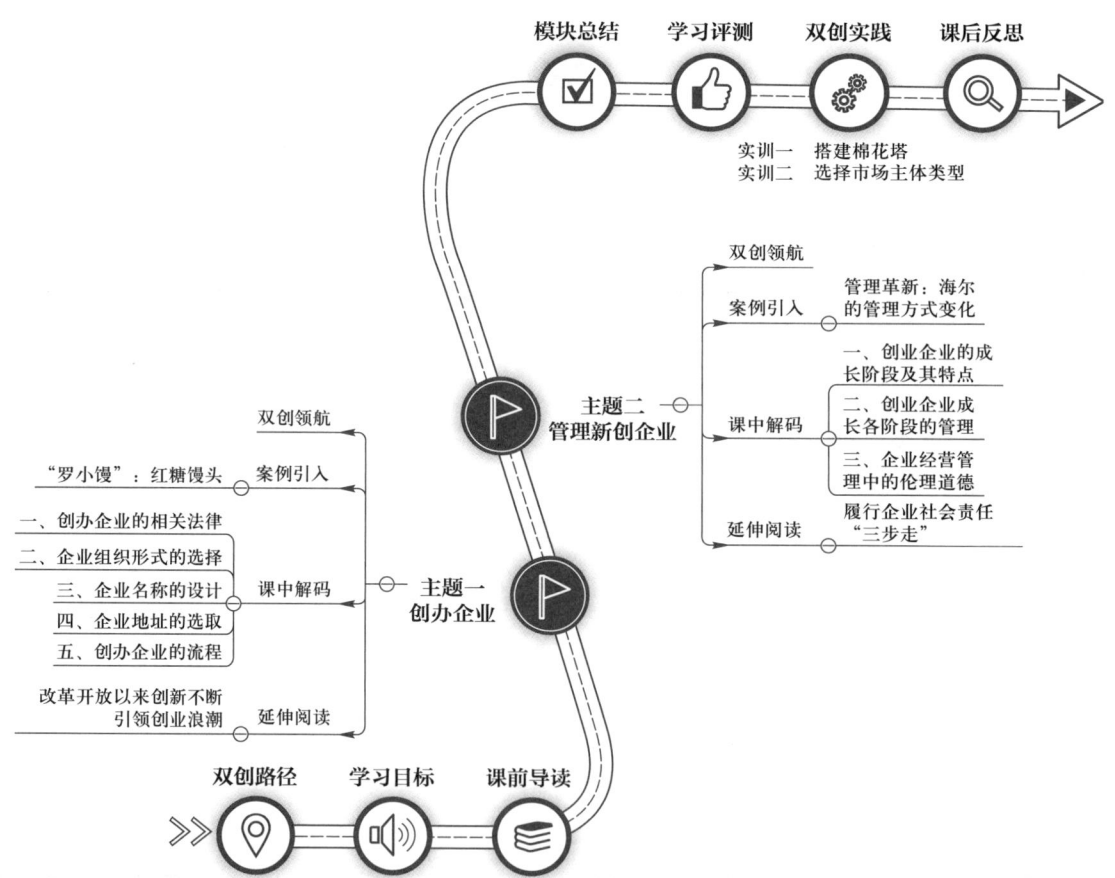

模块总结　学习评测　双创实践　课后反思

实训一　搭建棉花塔
实训二　选择市场主体类型

双创领航

案例引入　　管理革新：海尔
　　　　　　的管理方式变化

一、创业企业的成
长阶段及其特点

课中解码　二、创业企业成
长各阶段的管理

三、企业经营管
理中的伦理道德

延伸阅读　履行企业社会责任
　　　　　　"三步走"

主题二
管理新创企业

双创领航

"罗小馒"：红糖馒头　案例引入

一、创办企业的相关法律
二、企业组织形式的选择
三、企业名称的设计　课中解码　主题一
四、企业地址的选取　　　　　　创办企业
五、创办企业的流程

改革开放以来创新不断
引领创业浪潮　　延伸阅读

双创路径　学习目标　课前导读

学习目标

● 知识目标

（1）了解创办企业的相关法律。

（2）了解企业的组织形式选择及名称设计有关注意事项。

（3）理解企业选址的目标差异性。

（4）了解我国创办企业的流程。

（5）了解企业管理相关知识。

● 能力目标

（1）能够对新创企业进行合理的组织形式选择及名称设计。

（2）能够应用企业选址的原则合理选址。

（3）能够按法规流程完成企业工商注册。

（4）能够保证新创企业正常运行。

● 素质目标

（1）提高战略意识，培养战略思维。

（2）强化法治意识，遵守企业经营各项法律法规。

（3）培养企业伦理意识与商业道德。

课前导读

2015年10月，教育部高校学生司、国家工商行政管理总局（现为国家市场监督管理总局）个体私营经济监督管理司印发了《大学生自主创业宣传手册》，较为详尽地汇总了大学生创业的相关优惠政策，包括税收优惠、创业担保贷款和贴息、税费减免、培训补贴、免费咨询服务、取消落户限制等，为大学生自主创业提供了有力支持。

对于即将走上创业之路的大学生创业者而言，新的人生大幕即将开启，新一轮的历练就在眼前。"不积跬步，无以至千里"，掌握新创企业的开办程序和经营管理策略，树立依法经营的理念，起好步、走稳走好每一步，才能为新创企业的高质量发展保驾护航。

本模块将重点介绍企业创办、工商注册、企业法律法规及企业管理等相关法律法规及知识技能。

主题一 创办企业

【双创领航】

▶ **思想化育**

出身贫苦，不可骄傲；创业艰难，不可奢华；努力不懈，不可安逸。

——车耀先[①]

▶ **学理依循**

古语有云："锲而舍之，朽木不折；锲而不舍，金石可镂。"做企业，尤其是新创企业，不仅要有过人的毅力，还要有情怀，在付诸各种努力后静待花开。社会是企业持续健康发展的沃土，任何企业都不能脱离社会的发展而独善其身。企业的社会责任，就是企业在创造利润、对股东和员工承担法律责任的同时，还要承担对消费者、社区和环境的责任。企业因创造财富而成长，因承担责任而更具发展价值。企业履行社会责任，不仅对保护生态环境、合理利用资源、促进地区经济发展具有积极的社会价值，还有助于提升企业的形象声誉、品牌竞争力、市场认可度，促进商业上的成功，进而实现良性循环。

【案例引入】

"罗小馒"：红糖馒头

俗话说："民以食为天。"1.5 元买个馒头或 2 元买个包子，可不要轻看了这包子铺。单单靠销售红糖馒头，云南大学滇池学院毕业生罗三长和其合伙人就开了 5 家自营店和 131 家加盟店，不到两年就卖出 7 800 万个红糖馒头。罗三长和其合伙人的创业经历具体如下。

从高中时就开始打工创业

2009 年，罗三长升入高中，学业与创业相互促进。由于在新东方学过烹饪，他在高二时就开始尝试开中餐厅，锻炼了自己的组织管理能力。在此期间，在校内还竞选上了学生会主席，拥有了校园就业供给端的资源，随后他又成立了一家人力派遣公司，积累了人生中宝贵的创业经验。进入云南大学滇池学院读大学后，他利用寒暑假打工，2014 年在云南德克士总部打工，2015 年去了广东省打工。

为做好包子去台湾取经

在整个中国，馒头一般以白馒头为主，毕竟大众吃的多为白馒头。罗三长想着就从面食切入，从面食切入就想到了云南本来就有的红糖馒头。那么，他的红糖馒头就要与原

---

① 车耀先，革命烈士，早年投身川军，曾任川康特委军委员。

来的红糖馒头在制作方法上不一样。2015年暑假，他和后来的一位合伙人去了中国台湾，不为玩，而是为了"取经"——台湾的红糖馒头很有名。

从一家店扩张到136家

2015年11月8日，罗三长的首家"罗小馒红糖馒头"店开业。他在学校举办了"爱心早餐"活动，借此推广自己的产品，通过这次活动，不仅使红糖馒头店在校内人尽皆知，而且有很多教师一天不落地到店里买馒头。

随后，"红糖馒头"开进了西南林业大学、云南民族大学、云南师范大学……此外，"罗小馒红糖馒头"店还以加盟的形式面向其他商户，致力于将"红糖馒头"推广至全国。

红糖馒头项目用互联网产品思维和工匠精神去做，不满足于现状，扩大规模是罗三长一直在思考的。他正与技术人员研发红糖奶黄包、红糖发糕。他希望有更多甘蔗、小麦种植户加盟他的红糖馒头品牌，从原材料环节进行质量把控，让红糖馒头能够走出云南。

创新要接地气才能萌芽

小项目也能成就大事业，创新不一定要高科技，只要是"接地气"的创新，有益民生的创新，创新的种子就能生根发芽。只有脚踏实地，一步一个脚印搞创新，创业才能获得成就感。借助中国"互联网+"大学生创新创业大赛（现更名为中国国际大学生创新大赛）全国总决赛的舞台，罗三长发起了"全国高校500+小馒人合伙加盟计划"，用以推动大学生就业，同时他已经注册"罗小馒"品牌商标，计划将他的馒头覆盖更多省份。

◎案例启示

罗三长从一个贫困的大学生，转变成带动成百上千人的创业达人，期间经历了很多创业过程中的必经之路，通过创办新企业，采用合伙加盟等灵活的方式，让云南的红糖馒头走向全省乃至全国。

◎思考探究

（1）什么是新创企业？新创企业会面临哪些问题？

（2）新创企业的创办要经历哪些过程？

【课中解码】

企业一般是指以营利为目的，依法创立，运用各种生产要素（土地、劳动力、资本、技术和企业家才能等），向市场提供商品或服务，实行自主经营、自负盈亏、独立核算的法人或其他社会经济组织。在市场经济条件下，企业是法律上和经济上独立的经济实体。对于大学生创业者而言，在创办新企业前，了解并掌握有关基本知识、各项法规流程是开新局的重要一课，这对于创业项目进入实质性推进阶段意义重大。

一、创办企业的相关法律

公司在创办及成长过程中，遭遇各种法律风险是不可避免的，创业者需要强化自身的法律素养和意识，主动适应我国当前的法律环境。创业公司经常遭遇的法律问题，主要集中在签署合同、融资过程及员工管理等方面，创办企业需要了解的法律，如《中华人民共和国公司法》（以下简称《公司法》）、《中华人民共和国劳动法》（以下简称《劳动法》）、《中华人民共和国合同法》（以下简称《合同法》）、《中华人民共和国劳动合同法》（以下简称《劳动合同法》）、知识产权法及税收法律制度等相关法律。大学生除了要了解相关法律，还要掌握创业的相关政策，尤其是对大学生利好的政策。

（一）《公司法》简介
《公司法》是为了规范公司的组织和行为，保护公司、股东和债权人的合法权益，维护社会经济秩序，促进社会主义市场经济的发展而制定的法律。

（二）税法简介
税法是各种税收法规的总称，是税收机关征税和纳税人据以纳税的法律依据。税法包括税收法令、条例、税则、施行细则、征收办法及其他有关税收的规定。税法由国家立法机关制定颁布，或由国家立法机关授权国家机关制定公布。

（三）《合同法》简介
《合同法》是调整民事主体之间合同关系的基本法律，它规定合同的订立、效力、履行、变更、终止和违约责任等一般性规则，也规定了一些典型的合同。《合同法》在为经济交易关系提供准则、保护合同当事人的合法权益、维护正常的交易秩序方面具有重大意义，一部好的《合同法》能够促进一国经济的发展。

（四）《劳动法》简介
《劳动法》是为了保护劳动者的合法权益，调整劳动关系，建立和维护适应社会主义市场经济的劳动制度，促进经济发展和社会进步而制定的法律。此法规定了劳动者和用人单位的权利及义务。

（五）知识产权法
知识产权法是指调整知识产权的归属、行使、管理和保护等活动中产生的社会关系的法律规范的总称。知识产权法的综合性和技术性特征十分明显，在知识产权法中，既有私法规范，又有公法规范；既有实体法规范，又有程序法规范。但从法律部门的归属讲，知识产权法仍属于民法，是民法的特别法。民法的基本原则、制度和法律规范大多适用于知识产权,并且知识产权法中的公法规范和程序法规范都是为了确认和保护知识产权这一私权服务的,不占主导地位。

(六)《劳动合同法》简介

劳动合同法是为了完善劳动合同制度,明确合同双方当事人的权利和义务,保护劳动者的合法权益,构建和发展和谐稳定的劳动关系而制定的法律法规。

公司法律问题是一个涵盖面很广,实际内容非常复杂的领域,很多工作只有专业的法律人士才可以完成。因此对创业者而言,应着眼于吸纳并培养优秀的法律人才队伍,逐步完善企业的法律风险防范管理体系,包括各种规章制度,业务流程及责任和监管机制等。

知识窗 《劳动合同法》中有关劳动合同订立的规定(摘录)

……

第十条 建立劳动关系,应当订立书面劳动合同。

已建立劳动关系,未同时订立书面劳动合同的,应当自用工之日起一个月内订立书面劳动合同。用人单位与劳动者在用工前订立劳动合同的,劳动关系自用工之日起建立。

……

第十四条 第三款 用人单位自用工之日起满一年不与劳动者订立书面劳动合同的,视为用人单位与劳动者已订立无固定期限劳动合同。

……

第十七条 劳动合同应当具备以下条款:

(一)用人单位的名称、住所和法定代表人或者主要负责人;

(二)劳动者的姓名、住址和居民身份证或者其他有效身份证件号码;

(三)劳动合同期限;

(四)工作内容和工作地点;

(五)工作时间和休息休假;

(六)劳动报酬;

(七)社会保险;

(八)劳动保护、劳动条件和职业危害防护;

(九)法律、法规规定应当纳入劳动合同的其他事项。

劳动合同除前款规定的必备条款外,用人单位与劳动者可以约定试用期、培训、保守秘密、补充保险和福利待遇等其他事项。

……

第八十一条 用人单位提供的劳动合同文本未载明本法规定的劳动合同必备条款或者用人单位未将劳动合同文本交付劳动者的,由劳动行政部门责令改正;给劳动者造成损害的,应当承担赔偿责任。

二、企业组织形式的选择

知识补给：
企业的几种类型

《大学生自主创业宣传手册》提出，大学生自主创业可采用的市场主体类型主要有：个人独资企业、合伙企业、有限责任公司、个体工商户和农民专业合作社。其中，个人独资企业、合伙企业、有限责任公司属于企业组织形式，个体工商户和农民专业合作社作为大学生创业其他组织（市场主体）的主要选择，本书一并做详细介绍。

（一）个人独资企业

1. 设立条件

（1）投资人为一个自然人且是中国公民。

（2）有合法的企业名称。

（3）有投资人申报的出资。

（4）有固定的生产经营场所和必要的生产经营条件。

（5）有必要的从业人员。

2. 特点

（1）有申报的出资额即可注册。

（2）结构简单、容易开办、利润独享、限制较少。

（3）易保密，易得到个人满足。

（4）业主以企业及其个人的全部财产对债务承担无限责任。

（5）不必缴纳企业所得税。

（6）根据收入按月上税，税种根据不同业务由税务局核定，没有收入无须上税。

3. 缺点

（1）融资困难。

（2）企业连续性差。

（3）投资流动性低。

（二）合伙企业（自然人企业、合伙制企业）

1. 设立条件

根据《中华人民共和国合伙企业法》第十四条，设立合伙企业，应当具备下列条件。

（1）有二个以上合伙人。合伙人为自然人的，应当具有完全民事行为能力。

（2）有书面合伙协议。

（3）有合伙人认缴或者实际缴付的出资。

（4）有合伙企业的名称和生产经营场所。

（5）法律、行政法规规定的其他条件。

2．特点

（1）生命有限，责任无限。

（2）相互代理，财产共有。

（3）风险共担，利益共享。

（4）不必缴纳企业所得税。

3．缺点

（1）合伙人之间易发生纠纷。

（2）权力分散，决策缓慢。

（3）产权转让困难。

（4）融资能力有限。

（5）关键合伙人对合伙企业影响巨大。

（三）有限责任公司（公司制企业之一）

有限责任公司是指在中国境内设立的，股东以其认缴的出资额为限对公司承担责任，公司以其全部财产对公司债务承担责任的企业法人。

1．设立条件

根据《公司法》第二十三条，设立有限责任公司，应当具备下列条件。

（1）股东符合法定人数。

（2）有符合公司章程规定的全体股东认缴的出资额。

（3）股东共同制定公司章程。

（4）有公司名称，建立符合有限责任公司要求的组织机构。

（5）有公司住所。

2．特点

设立程序较简单，不必发布公告，也不必公布账目。

（1）组织机构设置灵活。

（2）规模可大可小，适应性强。

（3）具有独立寿命，易于续存。

（4）税负较重。

（5）资本总额不分为等额的股份。

（6）股东出资的非股份性。

（7）公司资本的封闭性。

（8）股东人数的限制性。

（9）股东权利、责任、义务的有限性（以其认缴的出资额为限，对公司债务承担有限责任，不涉及股东个人及家庭财产）。

（10）股东过半数同意即可出资转让。

（11）公司以其全部资产对公司的债务承担责任。

3. 缺点

（1）股东权利的有限性易损害债权人利益。

（2）产权不能充分流动，资产运作受到一定限制。

（3）税收会计相对较复杂。

（四）股份有限公司（公司制企业之一）

1. 设立条件

股份有限公司是指在中国境内设立的，股东以其认购的股份为限对公司承担责任，公司以其全部财产对公司债务承担责任的企业法人。

根据《公司法》第七十六条，设立股份有限公司，应当具备以下条件。

（1）发起人符合法定人数。

（2）有符合公司章程规定的全体发起人认购的股本总额或者募集的实收股本总额。

（3）股份发行、筹办事项符合法律规定。

（4）发起人制定公司章程，采用募集方式设立的经创立大会通过。

（5）有公司名称，建立符合股份有限公司要求的组织机构。

（6）有公司住所。

股份有限公司的设立，可以采取发起设立或者募集设立的方式。发起设立是指由发起人认购公司应发行的全部股份而设立公司，注册资本为在机关登记的全体发起人认购的股本总额。在发起人认购的股份缴足前，不得向他人募集股份。

募集设立是指由发起人认购公司应发行股份的一部分，其余股份向社会公开募集或者向特定对象募集而设立公司，其注册资本为实收股本总额。

2. 特点

（1）筹集和吸收社会资金的有效组织形式。

（2）在规模经济方面具有突出的优越性。

（3）保证了企业生命的延续性，有利于分散投资者风险。

3. 缺点

（1）注册流程严格、复杂，规模庞大、成员结构庞杂。

（2）股权分散，每个股东只占公司总资本的极小部分，股东虽对公司拥有部分所有权，但这对绝大多数小股东而言却无关紧要，而且股东的变动性也很大。

（3）股权分散，人数很多，但只要掌握一定比例以上的股票，就能控制公司的命脉。

（五）个体工商户（非企业组织形式）

1. 设立条件

公民在法律允许的范围内，依法经核准登记，从事工商活动的为个体工商户，个体工

商户是新创企业的原始形态。

（1）开办人应当是有经营能力的人，有自己的经营场所。

（2）开办国家法律和政策允许个体工商户生产经营的行业和项目。

（3）依照《个体工商户条例》的规定进行工商注册。

2．特点

（1）个体工商户是从事工商业经营的自然人或家庭。自然人或以个人为单位，或以家庭为单位从事工商业经营，均为个体工商户，人数在8人以下。根据法律有关政策，可以申请个体工商户经营的主要是城镇待业青年、社会闲散人员和农村村民。此外，国家机关干部、企事业单位职工，不能申请从事个体工商业经营。

（2）自然人从事个体工商业经营必须依法核准登记。个体工商户的登记机关是县级以上市场监督管理机关。个体工商户经核准登记，取得营业执照后，才可以开始经营。个体工商户转业、合并、变更登记事项或歇业，也应该办理登记手续。

3．缺点

（1）投资个体工商户的人需要负无限的责任，承担其经营的全部风险。

（2）个体工商户不能开分店，经营规模受限，也不能转让或者过户。

（3）只能雇用不超过8人的帮手或徒工。

（4）个体工商户只能经营法律、政策允许个体经营的行业。

（5）信用度低，无法以个体营业执照的名义对外签订合同。

（六）农民专业合作社（非企业组织形式）

1．设立条件

根据《中华人民共和国农民专业合作社法》第十二条，设立农民专业合作社，应当具备下列条件。

（1）有五名以上符合规定的成员，其中农民至少应当占成员总数的百分之八十。

（2）有符合规定的章程。

（3）有符合规定的组织机构。

（4）有符合法律、行政法规规定的名称和章程确定的住所。

（5）有符合章程规定的成员出资。

2．特点

（1）在组织构成上，合作社以农民作为经济主体，主要由进行同类农产品生产、销售等环节的公民、企业、事业单位联合而成，是互助性经济组织。

（2）以合作社成员为主要服务对象，提供农业生产资料的购买，农产品的销售、加工、运输、贮藏及与农业生产经营有关的技术、信息等服务。

（3）在所有制结构上，合作社在不改变家庭承包经营的基础上，实现了劳动和资本的联合。

（4）在收益分配上，合作社对内部成员不以盈利为目的，盈余主要按照成员与农民专业合作社的交易量（额）的比例返还。

（5）在管理机制上，合作社遵循入社自愿，退社自由，民主选举，民主决策等原则。

3. 缺点

（1）服务层次较低，多数停留在原料供给上。

（2）规模较小。

（3）服务内容比较单一。

（4）带动能力不强，合作层次不高。

知识窗　　　　　　　　　**根据自身情况选择组织形式**

（1）如果你将来找投资人投资，就考虑注册有限责任公司，不建议考虑个体工商户或个人独资企业。

（2）如果你想减轻税负压力，那么可以考虑个体工商户、个人独资和合伙企业，因为这三种形式只要缴纳个人所得税，而有限责任公司要缴纳企业所得税，个人也要缴纳个人所得税，是双重税制。

（3）如果注册有限责任公司，承担的是有限债务责任，以认缴金额作为偿还公司债务的最高值。也就是说，个人不会因为这次公司经营失败而倾家荡产。

风暴眼

结合自己创业项目，你该选择哪种组织形式？

三、企业名称的设计

案例链接：
公司取名的
经典案例

（一）企业名称的作用

企业名称是辨认和识别企业的特定标志，其基本功能是在一定区域范围内和一定行业中识别不同企业，以避免混淆。企业名称不仅要符合市场监督管理部门的规范，更重要的是，企业名称要有利于经营。

企业的名称是公众了解企业的首要途径，也是消费者对企业的第一印象，属于企业品牌的组成要素。企业名称关系到企业在行业内的影响力，还关系到企业所经营的产品投放市场后消费者对该企业的认可度。

（二）企业名称设计

1. 设计方法

（1）一段式命名。此方法较为简单，一般以创办企业的人的"姓氏"或"字号"作为企业的名称，如"王致和""同仁堂""冠生园"等。

（2）二段式命名。二段式命名在一段式的基础上，其结构为"姓名＋行业"或"字号＋行业"，如"老王烧鹅""张小泉剪刀"等。

（3）三段式命名。三段式命名是在地名、字号、行业、组织形式这四个要素中选取三个要素组合为企业名称。

①"地名＋行业＋组织形式"。例如，"上海自行车三厂"。

②"字号＋行业＋组织形式"。例如，"果仁张（天津）食品有限公司""咚咚食品有限公司"。

③"地名＋字号＋行业"。例如，"上海三阳南货店""北京东来顺饭庄"。

④"地名＋字号＋组织形式"。例如，"上海老凤祥有限公司""浙江五芳斋实业股份有限公司"。

（4）四段式命名。企业名称一般由四部分组成，其结构为"行政区域划分＋字号＋行业特点＋组织形式"。例如，"北京时代信息咨询有限公司"。

2. 注意事项

（1）字号部分的字词应易读易写，朗朗上口，便于记忆。

（2）尽可能符合行业特点，既具有深层次的文化底蕴，又能被广大消费者熟知，具有企业的特色。

（3）企业名称最好不使用可能使公众受骗或产生误解的词语。

（4）避免存在误导意义的名称。

（5）拒绝有消极意义的名称。

（6）尽力避免使用数字和字母。

（7）字号部分的字数不宜过多。

（8）字号应该适合消费者口味。

（9）公司、企业名称中不应包含另一公司或企业名称。

（10）公司、企业名称不得侵害其他公司、企业的名称权。

（11）不得含有法律法规明文禁止的内容。

（12）不要使用已吊销或注销不到3年的公司名称。

（13）不得使用与其他企业变更名称未满一年的原名称相同的名称。

（14）经商标权人许可，商标可以作为字号申请公司或者企业名称。

（15）在企业名称中使用"中国""中华""全国""国家"等字词，应当按照有关规定从严审核，并报国务院批准。国务院市场监督管理部门负责制定具体管理办法。

知识窗　　　　　　　　　　　　**企业名称与字号的区别**

《企业名称登记管理规定》第八条规定："企业名称中的字号应当由两个以上汉字组成。但县级以上地方行政区划名称、行业或者经营特点不得作为字号，另有含义的除外。"企业名称可以使用自然人或投资人的姓名作字号。企业名称与字号的区别如表9-1-1所示。

表 9-1-1　企业名称与字号的区别

区别处	区别内容
结构上	二者是包含与被包含的关系，字号包含在企业名称之中，是企业名称不可缺少的组成部分。我国曾有不少国有企业名称没有商号，如武汉钢铁厂、长沙客车厂等，但这类企业与企业登记管理条例是不相符的，是计划经济的产物
功能上	字号侧重区别同行业的不同企业，如"同仁堂"与"世一堂"；企业名称则是对企业登记地、行业、财产责任形式、组织形式的综合反映，能较全面地反映商品或服务信息
内容上	字号是一种无形财产，能在经营活动中为企业带来除商品和服务本身价值之外的利益；企业名称本身并不具有财产的内容，只有与字号结合才有可能产生财产权
使用范围	字号可以用于商品或者服务的包装、装潢，可以突出使用，以引起相关公众的注意；企业名称只能按有关法律的要求在包装上进行注明，以表明产品或服务的来源

🔍 风暴眼

结合创业项目，请你为自己公司或项目取个充满创意的名字。

四、企业地址的选取

（一）影响企业选址的因素

选址是企业创立和发展中的重大决策行为，与国家和地区的环境有着深刻的联系，涉及众多因素。企业选址包括两个方面：一是选位，即选择地区，包括不同的国家或地区、一个国家内的不同区域或城市；二是寻址，即在已选定的地区内选择一个具体地点，包括市中心或市郊、商业区或住宅区、路段和街口等。选址成功，能较大地拓宽企业的生存空间，能最大限度地降低试错成本，能更好地营造出良好的开局氛围，提升企业竞争力。

影响企业选址的主要因素包括政治、经济、社会、文化、科学技术、行业状况及企业本身等，其中经济和科学技术要素对新创企业选址决策具有较大的影响，但是需要企业本身结合其实际情况来权衡利弊，进而做出科学合理的选址决策。由于企业规模和实力的制约，对于新创企业而言，影响企业选址的因素主要表现为以下五方面。

1. 政治因素

政府对市场的规制也是创业者应该重视的一个方面。创业者应该评估现存的及将来有可能出现的影响企业发展的法律、法规，将企业建在政府支持该产业的地区。当创业者到国外去设厂时，更应该考虑不同国家的政治环境，如所在国家政策的稳定性、有无歧视政策等。

2. 经济因素

一群具有竞争力的企业和一系列高效运转的机构会共同实现所在地区的繁荣，因此新企业在选址时一般应考虑建在一个产业集聚区中。具体来说，选择接近原料供应或能源动力供应充足地区的新企业，具有相对成本优势；选择接近产品消费市场的地区，具有客户优势；选择劳动力充足、人工费用低且劳动生产率高的地区，具有人力优势。

对于一般的消费品销售企业或服务性企业而言，经济因素还决定了当地的购买力，即购买产品和服务的能力，通常可以用当地的家庭总收入、银行存款、人均零售总额及当地家庭的数量和总值等指标来反映，这些数据一般与当地繁荣与否有关。很显然，创业者希望企业所在地区的人们对他们提供的产品或服务的购买能力不断增强。

3. 科学技术因素

高新技术企业的成功创业与后期成长有赖于技术的进步与改进，但技术本身的进步难以预测，从某种意义上讲技术市场的变化是最不确定性的因素。因此，为了能够了解和把握技术变化的趋势，许多高新技术企业在创业选址时，常常考虑将企业建在技术研发中心附近，或建在新技术信息传递比较迅速、频繁的地区。例如，美国加利福尼亚的"硅谷"、我国北京的中关村科技园区等都是世界上著名的高新技术企业聚集地。

4. 自然因素

企业选址也要考虑地质状况、水资源的可利用性、气候的变化等自然因素。地质结构不良的地区会对企业安全生产产生影响，水资源缺乏的地区对于用水量大的企业来讲，也会影响正常生产。

5. 社会、文化因素

由于人们的生活态度不同，人们对安全、健康、营养和环境的关心程度也会不同，这些都会影响企业所生产产品的市场需求。特别是当创业者准备生产的产品与健康或环境等有密切关系时，此时应优先考虑将企业建在其企业文化与所生产产品得到较大认同的地区。

上述各种因素对不同的行业企业来讲有不同的考虑侧重点。例如，制造业侧重考虑生产成本因素，如原料与劳动力；服务业侧重考虑市场因素，如顾客消费水平、产品与目标市场的匹配关系、市场竞争状况等。创业者在进行企业选址时必须仔细权衡各种因素，判断哪些因素与企业选址紧密相关，还要考虑在不同情况下，同一影响因素的不同影响作用。

需要强调的是，部分企业的选址还应符合有关法律、法规的强制性要求。例如，对于餐饮业的选址，法律要求选择地势干燥、有给排水条件和有电力供应的地区，不得设在易受到污染的区域，距离粪坑、污水坑、暴露垃圾场、沼泽等污染源 25 米以上，并设置在粉尘、有害气体、放射性物质和其他扩散性污染源的影响范围之外。

（二）企业选址的步骤

1. 市场信息的收集和研究

根据影响选址的各项因素，创业者可以自己或者委托咨询机构收集市场信息，包括劳动力条件、生活质量、与市场的接近程度、与供应商和资源的接近程度、与其他企业设施的相对位置等信息。对于某些商业服务型企业而言，在市场信息收集中，最重要的概念是商圈（商圈是指以新店店址为中心，以周围一定的距离为半径所划定的销售区域）。

关于商圈的选择有以下两个技巧。

（1）跟随竞争者选址。即在竞争者店址附近的一定区域内选址。首先，确定跟随对象。进入某区域前，先调查该区域内的竞争者，从中选择那些在店址方面相近且成功的。可以选择多个跟随竞争者。因为任何一个竞争者的选址都是有限的，不可能覆盖所有合适的商圈。以竞争者店址为中心向四周扩散式选址，扩散的范围既不能过小（如在同一幢楼里、隔壁或对面），也不能过大（如超出了该店所处的商圈），创业者要根据自身情况具体对待。创业者应确保所选店址有足够的市场容量。

（2）跟随互补者选址。有些行业业态在经营、服务上具有很强的互补性。此时，创业者可以将企业的地理位置选在业态互补者的附近，为顾客提供"一条龙"服务。例如，在体育场内及旁边，可以为前来运动的人提供餐饮、运动服装零售等服务；在旅游景点旁边，可以开设餐饮店、照相馆、便利店、手机服务店、纪念品零售店等。

2. 多个地点的评价

地点优劣评价就是评定一个地点的好坏，将一个地点同商圈内其他地点的几项特定属性进行评比。通过对市场信息的收集、汇总、整理及初步定性分析后，创业者应该已经得出若干企业候选地，这时可以用科学的定量方法进行评价，确定相对最优的方案。常用的地址评价方法有量本利分析法、综合评价法、运输模型法、重心法、引力模型法等。

3. 最终地点的确定

创业者根据上述评价，做出自己的财务状况预测和分析，重点评估新企业的各项业务指标，包括获利能力、开发总成本、投资回报率、投资回收期、保本营业额、贡献利润、现金流量等，根据自己的投资能力，确定最终地点。选择正确的企业地址是创业成功的首要条件，好的选址等于成功的一半。企业的地址就像战场上的阵地，占据有利地形，虽然不能完全保证战斗的胜利，但总会多份胜算。因此，企业选址很重要。一个企业经营项目，若选错了地址，小则影响生意兴隆，大则可能导致"关门大吉"。

🔍 风暴眼

在实体店功能越发弱化的背景下，如何进行新创企业的选址工作？

五、创办企业的流程

新企业的创办流程并不复杂，只要满足必备的条件，按流程进行即可。目前，新公司的创办流程比以前更加便捷，周期缩短了不少。

案例链接：
就业创业
典型

（一）"五证合一"工商注册

"五证合一"登记制度从 2015 年 7 月 1 日起施行，从 2016 年 10 月 1 日起正式实施"五证合一、一照一码"。"五证合一"是将营业执照、组织机构代码证、税务登记证、社会保险登记证和统计登记证进行统一登记的制度，该制度率先在浙江施行。"五证合一"是在多证联办的基础上，通过建立审批信息共享平台，整合各发证部门的受理窗口、申报表格、材料规范、审批流程、打印发照等，达到"一表申请、一窗受理、一次告知、一份证照"的改革目的。"五证合一"办证模式更进一步简化了审批手续，大大降低了开办企业的门槛，激发了人们创业的热情。

"五证合一"办理具体流程如下。

第一步：申请。商事主体申请人通过全流程网上登记系统填写"五证"联合申请书，并准备齐相关材料并提交商事登记部门，由商事登记部门统一受理，实现"一表申请""一门受理"。

第二步：审核。商事登记部门审核"五证"联合申请材料，审核通过后，商事登记部门将相关登记信息和办理结果共享至税务登记部门、代码登记部门、公安部门和社保部门，实现"一次审核"和"信息互认"。

第三步：领证。审核流程全部通过后，商事主体申请人即可到市场和质量监管委对外窗口一次领取"五证"，即营业执照、组织机构代码证、税务登记证、刻章许可证和社保登记证，实现"五证同发"。

第四步：归档。档案原件由商事登记部门保存，档案的影像共享给税务登记部门、代码登记部门、公安部门和社保部门，以此实现"档案共享"。

另外，个体工商户是不需要办理"五证合一"的。

（二）刻制印章

印章具有法律效力，不能随意刻制。新成立的企业在申请刻制企业相应的印章时，须持营业执照复印件、法定代表人和经办人身份证复印件各一份、企业出具的刻章证明及法人代表授权委托书到公安局指定的机构进行刻章。一般来说，企业常用的印章有以下几种。

1. 公章

公章代表企业的最高效力，它不管对内、对外都代表了企业法人的意志，公章的使用可以代表企业对外签订合同、收发信函、开具企业证明。

2. 合同专用章

合同专用章在企业对外签订合同时使用，相关合同的签订在企业经营签约范围内必须盖上合同专用章才能最后生效，因此它代表着企业需承受由此产生的权利和义务。一般情况下，公章可代表合同专用章使用。

3. 财务专用章

财务专用章的途径比较专业化，一般针对企业会计核算和银行结算业务使用。

4. 法人章

法人章是企业法人的个人用章，它对外具备一定的法律效力，可以签订合同、出示委托书文件等。

5. 发票专用章

发票专用章是企业在经营活动中购买或开具发票时需加盖的印章。当然，在发票专用章缺少时，可以用财务专用章代替；反之，则不可以。

（三）开立企业银行账户

创业者要创办一家企业，往往需要通过银行进行资金周转和结算，这就不可避免地要和企业打交道，因此，创业者需要了解银行开户、销户等手续的办理流程。

1. 银行账户的种类

（1）基本存款账户。基本存款账户是企业的主要存款账户，主要用于办理日常转账结算和现金收付，以及存款企业的工资、奖金等现金的支取。该账户的开立需要报当地人民银行审批并核发开户许可证，开户许可证正本由存款单位留存，副本交开户行留存。一个企业只能在一家商业银行的营业机构开立一个基本存款账户。

（2）一般存款账户。一般存款账户是企业在开立基本存款账户之外的银行开立的账户。该账户只能办理转账结算和现金的缴存，不能办理现金的支取业务。

（3）临时存款账户。临时存款账户是企业的外来临时机构和个体工商户因临时开展经营活动需开立的账户，该账户可办理转账结算及符合国家现金管理规定的现金业务。

（4）专用存款账户。专用存款账户是企业因基本建设、更新改造或办理信托、政策性房地产开发、信用卡等特定用途开立的账户。该账户支取现金时，必须报当地人民银行审批。

2. 银行开户手续的办理

办理银行开户的手续需要填写开户申请书并提供有关证明文件，开立不同的账户，所提交材料也不相同。

（1）基本存款账户。当地市场监督管理部门核发的企业法人执照或营业执照正本。

（2）一般存款账户。基本存款账户的开户人同意其独立核算单位开户的证明。

（3）临时存款账户。当地市场监督管理部门核发的临时执照。

（4）专用存款账户。有关部门批准立项的文件。

3. 银行销户手续的办理

开户人可以根据需要撤销在银行开立的存款账户。开户人撤销存款账户时，应与银行核对账户余额，经银行审查同意后，办理销户手续。销户时，企业应交回剩余的重要空白凭证和开户许可证副本。办理银行销户手续时，应遵循以下规定。

（1）一般存款账户余额不得超过企业在开户行的借款余额，超过部分开户行将通知开户单位5日内将款项划转至基本存款账户，逾期未划转的，银行将主动代为划转，一般存款账户借款清偿后要办理销户。

（2）临时存款账户的使用期限不得超过1年，超过1年的将予以销户。

（3）企业销货款、异地汇入款项中除基建或专项工程拨款外的非专项资金不得进入专用存款账户。

（4）开户人改变账户名称的应先撤销原账户，再开立新账户。

（5）开户行对1年内未发生收付活动的企业账户，应通知开户人自收到通知之日起30日内（以邮戳日期为准）到开户行办理销户手续，逾期不办理将视为自愿销户。

（四）办理税务登记

初创企业领取由市场监督管理部门核发的一个加载法人和其他组织统一社会信用代码的营业执照（"五证合一"）后，虽然无须再次进行税务登记，办理税务登记证，但仍须前往税务机关办理相应的后续事项，才能进行正常缴税。

首先，初创企业纳税人需要办理国地税一户通，国地税一户通实际上是企业、银行与税务机关三方签订的扣款协议，用于企业网上税款扣缴。办理方法比较简单，到税务机关的办公点（行政服务中心地方税务登记窗口、各属地主管税务机关）取得"委托银行划缴税（费）三方协议书"（一式三份），加盖本企业公章后，到银行开设缴税（费）专用账号（一般就是企业的基本存款账户），银行在协议书上盖章并退回两联。纳税人将银行盖章的协议书送到主管税务机关办理划税（费）登记手续。

其次，初创企业在办理完首次涉税业务后，按期持续申报是企业要注意的关键事项。

> **知识窗**
>
> ### 企业开办网上服务平台
>
> 我国不同省市在新企业注册时，流程上会略有差异，但企业核名、提交材料、领取执照、刻章、银行开户、税务备案等步骤基本都会有。此外，部分省市目前提供全流程的网上注册申请业务，使得新企业注册的手续大幅减少，让企业注册人更加方便。例如，云南省昆明市提供的是开办企业"一窗通"网上服务（图9-1-1）。
>
> 申请人通过该平台可一次性申请企业营业执照、公章刻制备案、税务发票申领、银行预约开户、社保备案、住房公积金企业缴存登记等多个企业开办事项。也可根据企业自身需求，在设立登记领取营业执照后，未发生其他登记事项变更前，随时再次登录平台单独申请办理其他任一环节业务，平台将重新推送相关企业申请信息至公安、税务、银行、社保、公积金等部门，办理时间和进度可视可查。

图 9-1-1　昆明市开办企业"一窗通"网上服务

【延伸阅读】

改革开放以来创新不断引领创业浪潮

主题二 管理新创企业

【双创领航】

▶ 思想化育

君子博学而日参省乎己，则知明而行无过矣。

——荀子

▶ 学理依循

子曰："人无远虑，必有近忧。"如果没有长远的考虑，就必定会有近在眼前的忧患。对于新创企业而言，只有做到远虑，才会防患于未然，决胜千里。

【案例引入】

管理革新：海尔的管理方式变化

海尔从一个濒临倒闭的集体小厂发展成为中国家电第一名牌，在国际市场上享有较高声誉，离不开海尔本身不断创新的坚定信念和坚实步伐，也与其管理结构的变化有密不可分的关系。海尔的经验甚至被美国哈佛大学列为成功管理范例。

海尔在创业初期采取的是直线职能式管理，这是根据企业当时的情况确定的。当时工厂有 600 名员工，因为企业连年效益很差，所以工厂情况十分混乱，采取直线职能式管理，易于控制强化管理和解决混乱局面。在海尔进入多元化的发展阶段，采取的是矩阵结构管理，以项目组为主。这样能使职能与项目有机地结合，促进企业发展。在新经济时代，海尔又果断采取了"市场链"。一边整合企业外部资源，一边满足消费者个性化的需求，每个部门、每个员工都面对市场，变职能为流程，变企业利润最大化为顾客满意度最大化。

其中，OEC 管理[①] 模式是帮助海尔成功崛起的利器之一，也是管理移植在海尔发展过程中的重要体现。

管理移植的第一步：知识的产生、获得

OEC 管理模式的产生有两个主要来源，一是来源于弗雷德里克·温斯洛·泰勒（Frederick Winslow Taylor）的管理思想。泰勒以提高效率为原则，强调标准化的操作流程、

---

① OEC 管理，其中"O"代表 overall（全方位），"E"代表 everyone（每人）、everything（每件事）、everyday（每天），"C"代表 control（控制）、clear（清理）。OEC 管理法也可以表示为：日事日毕，日清日高。也就是说，当天的工作要当天完成，天天清理并且天天都有所提高。

科学的作业方法和激励性的报酬制度，这对于处于创业初期效率不高、经济效益不好的海尔而言非常必要。二是来源于中国优秀的传统文化，海尔集团 CEO（chief executive officer，首席执行官）张瑞敏深谙传统文化，他认为人只有经常反思、回顾自己，才能摒弃惰性，不被外界环境诱惑。做人如此，做企业亦是如此。至此，在泰勒的科学管理加之张瑞敏在传统文化中领悟到的"球体定律"的基础上，海尔开发出新的管理模式——OEC 管理模式。

管理移植的第二步和第三步：向组织内的成员解释并加以整合

一项制度的解释和传播并非易事，OEC 管理模式建立了日清控制系统，通过系统实施向组织成员传递理念、支持模式落地。日清控制系统由两个部分组成，一部分是"日事日毕"系统，要求工人使用"3E"卡（everyone，everything，everyday）对当天工作中产生的各种问题进行记录，并须在当天将问题发生的原因、职责梳理清晰，同时采取一定的措施进行处理并记录处理结果；另一部分是"日清日高"系统，要求对工作中的效率低下的环节不断改善、不断提高。管理移植的最后一步是制度化，也就是新的管理知识进行根植和创新的过程。在这一过程中，被移植的管理知识已经被组织的各层面熟悉，经过磨合和渗透，将形成新的管理系统。在根植的过程中，新的管理系统不仅延续了 OEC 管理模式本身，还开发出相应的薪酬制度、激励制度等制度模式加以辅助和支持。

至此，新的管理系统最终形成，OEC 管理模式渗入员工的日常工作行为中，海尔在新的管理系统推动下迅速成长。

◎案例启示

企业在创立初期，应该根据自身条件选择发展模式，同时，只有制定与之相匹配的管理模式和相应管理文件，才能促使企业良性发展。

◎思考探究

通过案例，你认为新创企业的管理应在哪些方面下功夫？

【课中解码】

创业艰难百战多，切莫浅尝辄止！创业者掌握创业企业的成长性及管理策略，有利于了解企业状况、预测企业未来发展趋势、制定科学发展战略，最终使企业走向成熟。此外，不管对于新创企业还是发展成熟的企业来说，都需要重视对企业伦理方面的建设，主动承担社会责任才能保障企业的长远发展。

一、创业企业的成长阶段及其特点

（一）萌芽期

1. 企业在萌芽期的特征

萌芽期是创业者为成立企业做准备的阶段。这一阶段企业的主要特征包括以下几方面。

（1）企业的事业内容是作为"种子"的创意或意向，尚未形成创业计划。

（2）产品或服务、营销模式还没有确定。

（3）创业资金也没有完全落实。

（4）创业者之间虽然已经形成合作意向，但是并没有形成团队。

2. 企业在萌芽期的主要创业活动

萌芽期，创业者需要投入相当的精力从事以下工作。

（1）验证其创意的可行性并评估风险。

（2）确定产品或服务的市场定位；确定企业组织管理模式并组建管理团队。

（3）筹集资本及准备企业注册设立事宜等。

3. 企业在萌芽期的主要风险

新创企业在萌芽期的风险主要有决策风险和机会风险两种风险，表现在对项目的选择上。

（1）决策风险是指由错误地选择项目而导致创业失败的风险。由于新创企业在人力、物力和财力方面的资源匮乏，获取市场信息的渠道有限，一旦选择项目失败，就意味着创业努力付诸东流。

（2）机会风险是指做出一种选择而丧失其他选择的机会的风险。创业者一旦选择创业，就会失去其他机会，如放弃原有的工作、失去在其他方面的发展机会等。

因为处于萌芽期，创业企业尚未成立，所以企业在经济方面的风险相对较小。

（二）创立期

1. 企业在创立期的特征

创业企业成长的第二阶段为创立期，一般以完成注册登记开始运营为标志。在这一时期，企业已经确定业务内容，编制并按照创业计划向市场提供产品或服务，但是业务量相对较小，市场对产品和企业的认知程度较低，企业面临生存的挑战。这一阶段企业的主要特征包括以下几方面。

（1）企业虽已经注册成立，但实力较弱，依赖性强。

（2）产品或服务已经开发出来，处于试销阶段，产品方向尚不稳定。

（3）创新精神强，企业拥有较为灵活多变的经营策略。

（4）人员逐渐增多，创业团队的分工日益明确，但管理水平较低，经常是无章可循和有章不循的现象同时存在等。

知识窗 　　　　　　　　创业时期急需的四种公司职员

智谋胆略皆备的英才

智谋胆略皆备的英才不但胸怀奇谋，智慧超群，更可贵的是他们有敢于行动的勇气和策略，能够机敏灵活地应对各种突变，而不会惊慌失措。

顽强竞争的人才

顽强竞争的人才具有挑战精神，不怕挫折和失败，明确自己的目标和意愿，顽强地奋争，去争取目标的实现。

敢于提出创见的人才

新颖的见解表现在创新、探索上，是可贵的创造性品质，现代企业将敢于提出并善于提出新见解的人，看得比仅有勤奋品质的人更重要。

灵活创新的人才

灵活创新的人才不因循守旧，不墨守成规，这种人富有魅力。按照既定模式办事的人，只会适应平庸的领导，面对飞速运行的信息社会，应努力开拓视野，以适应现代社会产业结构的不断变化。

2. 企业在创立期的主要创业活动

与上述特点相对应，创业企业在起步期的创业活动主要围绕以下方面进行。

（1）撰写创业计划书。

（2）根据试销情况进一步完善产品或服务，确定市场营销管理模式。

（3）明确盈利模式；形成管理体系，扩充管理团队；筹集创立资本。

3. 企业在创立期的主要风险

创业企业在创立初期的风险与萌芽期相比会明显增加，主要包括以下几个方面。

（1）市场风险。需求量、资源匮乏等方面的原因导致企业在市场上尚未站稳脚跟，需要各方面扶持，产品和服务可能得不到消费者的认可。

（2）管理风险。管理方面的原因导致管理不规范、效率低下、成本上升，从而使企业产品或服务的竞争力可能丧失。

（3）财务风险。处于创立期企业的财务方面通常表现为净现金流量为负值，因为企业尚未形成规模，加上在产品的研制与开发、市场调研、广告、公共关系等方面投入较大，收益少，现金入不敷出，而且企业对现金收支预测和控制能力往往较低。

因此，如果不能进行全面而有效的内部控制，势必会使企业陷入困境。

（三）成长期

创业企业如果能生存下来，并获得一定的发展，一般就会进入成长期。成长期是新企业发展的关键时期。一方面，企业的战略重点发生了由生存转向争夺发展机会和资源的转移；另一方面，创业团队又要保持清醒的头脑，避免因盲目扩张使企业陷入困境。

1. 企业在成长期的特征

处于成长期的企业的主要特征包括以下几个方面。

（1）产品进入市场并得到认可，生产和销售均呈现上升势头，产量提高导致生产成本下降，而市场对产品或服务的认可又能促进销售，从而形成良性循环。

（2）企业的生存问题已基本解决，这时企业具有较强的活力及相应的发展实力，所以通常发展速度快，波动小。

（3）管理逐渐系统化，随着企业规模的扩大和人员的增加，部分企业开始实施多元化战略。

（4）企业专业化水平逐步提高，企业开始注重发展与其他企业的联合关系，企业之间的协作能力有所加强。

（5）产品和服务形成系列并逐渐形成品牌，企业的声誉和品牌价值逐步得到提升等。

2. 企业在成长期的主要创业活动

企业在成长期的创业活动较丰富，主要围绕以下方面进行。

（1）根据市场开发情况，尽快确定相对成熟的市场营销模式。

（2）适应不断扩张的市场规模和生产规模的需要，进一步完善企业管理，并考虑企业系列产品的开发或进行新产品的开发。

（3）根据企业的实际情况，及时调整企业的经营战略，筹集运营资本等。

总体来看，处于成长期的创业企业在资金、人员数量、技术水平方面都较创立阶段有显著提高，对资源的管理和利用等却成为管理中的新问题。

（四）成熟期

创业企业从完成起步到成熟并不是一蹴而就的，而是一个逐步发展的过程。一般来说，当企业经过初创期后，随着产品市场占有率的上升，会有一个快速成长的阶段；但是快速成长并不会一直持续下去，当正现金流出现的时候企业会进入稳定增长的时期；当企业成长开始稳定之后，产品在市场上的影响逐步扩大，产品品牌优势形成，企业就步入成熟阶段。

1. 企业在成熟期的特征

成熟期的企业，产品销量比较大，企业战略已经比较成型，但是业绩增长开始缓慢，其主要有以下特征。

（1）随着企业规模的扩大，其发展逐步由外延式转向内涵式，由粗放经营转为集约经营。这使得企业的发展速度减慢，甚至出现停止发展的现象。

（2）组织机构臃肿、活力下降，组织结构不能适应发展的需要。

（3）资本负债率高。

（4）凝聚力和创新精神衰退等。

2. 企业在成熟期的主要创业活动

在这一阶段，企业的生产、销售、服务已相对成功。该阶段的创业活动主要围绕以下几方面进行。

（1）为新生命周期创造新的业务。

（2）技术创新。

（3）整合资源，创业投资等。

3. 企业在成熟期的主要风险

此时，企业主要面临的风险包括以下几方面。

（1）同行竞争。

（2）能否继续保持市场占有率和盈利能力。

（3）原有产品是否顺利地换代升级。

（4）能否有很好的管理能力。

综上所述，创业企业不论处于成长的哪一个阶段，都有其相应的特征和面临的问题和风险。因此，创业企业和创业团队要认真做好所处阶段的工作，仔细分析面临的风险，有效把握各阶段可能出现的突出问题，并在创业过程中注重企业成长的内在规律，根据各成长阶段的特点，实施行之有效的管理。

二、创业企业成长各阶段的管理

创业企业不论处于成长的哪一个阶段，都有其相应的特征和面临的问题和风险。因此，企业要想持续发展，不管企业将会出现上述哪些危机和问题，都必须尽快、及早地加以解决。新创企业和创业团队要认真做好所处阶段的工作，仔细分析面临的风险，有效把握各阶段可能出现的突出问题，并在创业过程中注重企业成长的内在规律，根据各个成长阶段的特点，实施行之有效的管理。

（一）初创阶段的管理

创业企业面临的关键问题是企业的基本生存问题。没有生存，何谈发展？因为萌芽期和创立初期的相关管理都关系到创业企业的生存，所以我们将它们统称为初创阶段的管理。

1. 主要问题

（1）求生存。先求生存，千方百计地活下来，然后求发展，不要被其他市场力量"消灭"。其实道理很简单，很难想象一个注册资金几万元、几十万元的小公司亏损了一两年后还会有信心、耐心和能力继续经营。

（2）获积累。在初创阶段，企业一般规模较小或很小，只有几个人，几乎没有长期的战略计划，因此，一切的经营活动都应围绕怎样获取利润、想方设法地合法积累资金等来开展。

（3）育优势。创业者要培育某一方面的资源优势，否则很难立足。资源优势包括：技术优势或某种专业技能优势、资金优势、渠道优势、拥有消费群体特别密切的联系、经营场所优势等。创业企业获得和认清自己的资源优势后，要尽最大努力发挥自己的优势，并利用这个优势迅速获取利润。

2. 管理对策

（1）周期性评估自己的财务能力。企业是由人才、体制、产品和资金等组成的。资金不足，势必造成创业者财务负担过重，无法拓展新的事业。因此，创业者要有"有多少实力做多少事"的观念，周期性评估自己的财务能力，适当地利用财务杠杆来扩大自己的经营业绩，不要过度举债。

（2）尽可能地建立策略联盟。新创企业羽翼未丰，自然需要与同行企业建立策略联盟关系。比如，可以除经营自有产品之外，经营联盟企业技术相近度高的产品。这样，不仅能够借助市场组合资源和能力，提高本企业对客户的吸引力，满足顾客的需求，还有助于增加本企业的利润，搭建起企业的长远营销平台，达到完成生产经营活动的目标。

（二）成长阶段的管理

在成长阶段，创业企业开始由小变大，实力逐步增强，然而也有其自身的危机，需要通过加强管理来推动其获得持续的发展。

1. 主要问题

（1）盲目跟风。有些创业者在确定经营方向时盲目跟风，对市场上暂时的需求匆忙做出反应，导致"恶性竞争"的来临。然而，市场运作有其自然周期。这都是由创业者缺乏全面管理的能力、草率估算企业的资金需求、错误选择设备和技术及未对市场进行充分调查等原因导致的。

（2）管理不当。由于在初创阶段，新企业重点关注的是其生存问题，往往无暇顾及经营和管理知识的系统学习和积累，经营业绩多是随机波动的。创业团队未能建立一套合理、有弹性和有效率的制度，往往会出现用人不当、财务制度漏洞、员工有损公肥私的机会等问题。此外，许多创业者在企业发展过程中，没能做到与员工有效沟通，不够重视员工的利益，常常造成人才的流失。

（3）技术单一。成长阶段技术的普及和竞争对手的模仿使得新创企业原有的技术优势可能逐渐丧失，不能适应新企业长期发展的需要。

2. 管理对策

根据成长阶段企业面临的风险及问题，创业者需要进行适当的危机管理。具体从如下几个方面来进行。

（1）仔细分析市场。充分了解市场的潜在需求量、占有率、销售渠道及竞争对手的情况。分析竞争对手的经营战略和运作策略，而不是一味地跟风，凭感觉做事。

（2）规范组织结构和人员管理。在成长阶段，创业企业应将组织结构相对固定化和制度化，规范日常经营管理工作，健全管理制度，建立内部正常的信息流通渠道，保障团队成员间沟通的顺畅。人是企业能力的载体和综合反映，因此，需要对企业中的各级各类员工进行相应的培训工作，使他们学习和积累更多的技术、经营、管理知识和经验；此外，还要重视员工的权利和利益，以避免人员的流失。

（3）强化核心能力。为解决竞争对手的模仿致使企业优势消失的问题，创业企业应在成长阶段寻找新的机遇和切入点，通过创新增强自己的核心能力，并在企业内部建立共同学习机制，营造创新的氛围。这里的创新，不仅包括技术创新，还应该有观念更新、经营模式的创新。只有这样，企业才能取得更多的优势和资源，把握有效的客户群，在市场占据一席之地。

（三）成熟阶段的管理

一般看来，成熟期的创业企业似乎已走到其发展的最高峰。但是，有些企业发展进入成熟阶段后，增长变得缓慢，企业的战略已经定型，有可能利润微薄，不能补偿前期产品开发及市场开拓费用，从而面临失败的危险。

1. 主要问题

（1）冒险精神降低。到了成熟期，创业企业通常会受自身已取得的很多业绩的影响，一般会不太愿意投资有风险性的事业，使企业以一种固有的状态发展。然而，这样故步自封的发展状态必定不利于企业应对行业内的激烈竞争，很容易被竞争对手挫败。

（2）组织活力下降。随着企业规模的不断扩大，内部机构也就越来越多，其关键职能和核心流程却未真正得到强化。有些企业甚至得了所谓的"大企业病"，主要表现为组织结构僵化、人浮于事、低效经营等。

（3）沟通难度加大。随着企业成员、部门和管理层级的增加，信息在企业内很难正常流动，出现了沟通时间越来越长但效果却越来越差的情况。主要表现是：创业者往往变成问题的处理者，难以较好地履行新企业管理者的职责；组织内部成员间、企业与顾客之间的距离越来越远；协调成本增加等。

（4）企业目标模糊。创业企业的诞生往往是由于一个好的创意，也就是说，初创时企业的目标非常明晰，创业者能简明扼要地阐述所从事活动与目标间的关系。然而，随着企业边界的不断变大，企业控制的资源增多，市场也在扩大，获得的支持也在增多，企业的关注点却不如初创阶段那么集中，组织的目标也变得不够清晰。最为典型的就是对多元化的热衷。

（5）激励成本增加。成熟期，企业员工的工作热情与初创阶段和成长阶段相比，出现了一个非常大的变化，即员工逐渐变得"懒惰"，即便创业者想了很多办法，如加薪、培训、工作设计得富有乐趣、出国旅游奖励等，也很难调动其工作积极性。

企业成熟阶段的管理是整体性的，其重点在于企业战略的重新规划，组织及文化等方面的建设。

🔍 风暴眼

有哪些方法可以有效激发企业员工的积极性？健全企业内部创业机制是不是一项好的选择？

2. 管理对策

（1）调整企业的战略规划。在创业企业规模日益扩大的同时，加强对企业的管理显得非常重要。因此，解决规模与管理的矛盾，创业者就要从战略和长远的角度，首先对企业的发展进行重新规划，找到适宜的扩大企业规模的路径和方式，对管理进行必要的变革，并不断注入新的创业精神。同时，创业者还应对自身管理能力进行客观和全面的评估，并根据实际情况，在继续依靠自有团队管理企业与引入专业人员管理企业间做出选择。

（2）提升组织和人员的活力。构建和发展组织，与创建商业模式是完全不同的两件事情。通用汽车公司（以下简称通用）的威廉·杜兰特（William Durant）用其独到的商业眼光和天赋建立了通用最初的经营模式，但阿尔弗雷德·斯隆（Alfred Sloan）则用其理性的思维为通用构筑了一个能运行近一个世纪的组织。尽管通用的商业模式和经营理念与初创阶段相比发生了很多变化，但组织最基本的信念等并没有太多的变化。因此，进入成熟阶段，企业需要的是"质"的成长，构建组织需要更多精心的设计，这是一个反复权衡的过程。它需要设计者既要保持企业的创新和精神，还要构建一套机制和体系来保证企业独立的运行。一是对企业的流程进行必要的改造和重组，重点是保持企业经营的弹性和张力；二是适当引进有管理经验的中高层管理人才，或者选拔能力突出的内部人才，强化企业的经营管理的职能；三是注意调整和完善企业的薪酬和激励制度，形成对内外部人才的吸引力。

（3）加强对企业运营的管理。重点对市场、产品和营销等方面的战略或策略进行完善。一是通过挖掘现有产品的潜在客户、寻找新的细分市场、吸引对手的客户等方式扩大自有产品或品牌的客户群；二是从质量、特点、新用途和外观等角度对现有产品进行改进，吸引新客户或增加老客户的使用量，以保持产品的生命力；三是通过对现有产品价格、分销渠道、促销手段、服务等方面的分析和评价，提出有利于刺激成熟产品销售的营销组合策略。当然，企业推出新的服务策略或营销组合手段后，往往会被竞争对手模仿。因此，企业还必须加强对品牌的管理，即根据成熟期企业的产品、市场和竞争的特点，进行适当的品牌延伸管理。例如，通过产品从选料到生产制造直至服务等一系列的展示，向客户宣传企业的责任和价值理念及做法；通过积极和持续地维护客户关系等方法，提高客户对企业品牌的忠诚度。

（4）提高企业的财务控制能力。根据企业新的战略，开发企业的财务管理系统、内部控制系统，有效安排企业的支出。企业通过对生产、人力等成本的控制、对研发费用的保障和企业财务信用的维护等管理方式，有效地防范风险，取得良好回报。

（5）重视对企业文化的建设。除做好上述相关管理工作外，企业还需加强团队建设，增强组织的凝聚力，继续保持和弘扬企业的团队精神和创业精神。

基于上述分析可知，处在成熟阶段的企业会在很多方面遇到新问题和挑战，这就需要创业者及早转变观念，尽快找到突破口，通过转型升级使企业获得持续发展。否则，企业将一步步走向衰亡。

三、企业经营管理中的伦理道德

企业经营管理道德既包括经营管理、经营决策、商业营销、商品宣传、广告、商品贮存等领域的道德问题，又包括生产和流通领域中其他专业经营人员的职业道德规范问题。

市场经济中的经营管理道德本质上是由经营者所具有的特性及其伦理价值导向决定的。这就要求企业及各类经营者做到以下几点。

（一）经营具有整合性

企业的经营战略是以企业的全局为对象，根据企业总体发展的需要而制定的。它所规定的是企业的总体行为，它所追求的是企业的总体效果。虽然它必须包括企业的局部活动，但是这些局部活动是作为总体行为的有机组成部分在战略中出现的，从而使经营具有综合性和系统性。因此，经营道德就要求企业的领导者、管理人员、经营决策人员直到全体职工的企业行为，都必须从全局出发，顾全大局，服从和服务于大局。

（二）经营具有预见性

企业的经营和决策既是企业近期利益的反映，又是企业对未来较长时期内如何生存与发展的通盘筹划。它的制定要以企业外部环境和内部条件的现实情况为出发点，对企业当前的经营活动有着指导和限制作用，但是，这一切也是为了企业的长远经营。因此，经营道德强调，凡是为适应市场经济环境所确定的经营目标及其经营方案，都应从长远的观点考虑，调整好目前利益与长远利益的关系及企业利益与社会利益的关系。

（三）经营具有独特性

企业经营的好坏，直接关系企业在市场经济大潮中的生死存亡问题。不同的企业所处的内外环境不同，各具优势、劣势，在实际经营活动中就应因势而行，不能照搬别人成功的经营方式，坚持创新，敢为天下先，做到人无我有，人有我新，发挥首创精神，创出特色。面对来自各方面的冲击、压力、威胁和困难，企业必须努力改善自身现状，提高经营管理水平，增强企业经济效益。经营道德承认，在市场经济条件下，企业经营不可避免地面临激烈的竞争、严峻的挑战，但迎接挑战与开展竞争必须在合法、正当的条件下进行，以优质、特色取胜。为此，企业在经营过程中，必须保障社会主义市场经济的健康发展，制止一切不正当的竞争行为，以保护经营者与消费者的合法权益。

（四）经营具有导向性

企业经营的总体规划、长远目标、发展方向，以及所采取的经营方针、基本举措等都是具有纲领性质的。它需要通过展开、分解和落实过程，才能得以实现。因此，经营道德要求，企业全体职工应该同心同德，为实现企业经营纲领而尽心尽责，忠于职守，发扬团结奋斗的敬业精神。

【延伸阅读】

履行企业社会责任"三步走"

模块总结

　　创业者在创立企业之初，首先需要解决的一个重大问题就是企业应该选择什么样的组织形式，新创企业和创业者可以根据自身的情况，在个人独资、合伙企业、有限责任公司和股份有限公司四种方式中选择创业企业的组织形式，当然也可选择个体工商户、农民专业合作社等非企业组织形式。其次，创业者必须清楚，新创企业的注册登记是确认企业的法人资格或营业资格的过程，是企业在法律上成立的法定程序。因此，企业要依照有关法律、行政规章，履行登记注册手续，经市场监督管理机关核准登记，取得法人资格或营业资格。最后，确定企业的名称和地址。

　　创业者在创立企业后，在后续过程中要懂得如何管理。另外，需要注意的是创业税收不仅涉及新创企业履行纳税义务、回报社会的问题，对于新创企业来说，获得更多的相关税收优惠是减少创业成本的机会。需要关注新创企业的税务登记、创业涉及的纳税义务及税收优惠政策、纳税筹划等内容。

　　本模块还系统剖析了创业企业成长中面临的问题及管理对策。此外，许多创业企业发展到一定阶段后，通常都会考虑扩张的问题。一般来讲，创业企业扩张的方式有多种，以特许经营与并购两种为常见的方式。不论创业企业经营得好坏，创业者终究是要退出创业企业的。因此，创业者需要了解几种创业企业退出的方式及相应的管理策略。

知识补给：
企业的扩
张管理

学习评测

模块九

双创实践

实训一　搭建棉花塔

利用竹签（20根）、胶带、棉花（1块）三种材料，在有限时间内（20分钟）搭建棉花塔，搭建最高的小组获胜。

实训二　选择市场主体类型

根据创业项目和团队的实际情况，讨论并选定市场主体类型。尝试结合所学知识，通过查阅资料，拟定出自己的公司章程或合伙协议。

项目名称	公司章程或合伙协议	备注

课后反思

学号：　　　　　姓名：　　　　　日期：　　年　月　日

（1）学习完本模块内容，对其他小组的创业项目所选择的地址进行评价。

_____

_____

_____

（2）通过学习本模块内容，尝试对其他小组的创业项目选择的组织形式进行可行性分析。

_____

_____

_____

（3）你认为新创企业如何才能顺利创办并保持健康运营？

_____

_____

_____

_____

（4）学习完本模块内容，将你的思考和感悟记录下来，并与同学们分享。

_____

_____

_____

_____

参考文献

［1］高丽华，王蕊. 创新创业基础［M］. 北京：高等教育出版社，2021.

［2］吉家文，李转风. 创新创业基础［M］. 北京：高等教育出版社，2021.

［3］汤锐华. 大学生创新创业基础（配实训手册）［M］. 2 版. 北京：高等教育出版社，2020.

［4］陈奎庆，丁恒龙. 大学生创新创业教程［M］. 北京：科学出版社，2017.

［5］胡志坚，张晓原，张志宏. 中国创业风险投资发展报告 2017［M］. 北京：经济管理出版社，2017.

［6］京弘博. 创业训练营［M］. 北京：人民出版社，2012.

［7］董青春，曾晓敏. 创业行动手册［M］. 北京：清华大学出版社，2018.

［8］魏淑红，王淑桢. 大学生创新创业基础——创业十问练中学［M］. 北京：中国铁道出版社有限公司，2021.

［9］郭友鹏，高泽金. 大学生创新创业实务［M］. 北京：高等教育出版社，2017.

［10］王艳茹. 创业基础如何教：原理、方法与技巧［M］. 北京：清华大学出版社，2017.

［11］王光炎. 创新创业教育［M］. 长春：吉林大学出版社，2017.

［12］范耘，罗建华，刘勇. 创新创业实用教程［M］. 北京：机械工业出版社，2017.

［13］詹朋朋，高伟. 创新创业创造：职场竞争力密钥［M］. 北京：中国铁道出版社有限公司，2021.

［14］彭钢. 创业教育学［M］. 南京：江苏教育出版社，1995.

［15］孔莉，余虹，陶小龙，赵德森. 创新创业基础［M］. 2 版. 北京：高等教育出版社，2018.

［16］陈智刚，罗建华，茹华所，邹艳梅. 大学生创新创业基础［M］. 北京：高等教育出版社，2018.

读者意见反馈

为收集对教材的意见建议，进一步完善教材编写并做好服务工作，读者可将对本教材的意见建议通过如下渠道反馈至我社。

咨询电话 400-810-0598

反馈邮箱 gjdzfwb@pub.hep.cn

通信地址 北京市朝阳区惠新东街 4 号富盛大厦 1 座

高等教育出版社总编辑办公室

邮政编码 100029

防伪查询说明

用户购书后刮开封底防伪涂层，使用手机微信等软件扫描二维码，会跳转至防伪查询网页，获得所购图书详细信息。

防伪客服电话 （010）58582300

资源服务提示

授课教师如需获取本书配套教学资源，请登录"高等教育出版社产品信息检索系统"(https://xuanshu.hep.com.cn/)，搜索本书并下载资源。首次使用本系统的用户，请先注册并进行教师资格认证。